Marie Andrée

UN ÉTÉ
TROP COURT

CHRONIQUE D'UNE SAISON

Données de catalogage avant publication (Canada)

Jasmin, Claude, 1930 -

   Un été trop court

   ISBN 2-7640-0000-6

   1. Jasmin, Claude, 1930 - – Biographies.
   2. Rôle grand-parental.
   3. Écrivains canadiens-français – Québec (Province) – Biographis. I. Titre.

PS8519.A85Z53 1995   C843'.54   C95-940191-1
PS9519.A85Z53 1995
PQ3919.2.J37Z46 1995

LES ÉDITIONS QUEBECOR INC.
7, chemin Bates
Bureau 100
Outremont (Québec)
H2V 1A6

© 1995, Les Éditions Quebecor
Dépôt légal, 1er trimestre 1995

Bibliothèque nationale du Québec
Bibliothèque nationale du Canada
ISBN: 2-7640-0000-6

Éditeur: Jacques Simard
Coordonnatrice à la production: Dianne Rioux
Conception de la page couverture: Bernard Langlois
Photo de la page couverture: Pierre Dionne
Révision: Sylvie Massariol
Correction d'épreuves: Claire Morasse
Impression: Imprimerie L'Éclaireur

UN ÉTÉ TROP COURT

CHRONIQUE D'UNE SAISON

CLAUDE JASMIN

30 juin 1994

Départ. L'été peut vraiment débuter. Départ pour ce pays inconnu, cette province méconnue, le Saguenay-Lac-Saint-Jean. Départ du journal, de nouveau. Raymonde m'a dit avant-hier: «Mais oui, tu es libre. Vas-y donc.» Après deux tomes à la fin des années quatre-vingt, elle m'avait fait comprendre que la publication de «sa» vie privée l'ennuyait plutôt. Maintenant, elle s'en fiche? Vieillir, c'est aussi cela, devenir de moins en moins pudique...

Ce matin, on a pris l'autoroute 40. La rive nord. Puis, à Trois-Rivières, sans s'y arrêter le moindrement, la 55, autoroute vers Shawinigan. Là, nous sommes sortis; envie de regarder de plus près le lieu de naissance, par exemple, d'une Louise Forestier, chanteuse fougueuse, d'une Carole Laure, chanteuse et actrice aux mines inspirées.

Plus tard, en arrêtant à Grand-Mère pour luncher, en comparaison, Shawinigan nous a semblé austère, assez sinistre. Moins pimpante que Grand-Mère. Il faut dire qu'en ce dernier jeudi du mois, il fait un temps d'un gris funèbre et que la pluie nous menace. Ces pluies

7

tombent depuis samedi dernier. Ainsi on n'a pas vu le soleil depuis cinq longs jours. Vendredi dernier, fête de la Saint-Jean, beau soleil et température idéale pour mon amour qui «recevait» ce qui reste de «la bande des sept» puisqu'un couple éclatait subitement après vingt-sept ans de vie commune. Une autre histoire de «démon» de midi et demi?

*
* *

Bon. À Grand-Mère nous allons voir le rocher qui a donné son nom à la ville. Rocher qu'on a sorti de la rivière coupée en petits morceaux et qu'on a réassemblé dans un mini-parc. On peut grimper un escalier pratiqué dans la pierre, comme installé dans la nuque de cette «mémère». Grand-Mère a la bouche édentée et, pétri-fiée, regarde vaguement vers la rue commerciale du bourg. En voulant voir l'intérieur de l'église que notre *Michelin Québec* recommande, nous nous butons à une sorte de «ménagère du curé» qui sort du presbytère pour aller «Dieu-seul-sait-où». «Eh oui, on doit verrouiller toutes les portes; il y entrait des jeunes voyous de la place qui allumaient les lampions et qui y faisaient leurs... dégâts. Un vandalisme effrayant. Revenez dans une couple d'heures peut-être...»

On va bouffer des viandes fumées Lester's en face de l'église, dans une gargote qui, je ne sais trop pourquoi, me fait songer au restaurant du Syrien dans un roman d'André Langevin: *Poussières sur la ville*. En fait, j'ai hâte d'arriver dans la vieille rue Tessier à La Tuque. Je voudrais voir les lieux des commencements de l'une des idoles de ma jeunesse, Félix Leclerc. On y file, dès qu'avalée toute cette viande fumée coupée trop épaisse, hélas! Le smoked meat est un art! N'est pas

8

Schwartz, ni Ben, ni le Lester's de la rue Bernard qui veut! Quand l'illustre poète-chanteur, populaire dans tout l'Occident au tout début des années cinquante, est mort en août 1988, j'ai eu l'honneur, le bonheur aussi, de voir publiés dans *Le Devoir* et *La Presse* deux brefs «requiem». Les seuls, hélas, je n'ai pas bien compris pourquoi. Le poète, né en 1914 à La Tuque, mais ayant aussi vécu à Vaudreuil et, plus tard, à l'Île-d'Orléans, reste à mes yeux le plus fameux et le plus utile des ambassadeurs de la nation québécoise.

Nous voyons la colline en forme de «tuque», nous roulons vers les installations aux rives de la Saint-Maurice, nous débouchons dans la vieille rue Tessier, enfin. Encore une fois, c'est classique, une rue banale, des maisons ordinaires, quelques-unes plus ou moins rénovées, et rien... Rien, nulle part, pour souligner le site. Pas même une petite pierre dans un petit tertre, pas une seule plaque métallique à un mur quelconque. Déception totale. Les élus de La Tuque, successivement, sont donc des ignares, des béotiens. Quelle ingratitude! Pire, quel manque du sens des «affaires touristiques»!

*

* *

À ce sujet, le soir même de cette dernière journée de juin, de cette première journée de vacances 1994, aux actualités télévisées, stupéfiante nouvelle paralittéraire. Le Beaulieu de Trois-Pistoles, Victor-Lévy de son prénom, s'ouvre à lui-même un lieu «muséal», se consacre à lui-même une maison historique. Faut-il en rire? Le journal du matin signalait que cette Maison-Beaulieu aura même un coin «terrasse» et, tenez-vous, un coin pour de la «brocante». Raymonde est muette de totale surprise d'abord, mais quand je m'apprête à rigoler: «Tais-toi, Claude. Souviens-toi en juin 1987, ton père à peine inhumé, tu expédiais des lettres suppliantes pour que le 7068 Saint-Denis devienne un petit musée consacré à ses céramiques, à ses tableaux primitifs, à ses écrits naïfs.» Je rentre dans ma coquille aussitôt, le temps de dire: «On est malades. On est fous. Qu'est-ce qu'on a à tant vouloir laisser des traces?»

Beaulieu annonce que dans son village natal, il y aura ses vieux et ses jeunes manuscrits, qu'il y sera en personne, dans une pièce à part, que les visiteurs pourront non seulement voir ses textes avec les corrections, mais aussi «le grand homme» en train de rédiger une prose «qui est très en retard chez son éditeur».

Société-spectacle répète le sociologue. Comment donc, moi qui, aux yeux des «rentrés», passe pour un cabotin et un exhibitionniste, qu'est-ce que ces «bas-de-profil» vont dire face à cette autoconsécration?

Je ne sais pas trop quoi penser. Raymonde, qui a longtemps travaillé aux réalisations de ses textes, me disait pourtant la grande timidité de l'auteur de *L'Héritage* et de *Montréal P.Q.* Son explication? «Écoute, Claude, tu sais très bien que ce sont les plus grands timides qui, parfois, ont de ces actes bizarrement ostentatoires.» J'en profite, ça m'amuse car elle se dit timide elle aussi: «Tu connais mon avis sur tous ces gens timides, pas vrai? Je te le répète: le plus souvent, des vaniteux prudents, de fieffés orgueilleux qui jouent les planqués par calcul sordide.»

Entre nous, c'est vrai que ma mesquine définition de la timidité arrange la grande gueule, l'amateur de forfanteries que je suis.

10

Toujours sous le ciel gris de La Tuque, Raymonde «m'ordonne» de stopper l'auto pour, encore, un achat de cigarettes Player's, et j'en profite pour questionner un trio de vieux flâneurs à quelques rues au nord de la rue de Félix Leclerc. Voilà que mes loustics jouent, ô ma joie! les «ceux qui ont bien connu la famille Leclerc». «Une grosse famille, une famille très unie et des travailleurs!» Je sais que le père de Félix avait été un gros marchand de bois qui engageait même des ouvriers. Or un de ce trio de «Ti-Jos connaissants» précise: «Le père, ils le voyaient pas souvent, toujours parti. Un homme de chantier, un bûcheron comme tous les autres, dans le temps, par icitte.» Je les laisse dire. Je suis assez certain que mes bavards-menteurs n'ont pas lu le merveilleux *Pieds nus dans l'aube*, l'autobiographie de son enfance. Je dis, pour voir jusqu'où ils vont mentir: «On m'a dit que... Félix et les filles, c'était plutôt froid, pas d'aventures, aucun intérêt, est-ce que le poète était du côté des... des "fefis"?» Mes trois flâneurs, dont un est visiblement un anglophone, se consultent du regard, n'ayant pas vu venir cette interrogation. Le plus bavard s'impose mais avec prudence: «Euh, là, ça, là, euh, c'est le qu'en-dira-t-on. Est-ce qu'il s'est pas marié au moins une couple de fois?»

Quand Raymonde sort enfin (elle me cherche une calotte de matelot molle), je cours vers elle pour lui raconter mon amusante rencontre. On s'installe dans la Jetta de ma blonde mais j'en ressors aussitôt pour traverser vers le trio d'inventeurs: «Est-ce bien loin d'ici Val-Jalbert au Lac-Saint-Jean? Ai-je le temps de m'y rendre avant le souper?»

Il est trois heures de l'après-midi.

À l'unanimité c'est oui. «Une affaire de deux heures maximum.». Et le plus bavard: «Écoutez donc, vous, seriez-vous pas le type qui, à télévision, découpe dans des papiers de couleurs?» Pas la première fois que l'on me confond avec le très habile Claude Lafortune, barbu dans mon genre.

*
* *

Ô quelle beauté! De La Tuque à Boucher (ô Raymonde!), c'est pure merveille. Comment se fait-il qu'on parle si peu de cette route? C'est une série de panoramas extraordinaires. Vues splendides tout le long de cette rivière Saint-Maurice qui a, le plus souvent par ici, des allures de fleuve majestueux. Il m'est arrivé d'entendre, de temps en temps, des éloges sur la Mauricie, mais vraiment, je n'aurais jamais cru découvrir tant de visions éblouissantes en roulant le long des rivages de cette rivière étonnante. Raymonde, en navigatrice privilégiée, ne cesse de s'exclamer et m'indique ainsi les découvertes mirifiques. Rochers abrupts, trouées forestières singulières, mini-plaines, rapides, torrents, cascades en chaîne, la route qui nous conduit de La Tuque vers le lac Saint-Jean s'avère un chemin rempli de surprises visuelles renversantes à certains moments. Le soleil, oui, le soleil, enfin fait des apparitions et, après tant de jours d'absence, rend cette partie de la Mauricie du plus bel effet paysager.

Un vendredi de temps gris. Un premier jour de juillet guère prometteur. Dire qu'à la mi-juin il y a eu une insupportable canicule, presque toute une semaine de chaleurs torrides avec un soleil dardant qui nous mettait en sueur même à ne rien faire. J'allais à mon nouveau métier pour une quatrième année hertzienne. J'annonce à monsieur le directeur de CJMS, Raynald Brière, que je serai absent de «ses» ondes de la Saint-Jean au 15 août. Depuis plusieurs semaines, après mes très brefs topos sur le monde du spectacle et surtout de la télé, entre sept et neuf heures sous l'égide de l'animateur Arcand, je participe à une sorte de «défouloir» tous azimuts que l'auditoire a baptisé spontanément *La Moutarde*. Bien simplement, il s'est agi, avec un transfuge de Radio-Mutuel-Hull, Daniel Séguin, de permettre à tout un chacun de se vider le cœur, ou pour un épineux problème national, ou pour, tout bonnement, protester d'un tout petit inconvénient domestique. Il paraît que c'est un succès franc.

Depuis une semaine aujourd'hui, le caricaturiste surdoué du quotidien *Le Devoir* me succède et semble y prendre plaisir. Les deux premiers matins, des auditeurs affirment regretter mon départ en vacances. Je sais bien qu'il y a toujours d'abord résistance au changement, je sais aussi que le public s'habitue très rapidement à un nouveau venu. C'est la loi infaillible du genre populiste et c'est très bien ainsi.

Tout cela pour dire ici, aujourd'hui, que ce long congé de cinq semaines doit m'aider à décider, un, si je veux revenir à la radio privée commerciale avec sa liberté merveilleuse mais aussi ses limites implicites,

13

deux, si je souhaite revenir aux topos spectacles avec Paul Arcand, si je tiens à continuer *La Moutarde me monte au nez* avec Séguin. Bref, je veux réfléchir durant ce long congé sur, oui, mon avenir immédiat.

En quatre ans, j'ai eu beaucoup de plaisir à me transformer en radioman. Reste maintenant à décider: ou je continue à me divertir dans ce secteur, ou je choisis le repos. Repos total? Il me resterait à faire quoi? Un livre chaque année. Publier mon journal régulièrement, par exemple. Faire de l'aquarelle, un peu de céramique. J'ai le temps d'y penser.

*

*   *

Aussitôt avalé le petit déjeuner au Château Roberval (que de royalisme en ces parages) nous filons vers ce célèbre village fantôme, une «installation» étonnante à partir des ruines de ce qui fut une communauté ouvrière du début de ce siècle.

Pour Raymonde et moi, ce Val-Jalbert est une évocation gigantesque de l'enterrement de centaines d'existences. C'est une sorte d'avortement industriel qui a laissé des traces. On visite le petit couvent de bois. On regarde, nostalgiques, un petit pupitre: «C'était tout à fait cela avec le trou menuisé pour y fourrer un encrier» soupire Raymonde, ex-écolière des bonnes sœurs. De ces dernières, il ne reste plus, pendues aux vieux murs de planches, que des grandes photos un peu jaunies. Beaux visages à contempler ici et là. Les douces figures de la bonté, du dévouement, de la patience et de la piété.

Un faux tramway d'antan nous promène dans d'anciennes rues disparues. La nature combat ces mo-

14

destes logis. Partout il me semble entendre le grouillement d'un village qui commence. Ce que j'avais imaginé, en 1968, en rédigeant *L'Outaragasipi*, les débuts de l'Assomption, se concrétise. Val-Jalbert, faux village pour servir au seul moulin à bois et à pulpe, a été abandonné dès la faillite de l'usine-moulin. C'est une visite excitante et triste. On admire la fabuleuse chute en montagne, les installations à turbines, ce qui en reste, mais on a le sentiment accablant de revenir comme trop tard sur une entreprise ratée. Avec un téléphérique, on peut se faire hisser tout au haut de la chute, moteur de tout. On y contemple une nature vierge; en bas, c'est la vitrine pathétique d'un temps aboli. Une trentaine d'années de labeur de forcenés pour aboutir à ce grand musée pour touristes. Partout, sur les murs de l'usine, des photographies de ces hommes travaillant onze heures par jour pour cinq dollars. Figures graves, mines sérieuses. Le travail est une chose grave, sacrée, religieuse certainement. Val-Jalbert est tout à fait une messe des disparus, une cérémonie aux défunts, une procession à des pionniers déçus engloutis par le progrès. Non seulement, ailleurs, on découvrait des procédés plus économiques, plus efficaces que ce vaste moulin mécanique actionné par l'eau de sa chute voisine, mais venait la Crise, cette récession économique historique de l'époque.

La petite église du lieu fut déménagée dans un village. Il n'en reste que la cave, les murs des solages. Dans ce qui fut la nef, un lot d'hallucinants bouleaux blancs grandissent, étranges colonnades pâles, anarchie fantomatique qui s'ajoute à tout le reste.

Passé midi, nous sortons de là plutôt songeurs, Raymonde et moi. Comment être gais quand on vient d'examiner l'assassinat d'un énorme rêve? Ces hommes, à vingt ans, à trente ans, avec femmes et enfants, y étaient venus, sûrs de prospérer normalement, chichement bien entendu, pour s'épanouir ordinairement, s'installer, quoi! Vingt ans plus tard, l'exploitant dépassé ferme tout. L'usine au complet. Suivra bien sûr tout le village d'une centaine de maisons. Mille personnes s'en iront ailleurs pour voir s'il n'y aurait pas une autre sorte de moulin à broyer des vies.

*

* *

Environ deux heures après la pizza du Mikes de Roberval, nous louons à l'Hôtel du Jardin de Saint-Félicien. Il y a longtemps que nous entendons parler du jardin zoologique de l'endroit. Là où les animaux vivent en liberté, dit-on. Là où c'est le visiteur qui est encagé. Et c'est vrai! Quelques trains de cinq chariots chacun, clôturés de grilles protectrices, circulent dans un réseau de sentiers. Musique d'accompagnement et des narrations utiles fournissent les infos nécessaires selon les zones. C'est pure merveille! Raymonde n'est pas moins ravie que moi du procédé. On traverse trois vastes aménagements naturalistes et c'est une joie de (sembler) surprendre l'orignal, le chevreuil, le loup gris, l'ours, le bison et des tas de ces curieux «chiens des prairies».

Hélas, en sortant de cette balade dans les bois, il reste encore une large partie du zoo avec cages, enclos, bassins, etc. et des «prisonniers» un peu pitoyables qu'on peut visiter comme dans tous les jardins d'animaux classiques. Amateurs des films du genre à la télé, Raymonde et moi on ne se lassera jamais pourtant d'examiner le gorille acrobate, la girafe si bien vêtue, le tigre si altier, l'ours blanc en paresseux goliath, le zèbre et son joli costume et quoi encore.

16

Fourbus, après trois ou quatre heures d'enchantement, retour à l'hôtel, souper avec des voisins divers à la vaste salle à manger d'un *post modern art* un tantinet agressant. À notre gauche, les proprios d'un commerce «noëlesque» de la ville de Québec. Madame Gaboury viendra nous en entretenir avec photo-pub à l'appui. À droite, couple de nouveaux mariés. Elle vient de Baie-Comeau. On leur fait volontiers tous les vœux d'usage. «C'est émouvant des jeunes mariés, toute une vie devant soi, tant de risques aussi...? Je suis d'accord avec ce que Raymonde me dit. Je renchéris volontiers. Je laisse aller cette partie de moi, angoissée métaphysiquement. Oui, oui, une existence à deux qui débute et il y aura des entraves, des embarras, des désillusions, des chagrins. Les déceptions de la vie quotidienne pourraient bien s'accumuler en effet, et...

Assez!

Je lutte depuis toujours contre cette tendance au noir. «Tiens, si on allait derrière l'hôtel jouer une partie de *Mini-Putt*? Le golf pour rire nous amusait tant il y a une vingtaine d'années.» Nous en faisions le tour, ici comme aux plages de la côte est des États-Unis.

Troisième journée de voyage et, ça y est, on a oublié d'où nous venons. Encore une fois, nous sommes devenus des voyageurs légers, libres, sans passé. Nous sommes heureux. Raymonde chante dans la voiture. Sa belle humeur est totale. Moi aussi. Nous roulons, après les œufs, les patates et le jambon du matin à l'américaine, vers le nord. Vers Dolbeau. Que nous traverserons, comme tant d'autres lieux, en ralentissant à peine. Chaque fois j'en ai une sorte de mauvaise conscience. Est-ce bien vrai qu'il n'y a rien à voir? On passe trop vite. On n'est jamais venus par ici. On ne reviendra peut-être jamais. Ici une rivière impétueuse. Des noms amérindiens inconnus. Une vieille église, cinquante maisons, un magasin banal, une maison antique trop seule dans un amas de bungalows de série. Là, un garçonnet aide son père sur un tas de terre noire. Ailleurs, une belle jeune fille pousse une tondeuse moderne. On passe vite. Le regard fuit tout. Soudain un torrent tumultueux sous un pont bref. Un casse-croûte crie en rouge: «Poutine à Pauline!». On va. On file. On décampe dans des paysages d'épinettes. C'est le pays d'en haut du Lac-Saint-Jean. Un pays raide, on en verra la différence dès qu'on atteindra Péribonka plus au sud. Une nature rêche. Je ne sais comment dire. C'est plus sombre dans les bois. Plus tressé serré. Les verts sont comme noircis. Les bleus, plus durs. On devine quelques îlots rares où transpire l'aisance économique mais, le plus souvent, on devine, sinon la misère, une pauvreté. Elle s'affiche dans cette cour abandonnée, ce champ en jachère semé de détritus, ces maisons improvisées, murs de papier goudronné, balcon inachevé, galerie fracturée, et quoi encore de ces travaux timides d'embellissement que l'on a dû abandonner faute de moyens pour les parachever.

Certes, ces décors de misère se voient aussi dans certaines banlieues tout autour de Montréal.

Nous roulons, ce premier samedi matin de juillet, vers cette maison des Bédard où un Breton, Louis Hémon, aurait vécu quelques mois à peine, et où il aurait conçu ce roman très fameux dont on a tiré plusieurs films: *Maria Chapdelaine.*

On peut croire que le hasard n'existe pas, comme Claude Mauriac le proclame. On peut croire ce qu'on voudra, mais voilà que celui qui venait de tant déplorer le silence de La Tuque, à propos de son enfant célèbre, se trouve soudainement tout comblé: à côté d'une expo sur Louis Hémon, sur un rivage de la jolie rivière Péribonka, on présente une deuxième exposition de photos, de documents variés sur – oui, lui – le petit gars de *Pieds nus dans l'aube*, Félix Leclerc.

Bizarre! Enfant, au bord de la Saint-Maurice, en 1920, Leclerc a connu un monde assez semblable à celui que découvre Hémon au Lac-Saint-Jean. Il y a une sorte de parenté. Les jeunes filles qui jouent les guides sont charmantes et fort jolies; c'est Raymonde qui le remarque, ne se sortant pas de son métier de «distributrice de rôles». Je corrige en riant certaines déclarations de cette Caroline de Péribonka à propos du poète-chanteur de La Tuque. Elle en sourit volontiers et fait confiance sereinement au vieil homme qui a vu neiger... justement, sur la tête du grand Félix.

Là aussi, dans la «cabane» des Bédard-Paradis, comme au musée tout neuf (hélas, sauce postmoderne cul-cul), des photos jaunies, une pipe, une guitare, un pochoir à tabac, un pot de chambre, une machine à écrire vieux modèle, un chaudron de *granit*, un soc de charrue, une lettre de Hémon à sa mère en France, un contrat de Félix avec l'éditeur catholique de son temps, Fides, une Bible offerte à son ami et stimulateur Guy Maufette, plein de vieilleries, de ces témoins des morts.

Ici, à Péribonka, des écoliers défilent et écoutent. Comme partout désormais, ils sont obligés de «suivre le guide». Est-ce que cela les intéresse? Je répondrai toujours ceci: cela dépend de la fougue, disons de la passion, déployée ou non par la personne qui raconte. Que ce soit pour Leclerc ou pour Hémon. Hélas, hélas, hélas, le plus souvent ce sera mécanique.

Prêtez-moi deux dizaines d'enfants de n'importe quel âge, et laissez-moi, une heure ou deux, leur raconter Leclerc ou le français exilé, Hémon, et, je vous en passe un papier, ils ne vont pas s'ennuyer un seul instant.

Mais nos charmantes guides aiment-elles vraiment ces deux créateurs? Je ne sais pas. On me souffle qu'on peut aimer beaucoup, passionnément même, mais ne pas avoir le «don», les moyens, l'énergie de savoir transmettre cet amour. Cela se peut, chère souffleuse, cher amour.

Il y a eu du beau soleil ce matin sur la route au nord du grand lac Saint-Jean. En début d'après-midi, nous filons vers La Baie en espérant mettre la main sur deux billets pour voir le spectacle *pageant* qui raconterait l'histoire des pionniers du «royaume» saguenayen. Ce sera difficile, nous répète-t-on depuis notre départ jeudi matin.

*

* *

Ça y est! On les a! Deux billets dans la troisième rangée de l'aréna de La Baie. Les hôteliers prévoient que leurs chambreurs vont souhaiter voir l'«hénaurme» spectacle qu'un ex-prof d'université, ici à l'UQUAC, a monté avec succès en utilisant des «machines» théâtrales et des centaines de figurants, la majorité jouant bénévolement. Ces billets sont pour demain soir, dimanche. Nous en profitons pour visiter les alentours. Découverte, oui c'est tard, bien tard à mon âge, d'une splendide installation humaine dans cette magnifique baie des Ha! Ha!, pittoresque, primitive et naïve appellation s'il en est! Comme cela devient la coutume, on a rénové le vieux port et c'est un succès. Promenade, béton et bois alternent, piste pour les cyclistes, aires d'observation, bref, c'est du très beau travail et qui permet des vues merveilleuses sur cette rivière qui coule vers le Saint-Laurent entre des collines abruptes parfois, dans un camaïeu de bleus, de verts, de violets.

Les hôtels pleins à ras bord, nous dénichons un «gîte» mode actuelle, chez l'habitant. Dans la 9e Rue, l'habitant est un couple et je suis accueilli par la dame de la maison, Esther, qui me lance dès le portique: «Je ne rêve pas, c'est vous, c'est mon idole!» Imaginez un peu la chaleur de la réception.

Nos affaires déballées, nous nous sauvons pour mieux examiner cette mini-cité aux rivages si jolis. Le soleil, enfin, enfin, enfin, semble s'installer pour de bon. Il se couchera bientôt derrière le bourg, derrière un hôpital haut juché, derrière des collines comme embrumées où des rues grimpent de tous les côtés.

Nous irons bouffer prestement des sandwiches au poulet dans une gargote de la rue principale. Demain matin – on a hâte déjà –, nous irons au cap Éternité voir des paysages uniques, vantés depuis toujours, en bateau sur ce Saguenay envoûtant.

*
* *

Nous prenons conscience tous les deux d'une sorte de générosité renversante tout autour. Par des gens que nous questionnons un peu partout pour toutes sortes d'informations utiles, sur le vaste quai tout nouvellement aménagé, dans les rues de La Baie, au resto. Des gens qui, souvent, dialoguent avec Raymonde pourtant isolée du «bonhomme connu qu'on voit à la télé». Des Saguenayens qui, de toute évidence, ne me connaissent pas du tout, mais qui montrent néanmoins une merveilleuse serviabilité. C'est... C'est... «plaisant» comme disent les gens d'ici. Esther et Gilles Bouchard ne dorment pas quand nous rentrons et c'est la «jasette» *ad lib*!

C'est, semble-t-il, le retour de l'Astre. Certes le ciel du Saguenay, en ce premier dimanche de juillet, est chargé de nombreux nuages mais un vent solide balaie ces parasols à mesure qu'ils s'amènent du nord-ouest.

Le beau temps!

Le beau pays!

La Baie, un jumelage de Port-Alfred, de Bagotville et de Grande Baie, est une sorte de grand village «sur le long» magique. Il y a dans l'air un je-ne-sais-quoi qui fait d'une simple promenade un moment de plaisir dense.

J'ai vu la beauté tantôt. Non, «je ne l'ai pas assise sur mes genoux» (Rimbaud), je l'ai regardée d'en bas, du pont du petit yacht qui nous menait sur une eau forte, noire, agitée de houle énergique. Les monts aux parois rocheuses baptisés très républicainement, Liberté, Fraternité, Égalité. Et ce prodigieux cap Éternité. Son cousin, pas loin, Trinité. Cette balade est une joie vive. Tout autour de ce corridor «dramatique», ces gigantesques murs de pierre où l'on peut déceler des silhouettes gargantuesques, il y a une suite de panoramas à couper le souffle. Ces falaises, quand le bateau s'en rapproche, vous intimident. C'est le silence à bord! Monde minéral éléphantesque qui semble vous menacer, pouvoir s'écrouler et vous anéantir dans les eaux salées et profondes du fjord.

Soudain, il y a la statue de la Vierge Marie qu'un reconnaissant catholique a fait installer sur une crête. La guide se tait et on fait jouer l'*Ave Maria*. (Schubert?

Gounod?) Sans mensonge, j'ai éprouvé des frissons. Émotion vive! D'où ça me venait? De l'accumulation de ces vues en contre-plongée sur ces forteresses naturalistes et qui datent de si loin dans la préhistoire, aussi du sentiment de n'être que de passage face à face avec ces parois gigantesques qui insistent dans leur pérennité. «Nous étions déjà là, installées pour toujours il y a des centaines de milliers d'années!»

L'*Ave Maria* plutôt frêle dans le petit haut-parleur grésillant, grelottant, le roulis du yacht à touristes sur ces vagues énergiques, le vent fouettant et puis, enfin, l'insolite de cette madone de religiosité se découpant dans le ciel, oui, un long frisson m'a parcouru et j'ai été ému quelques instants à en avoir envie d'éclater en larmes. Je me suis vite ressaisi.

Avant cette excursion au sein même du fjord, on a visité des anses, des villages bien jolis tout autour du site. On a lunché à l'Anse-Saint-Jean où subsiste un petit pont couvert. J'ai voulu, toujours cette envie en pareil lieu, marcher un peu dans un très modeste cimetière. Pierres vieillies, rouillées – oui, cela arrive –, croix de fer peintes en noir ou plus aucune inscription ne subsiste. J'aime lire des noms. Parfois, bref et bête résumé d'une vie. Deux chiffres, un nom, parfois quelques mots au moins: «Épouse fidèle et tant aimée.» Chaque fois je m'attendris. Épitaphe rarement élaborée, la place manque, il suffit d'une dizaine de mots pour tenter, avec une candeur émouvante, de résumer toute une existence. Ainsi je lis: «Disparu trop tôt, hâte de le retrouver dans l'au-delà.»

Quand je reviens à l'auto, Raymonde me sourit, deux vieilles dames derrière elle, à une lourde table rustique, s'étonnent comme deux gamines d'un frétillant suisse roux qui ose renifler un reste dans leur soucoupe. «Quelle effronterie!» dit l'une, ma foi, outragée. «Il y a longtemps que je t'aime, Raymonde, jamais je ne t'oublierai.» Elle ne me dit rien, referme le guide, fait démarrer l'auto et, vivement, sans rien dire, me jette un regard d'une douceur... surhumaine!

Le repos, la beauté tout autour, la lumière d'un vif, le sentiment d'être partis vagabonder sur les routes non pas depuis quatre jours, mais depuis des semaines entières, tout cela nous rend très romantiques!

Un premier lundi de juillet, un premier lundi en vacances. Ce matin, fête nationale des Amerloques. De nouveau, un soleil libre, un ciel d'une grande pureté, d'un bleu saturé au-dessus des collines du fjord, d'un bleu plus rompu au-dessus du Saguenay. J'ai revu, hier soir, à cette Auberge des battures tenue par un Français de Lyon amoureux du lieu, d'anciens voisins du temps que j'élevais mes enfants à l'ombre de la prison de Bordeaux, les Fradette. Pas vus depuis 1978 donc. Une quinzaine d'années, presque, ont passé. Jacques F., vétérinaire, n'a pas changé; sa femme Jeannette, pas davantage. Il me semble. Comment en être sûr? Eux, au miroir, pensent-ils autrement? Nous parlons brièvement de nos enfants grandis, partis. Raymonde me dira: «Chaque fois que tu me présentes des voisins de ta jeunesse, je m'amuse toujours un moment en songeant: "Il ou elle doit se dire en me voyant: voilà donc la femme qui gagnait le cœur de Claude en ce temps-là."» Ça me fait rire!

Les Fradette, comme tous les clients de l'hôtel et nous-mêmes, s'en allaient, hier soir après le souper, assister à ce fameux spectacle «aux deux cents villageois bénévoles» monté, avec effets scéniques divers, par Ghislain Bouchard à l'aréna de La Baie, dix minutes plus au nord. Il y a promesse de cavalcade de chevaux, de celle aussi d'une truie énorme et bien vivante, d'averses réelles, de neige de plastique, d'incendie contrôlé, de canonnade et quoi encore? Feux d'artifice, poules, oie, veau, vache, cochon, dirait un fabuliste. Eh bien, nous avons eu tout cela. Et davantage. *La Fabuleuse Histoire d'un royaume* est une machine d'un amateurisme total, avec des tableaux d'une grande platitude, des raccourcis historiques d'une audace qui fait de l'art de l'ellipse une quasi-fraude, un vaste mensonge, les costumes sont douteux et bâclés le plus souvent, il y a les «sauvages» de circonstance, gentils, généreux, courageux, et exploités n'est-ce pas? Les danses relèvent de chorégraphies d'un convenu assommant. Eh bien, toutes ces lacunes, le texte «pontifiant» et d'un positivisme de club international optimiste (bien lu par le narrateur Michel Dumont, un enfant du Saguenay), tout ce contenu donc d'un lyrisme de «frère enseignant», passe la rampe. On n'a nulle envie de bouder le plaisir pris en ce «palais» municipal. Le public est tout content de voir cette foule réunie mimant avec cœur des épisodes des temps de jadis. À la fin, c'est l'unanimité, l'ovation. Le Saguenay a connu des débuts si durs, n'est-ce pas? si cruels même. Les premiers habitants du Saguenay, les pionniers, ont résisté à tant d'épreuves que c'est un bonheur total d'être tous réunis et en vie. Ce professeur débonnaire, Bouchard, l'auteur et l'ordonnateur de ce gigantesque *pageant*, viendra saluer à la fin, la chemise à carreaux sortie de sa large culotte. Il semble tout fier et heureux et il a bien raison, c'est un succès phénoménal depuis 1988. Il a bien mérité la reconnaissance de sa petite patrie avec sa merveilleuse «séance» en couleurs. Notre hôtesse Esther Bouchard était venue nous confier qu'elle avait prévenu l'auteur de ma présence en ce dimanche soir de juillet. Je suis allé avec plaisir lui serrer la pince et je lui ai dit: «Vous avez mérité, monsieur Bouchard, que votre nom soit gravé désormais dans la pierre du Saguenay!» Il m'a souri, a protesté de cette suggestion. La foule l'a vite entouré. Aurais-je dû lui dire que si les commerçants de toute la région, qui profitent de façon fantastique de ce prodigieux succès scénique, ne lui élèvent pas cette pierre – dolmen ou menhir – gravée, eh bien, ce sera d'une folle et bête ingratitude.

L'étonnant animateur, ce singulier rassembleur en bénévolat, est en train de mettre au point un deuxième spectacle qui racontera l'odyssée d'un gars du Saguenay, joignant la révolte des patriotes des rébellions de 1837-1838 autour de Montréal; il se fera exiler comme tant d'autres et, après avoir parcouru, comme le dit la chanson, *Les pays z'étrangers*, se réinstallera dans son cher Saguenay natal. Je ne doute pas, à moins de malchance imprévisible, qu'il va signer un deuxième triomphe. Je le lui souhaite.

Une dame, à la sortie de l'aréna, sort de son coin, me presse un avant-bras. «Vous, je vous ai vu, on s'est rencontrés il y a deux ans sur la plage de Sunny Isles en Floride, en janvier, rappelez-vous, il y avait le kiosque-resto de Suzanne, sa poutine... Y venait souvent la cousine du chanteur Vigneault... Vous vous rappelez?» J'ai dit: «Mais oui, oui, absolument, la poutine y était bien bonne!»

*

* *

Ce matin, au petit déjeuner à cette Auberge des battures, ce sera évidemment le sujet de conversation. L'aubergiste lyonnais comprend tout à fait notre point de vue, notre rejet de tout appareil critique face au déploiement sans précédent d'un tel régiment de bonnes volontés, face au déferlement de tant de générosité collective. Quoi qu'il en soit, le plus formidable dans toute cette aventure scénique c'est bien qu'un deuxième spectacle soit sur le point d'être accouché. Si cela peut fonctionner une deuxième fois, ce serait la bonne façon de faire taire certains grincheux qui vont en répétant que ce prodigieux succès est un hasard et qu'il ne se répétera plus.

Je vois, dans un magazine de Paris, que deux régions françaises offrent, de cette manière, des spectacles avec la participation de centaines d'amateurs bénévoles desdites régions. Je dis bonnement – ma part à moi de candeur? – que le père Bouchard, déjà, puisqu'il a montré son *pageant* à la Rochelle en 1992, a des imitateurs. Une voix rétorque: «Oh! Un instant, le professeur Bouchard, justement, a voyagé et a vu de ces "sons et lumières" là-bas, en France, c'est plutôt lui qui a importé au Québec cette façon de faire!»

Bon, bon, il se peut. Il n'en reste pas moins que le mérite principal d'un tel accomplissement réside dans la capacité de réussir un tel rassemblement parathéâtral.

Essayez donc les râleurs, allez-y, regroupez une population de Sainte-Pie-qui-tousse ou de Sainte-Rose-du-dégelé et allez-y, on vous observe, faites fonctionner le tout, invitez-nous vite à une machine visuelle de cette envergure... Vous verrez, messieurs les rabat-joie, il y faut certainement un don rare et Ghislain Bouchard, lui, eh bien il l'a, ce don.

Avant de quitter La Baie, arrêt, ce matin, à un de ces musées régionaux qui, je crois, se multiplient désormais. Cela se nomme souvent d'un nom rébarbatif qui trahit la prétention des nouveaux instruits: «un centre d'interprétation»... Ajoutez «de la nature», «de la flore», «de la faune», du saumon, du béluga, du cerf-volant, du briquet et du fanal.

Moquerie ou pas, nous stoppons, juste pour voir, au petit Musée du fjord du Saguenay et non seulement on y prend du plaisir, mais aussi on y glane de précieuses informations sur ledit fjord, sur ses poissons, son «fonctionnement» sous-marin si je puis dire. On y voit des maquettes, un vidéo (inévitable en ces lieux nouveaux, le ruban magnétique), des illustrations, spécimens, artefacts et quoi encore de l'actuelle panoplie utile à toute cette jeunesse muséophile et instruite. Ici aussi, au cœur de La Baie, un tout jeune «explicateur» aux manières efféminées sait nous captiver durant presque une heure avec son bagage de connaissances apprises, mais qu'il restitue avec des sourires et de l'humour, de l'intelligence et la bonne façon de renseigner sans aucun effet déplorable de la cuistrerie d'antan.

*
* *

On va à la caisse pop de l'ex-Port-Alfred. On cherche une tabagie pour les «horribles» Player's de Raymonde-la-pétuneuse! Nous remontons au nord de cette chère et si jolie (au soleil) baie des Ha! Ha! En arrivant à Chicoutimi, un panneau indique, à deux rues, la maison très fameuse du défunt célèbre *Barbier*

Villeneuve, comme on dit, en France, pour le plus célèbre des artistes «naïfs», *Douanier* Rousseau. Avant le lunch, je montre à ma compagne cette toute petite maison toute peinturlurée dont j'avais fait les éloges dans *La Presse* au début des années soixante au retour d'une trop brève incursion du «critiqueur» d'art (expression de madame Barbier-Villeneuve). Nous pensions y passer quelques minutes, mais non, on y a installé de jeunes guides et dès notre entrée, l'un d'eux entreprend une très longue, minutieuse et fort instructive prédication des talents «primitifs» du barbouilleur éméritus, longtemps moqué, honni et même parfois harcelé physiquement.

Comme au musée-maison des Bédard où s'était engagé le romancier Louis Hémon, à la Maison Villeneuve, nous sommes bientôt ravis tous les deux, non seulement parce que nous apprenons davantage sur le pauvre petit coiffeur de l'hôpital de Rimouski, mais aussi par l'aimable faconde du jeune guide. Lui aussi a un bon sens de l'humour et sait divulguer faits et anecdotes pittoresques avec légèreté sans se prendre au sérieux. N'empêche, il prend un visage pas mal plus sombre quand il nous prie de défendre sa maison-musée Villeneuve car les élus n'y voient pas vraiment un témoin irremplaçable des activités premières de ce protégé du connaisseur et collectionneur Léo Rosshendler...

Le même, soit dit en passant, qui collabora solidement à établir les mérites du céramiste «naïf» Édouard Jasmin, mon géniteur! Il paraît que le maire actuel de la ville aurait proféré: «Il semble que la "chiotte" du barbier va finir par entrer dans un musée.» C'est une cabane, c'est un demi-taudis, c'est la maison d'un «vrai pauvre», personne n'en disconviendrait, «monsieur le maire». C'est la piteuse demeure d'un «fou de peindre». C'est certainement un objet magistral, rare dans le monde entier. Il peignait partout sur les murs, dans la vitre des fenêtres, sur les plafonds, jusque dans l'étroit escalier qui mène aux chambrettes de l'étage. Cette «chiotte», monsieur le premier magistrat de Chicoutimi, est devenue un ouvrage singulier, une construction à nulle autre pareille sur toute la planète. Le touriste japonais ou allemand le moins cultivé, en visitant cette «cabane au Canada», admettra volontiers qu'il découvre un habitat tout à fait hors du commun et voudra s'y attarder avec une ardente curiosité.

Enfin, nous quittons, songeurs, excités aussi, cet ouvrage insolite pour aller luncher. Il fait un soleil radieux. Il me faut bien insister, l'Astre du jour transforme tout. Le voyageur voit tout autrement. Quand nous avons roulé, jeudi matin, vendredi matin, sous la pluie et sous un ciel blanc mat, triste, les paysages semblaient comme morts. Le plus petit rayon de soleil métamorphose le moindre bâtiment, le plus banal bouquet de quatre bouleaux, en objets admirables. Quel assujettissement!

Après un «club sandwich» rempli de mayonnaise (le midi on fait simple et court comme bouffe) nous roulons lentement vers un autre site nostalgique: les beaux restes d'une colossale entreprise, celle du fondateur Dubuc, immense chantier aux bords des chutes de la rivière Chicoutimi, là ou l'on produisait de la pulpe à un rythme tel que Chicoutimi fut, au début du siècle, le plus grand centre au monde – oui, au monde – d'exportation de pâte à papier.

Là aussi une jeune guide nous promène, dehors, au soleil, de bâtisse en bâtisse nous racontant, un peu comme à Val-Jalbert, le grand rêve éteint, le grand projet avorté trop vite.

Encore une fois, ce sont les évocations d'un chantier qui a dû être stimulant, enivrant en ses commencements, une entreprise géante, on le conçoit bien en ce «cimetière» si vaste, qui, comme les autres, n'aura duré qu'une couple de décennies. Dans un des bâtiments, on a installé un joli théâtre d'été. Une fois de plus, je prends un plaisir immense à m'approcher de la chute du moulin, réduit au silence, lui. Rien de plus fascinant que ces eaux tumultueuses, ces flots de cascades, de torrents et qui, maintenant, ne servent à rien d'autre qu'au plaisir de les écouter mugir, de les entendre en des rugissements de fauves déchaînés.

Du côté de Chambord, à Val-Jalbert, au sud-ouest du grand lac des «Bleuets», comme ici, pas loin de l'embouchure du fleuve Saguenay, on a donc visité des vestiges, des ruines que l'on tente de redresser d'une époque à jamais terminée. Celle de l'industrie à l'ancienne quand les travailleurs, pour cinq ou dix piastres par journée de onze ou douze heures de labeur, étaient d'anciens cultivateurs. Agriculteurs défroqués qui devaient accepter sans trop rechigner le lourd statut d'ouvriers enrégimentés parmi des troupeaux d'humains que l'on embrigadait dans des tâches où il n'y avait plus guère de liberté. Cette destinée, si loin des débrouillardises dans les chantiers de plein air, plus loin encore de l'industrie de leurs ancêtres des débuts de la colonie quand ils étaient dans le commerce de la fourrure, cette existence d'enfermement à cœur de jour devait les changer en esclaves. Dans ces pauvres cathédrales accrochées aux cours d'eau en tumultes, il n'y a plus de sacré, rien de religieux, aucune liturgie à pieux symboles. Ils entraient très tôt à ces messes noires, n'en sortaient que très tard à la fin du jour, mal payés, ayant à peine le temps de voir leurs enfants grandir. N'ayant guère le temps de cajoler la femme de leur vie devenue la poule pondeuse surveillée par un clergé tatillon! Alors, on songe à tout cela et si, d'une part, on a du regret de voir tant de beaux grands projets écroulés, d'autre part, on n'a nulle envie de voir revenir ces temps d'exploitation honteuse des humains par quelques hommes ayant le pouvoir de construire et de commander. Aussi de fuir subitement quand un marché s'écroule et qu'une crise économique s'abat soudainement comme à la fin des années vingt.

*

* *

Sortis de Chicoutimi, nous avons hâte de vagabonder tout le long des rivages du côté est du Saguenay. Le soleil persiste, c'est une vraie grâce. Le *Michelin Québec* recommande quelques sites: Sainte-Rose-du-Nord, Baie-Sainte-Marguerite, l'Anse-de-Roche. On y va. Une rivière plus étroite que le Saguenay, tout au long du parcours vers Tadoussac, s'amuse à jouer à cache-cache avec nous. La beauté, cette beauté naturaliste dont personne ne se lasse jamais, est-elle plus agissante sur nous, descendants de colons du XVIIe siècle? Comment en être certain quand on croise désormais en ces lieux à touristes tant de Japonais, d'Allemands. Par exemple, en fin d'après-midi, aujourd'hui, derrière notre voiture surgit un plein bus d'Italiens. «Italiens du Nord» précise le chauffeur de l'énorme car à touristes.

En observant le paysage, toujours austère sur cette rive nord-est du Saguenay, je ne retrouve pas la splendeur intimidante, celle qu'on admire en bateau au milieu des flots couleur d'encre. Que ce soit à Sainte-Rose ou à Sainte-Marguerite, c'est tout de même une sauvagerie qui envoûte. Mais ce n'est pas accueillant, il y a dans cette sorte de nature une face revêche. Je crois que la domination des conifères un peu partout fait que la nature, au «royaume» du papier, offre ce visage dramatique, moins doux, par exemple, que dans les Laurentides et surtout dans les Cantons-de-l'Est.

Raymonde fait la rencontre d'une camarade de travail sur le joli quai de Sainte-Rose-du-Nord. Elles échangent quelques souvenirs. Le lieu est d'un calme souverain partout autour; une paix profonde règne, et il semble que l'on pourrait saisir une présence tangible mystérieuse.

Les yeux remplis par tant de beauté paysagiste, nous roulons hors des anses, des caps et des baies sur une route hors collines, loin du fabuleux fjord. Bientôt une affiche nous annonce la fin de ce périple: Tadoussac. Le vieil hôtel au célèbre long toit rouge garde toujours son amusante allure de vieille maison d'habitant qui serait d'une longueur rare. Comme chaque fois qu'on s'installe pour passer la nuit après le souper, nous nous préparons un apéritif après avoir réservé notre table dans l'immense salle à manger, Le Beaupré. Nous allons, les bagages installés, siroter nos verres sur une des galeries à l'étage... Vue merveilleuse sur le Saint-Laurent, le quai-presqu'île rougit sous le soleil couchant et l'on y voit rentrer les bateaux des croisières aux baleines, si populaires depuis quelques années.

Nous avons lu chacun de notre côté une biographie du fameux comédien Gérard Philipe. Raymonde, celle qui vient de paraître, et moi, une ancienne. Maintenant, Raymonde lit, après moi, le troisième tome des souvenirs de jeunesse de Marcel Pagnol. Je lis moins qu'elle, pris pour tenir ce journal d'été, journal de vacances.

J'ai envoyé une carte postale au radioman Arcand, mon camarade-animateur des petits matins de CJMS.

Je le préviens de nouveau, par écrit cette fois, que je ne voudrai plus me lever à six heures et demie du matin pour aller à ses micros jouer le critique-de-tout-et-de-rien. Surtout des produits télévisuels. J'espère que Paul Arcand va surtout comprendre qu'à mon âge je ne peux plus sacrifier la qualité de ma petite vie. Que je souhaite, Raymonde venant de prendre sa retraite de réalisatrice, prendre le petit déjeuner avec elle.

Sur cette magnifique terrasse de l'hôtel Tadoussac, nous reparlons pour la quatrième fois de cette nouvelle télévisée nous montrant «l'Auteur de Raymonde» installé dans sa maison-musée, écrivant devant les badauds, tout disposé à jouer l'auto-cicérone à travers ses écrits et ses manuscrits. On n'en revient pas. Je répète à ma brune que non seulement l'ancien enfant de Trois-Pistoles s'ennuie, mais qu'il craint peut-être d'instinct que, comme pour Leclerc à La Tuque, lui disparu, les édiles municipaux ne lui dresseront même pas le plus petit dolmen, le moindre menhir!!! Nous rigolons.

Fin du soleil. J'examine attentivement les photos agrandies affichées aux murs du vaste hall-salon d'entrée de l'hôtel Tadoussac. On y voit des images de la fin du XIXe siècle. Un tourisme très différent. Les gens vêtus de pied en cap. C'était un temps de pruderie. Même de pudibonderie. Sur ces photos «antiques», pas de maillots, ni de «shorts», pas même de ces «bermudas». Les dames portent des chapeaux compliqués, les hommes arborent eux aussi des couvre-chefs. Une centaine d'années à peine ont passé. C'est comme, vu les accoutrements, des témoignages du temps de Mathusalem!

J'aime à tenter de bien voir sur les visages de tous ces disparus, ces inconnus, s'il y a du bonheur, au moins du plaisir, de la sérénité. Il est évident qu'on ne riait pas pour rien. Tout le monde semble afficher une certaine angoisse. Rien d'aussi tragique, certes, que ce que j'ai pu voir sur les visages des ouvriers entassés dans les usines-musées hier ou avant-hier. Non, ces gens sont en vacances, en congé. Certains en voyage d'affaires sans doute, mais il est rare de voir une mine vraiment joyeuse. Est-ce que l'anxiété que j'imagine n'est qu'une sorte de gravité de bon aloi, ou bien une timidité chez tous ces poseurs vu le mystère entourant ces premiers appareils photo?

Soudain, à bord de l'un des célèbres «bateaux blancs» de la fameuse *Canadian Steamships*, papa et maman! Maman que nous ne fêtons même pas convenablement chaque quatre juillet. Elle se blottit, en photo, ma chère Germaine, contre son Édouard, jeune marié impérieux sous son beau Stetson de feutre gris. Raymonde se moque de moi avec raison. Il n'en est rien.

Ce serait trop fort. J'ai beau répéter que mes géniteurs étaient venus ici en croisière, pour leur voyage de noces... Elle me jette, toujours brillante, lucide, intelligente mais refroidissante: «C'était en quelle année?» Je calcule vite. Papa, né en 1905, prenait épouse à dix-neuf ans et demi. Je dis: «1924-1925?» Raymonde sourit: elle a toujours de la peine à dégonfler son rêveur de compagnon. De l'index, elle me fait lire au bas de la photo: «1932». Oh! J'avais donc un an et demi. Adieu l'idée du voyage de noces!

*
* *

Ça va être un mardi d'un gris uniforme. Stupide. Laiteux. Nous filons vers Charlevoix et Baie-Saint-Paul. On va batailler contre cette lumière éteinte. On va sortir de la grand-route pour rouler tout lentement, tout doucement vers des petits caps, des presqu'îles, des baies et des anses. Rien à faire. Sans lui, ce maudit soleil indispensable, les plus beaux coins du rivage nord du Saint-Laurent semblent ternis. Il reste néanmoins quelques vieilles maisons anciennes qui nous arrachent des cris d'admiration. Elles sont rares hélas. Il y a des fleurs dans les champs au détour d'une brève vallée et c'est l'éden durant quelques instants. Petite prairie impressionniste, du Renoir, un pointillisme extravagant fait de ces mille milliers de petites fleurs si modestes, jaunes, bleues, rouges. Nos «ah», nos «oh»!

L'État-croupier s'est allongé le bras jusqu'à cette jolie Pointe-au-Pic près de La Malbaie, et un autre casino s'annonce partout sur la route qui va nous mener au fameux Manoir Richelieu. En passant à Saint-Irénée, vaste baie cette fois, la magie perçue en 1992 ne joue plus. La lumière du ciel est devenue si opaque! Nous

nous stationnons, décidons que le lunch du midi se prendra plus à l'ouest et allons revoir l'ex-petit pavillon «Molière» de 1992. Transformé sur ses deux étages, l'ex-théâtre d'été est une salle de jeux. On tente ici de faire «européen» et, en effet, on joue la carte du luxe. C'est beau. C'est étincelant. J'éprouve un malaise. Il s'y fait entendre une sorte de bruit un peu cacophonique. Qu'est-ce que c'est? Serait-ce une «musique» électronique calculée pour faire «jouer» les parieurs? Ça se pourrait bien. Il y a des sons de crécelles, de clochettes, cela tinte, cela tintinnabule, fait songer à des écus bien sonnants, bien trébuchants. Oh! la manipulation du cochon-joueur dans la nature humaine! Foin de la grise mine tant qu'à y être! Raymonde et moi nous installons en face de ces nombreuses machines à gober nos vingt-cinq sous. Voilà que, comme détraqué, mon «bandit à un bras» ne cesse plus de crachoter des pièces. On en rit. On nous entoure. Bien entendu, selon l'ordre antique des États, nous finirons par perdre nos mises. En réalité, il y a, dans cette activité, une lourde monotonie, une débilité assommante et il faut être possédé du vice du jeu pour ne pas vite avoir envie de fuir!

*
*   *

Rien à faire, ça va être un mardi à grisaille. Nous arrivons en début d'après-midi à Baie-Saint-Paul. Nous nous installons sur une galerie, sous un toit tout rose et nous revoyons une petite ville qui, elle aussi, a perdu de sa saveur visuelle. L'absence du soleil enlaidit tout? Du moins, cela retire aux choses cet éclat, cette «saveur visuelle». Après une petite bouffe, nous allons fureter dans ce qui se nomme «Centre culturel». Hélas, ici comme ailleurs, des architectes imbéciles ont dessiné des bâtiments de métropole. Des édifices sans aucun rapport avec le contexte environnant. C'est du prétentieux, du neutre, du sobre pseudo-moderne. Quelle horreur de voir ces monstres sans âme, certes solides et bien isolés pour nos quatre saisons et peut-être pratiques pour les usagers, mais sans âme aucune, sans aucun rappel, aucun raccord avec le reste des rues tout autour. Connerie des constructeurs, bêtise de ceux qui approuvèrent cette turpitude ambitieuse et méprisante pour de si jolis alentours, quand il fait soleil.

Je m'en veux de prendre encore conscience de cet héliotropisme fou!

Quel esclavagisme, mon Dieu!

On roule rue Saint-Jean-Baptiste où logent des chapelets de petits commerces, de boutiques variées, de galeries d'art. J'ai quelques aquarelles à la succursale charlevoisienne de Gilles Brown! Mais il fait si sombre, les averses sont si fréquentes que nous n'avons ni le cœur de baguenauder à Baie-Saint-Paul ni, nous y renonçons, de visiter le reste des caps et des baies. Nous décidons de fuir ce firmament grisonnant vers Québec. On ne sait jamais. Revoir Québec en plein festival et ensoleillé. Un miracle des fois? On y fonce!

On résiste à revoir les chutes Sainte-Anne. Il pleut par intermittence. Un vent lent fait se déplacer lentement des nuées chargées d'eau qui crèvent de temps en temps, poches lourdes pour arroser choses, gens et terres qui ont pourtant reçu leur plein de pluies depuis la fin de la canicule précoce de la mi-juin. Que d'eau!

Raymonde reste au volant. Désormais la ville ne lui fait plus peur. Une première, on veut traverser la vieille capitale sans passer par le nord. Nous décidons

40

d'adopter pour une fois ce boulevard Champlain qui mène rue Dalhousie en plein cœur du Vieux-Québec, en bas du cap Diamant. Nous ralentissons forcément dans le quartier du Vieux-Port rénové. On y sent de la vie vive malgré le mauvais temps. Parfois cette vigueur est palpable: des groupes de touristes qui s'agglutinent aux alentours, un air de musique d'accordéon qui s'échappe d'une gargote, des cris, un petit défilé d'Asiatiques aux têtes virevoltantes. Revenus sur la partie autoroute, nous levons le regard: des falaises, un reste de fjord comme au Saguenay. Des trains de marchandises, des maisons de pauvres, de pauvres maisons, le dos collé aux parois pierreuses et dont les façades ne regardent rien d'autre que des bâtiments bien laids comme le sont habituellement ceux des ports.

Plus tôt, arrivant vers les vieux remparts, juste avant de descendre vers l'Anse-aux-Foulons, j'ai regardé tout un quartier de la banlieue est de Québec. Était-ce du côté du bassin Louise? Était-ce le quartier de Limoilou? Ou de ce Saint-Sauveur où, hier, l'on inaugurait un buste du romancier Roger Lemelin? Je ne connais pas bien cette ville. Mais j'ai pensé au quartier si modeste, aux maisons si pauvres, du Barbier-Villeneuve à Chicoutimi.

Cette sorte de petites maisons, cottages d'ouvriers en bois ou en bardeaux d'amiante, ou encore en déclin d'aluminium, est à mes yeux le signal, le symbole d'existences précaires. Ces agglomérations de si modestes maisons me rendent toujours un peu triste. On peut les voir partout, ailleurs, loin. En frôlant par exemple Philadelphie ou Baltimore. En banlieue de New York, au New Jersey. C'est le décor classique des petites gens, il n'y a pas d'arbres, il semble n'y avoir ni parc ni jamais de jardinières fleuries aux portes ou aux fenêtres!

À Chicoutimi, hier midi, à Québec, cet après-midi, j'ai eu mon petit coup de compassion bien bourgeoise. Une bonne pensée pour tous ceux qui mangent, vivent, dorment dans ces fragiles masures collées, pressées les unes contre les autres pour se protéger. De quoi donc? De tout ce qui fait que vivre de cette façon n'est pas vivre vraiment. Il y a quoi, vingt ans, je croyais que tout cela, ces banlieues faméliques si tristes à regarder, oui, je croyais qu'elles disparaîtraient, que le progrès serait continu et en progression constante. J'étais confiant. Je venais d'avoir quarante ans. J'étais un de ces jeunes gauchistes et socialistes bon teint et, j'en étais sûr, à force de nous entendre vitupérer, condamner les profiteurs, l'État tout-puissant allait faire en sorte que tous les citoyens du pays puissent vivre en s'épanouissant, hommes, femmes, enfants.

Nous rêvions beaucoup. Tous. À gauche.

*

* *

C'est un mardi de début juillet si maussade, si mouillé, que nous abandonnons aussi l'idée de rouler en bordure du fleuve, de Québec jusqu'à Sorel et même jusqu'à Boucherville et Longueuil. Nous gardons l'autoroute, la si plate 20. Il pleut de temps en temps et la radio nous avertit que plus tard ça va vraiment tomber. Un petit déluge en effet arrosera les paysages.

Raymonde a de l'énergie. Elle ne lâche pas le volant. Nous roulons pourtant depuis Baie-Saint-Paul. Quelle bonne santé, ma fumeuse compulsive! Ma belle pétuneuse! Soudain, promesse tenue, premières grosses averses. Ralentissement. Nous revenons vraiment d'un congé car nous éprouvons une certaine tristesse.

On en parle. Je pourrais bien décider de continuer de voyager. De filer aux États-Unis ou Dieu sait où. Rien ne nous empêche de rouler en voiture encore longtemps, d'aller coucher ce soir à Ottawa ou à Boston, à Toronto ou à New York. Il y a que demain mercredi, Raymonde a un rendez-vous avec un médecin qui s'est engagé à suivre «les montagnes russes» de sa pression artérielle. Son seul sérieux souci. Elle veut aussi, comme chaque mercredi et puisqu'elle sera en ville, aller luncher ou souper avec Yvonne, sa maman de quatre-vingt-huit ans et mon ancienne valeureuse copiste. Alors! on va rentrer.

Bonjour Montréal! Salut carcasse métallique familière du pont Jacques-Cartier! La pluie a cessé. Pour longtemps? Nous avons l'impression, on se le répète, d'être partis depuis des semaines. Les rues sèchent. Petite fumée au-dessus des trottoirs à Outremont. Nous allons bouffer de nos chères moules avec frites rue Bernard. Après tant d'averses le temps reste plutôt lourd.

Jeudi nous voulons monter au chalet du lac. Le soir, la comédienne et amie Françoise Faucher nous a invités à la première de *Cher menteur* au petit théâtre-salle de concert sur le chemin Sainte-Marguerite, propriété du célèbre imprimeur et éditeur Pierre Péladeau.

On ne se couche pas tard, on a roulé l'équivalent de quatre fois Montréal-Gaspé en six jours. Le septième jour, comme Dieu, droit au repos.

En ce mercredi avec soleil enfin, grasse matinée. Durant ce voyage de six jours, pas de journaux. Aucun. Ce n'est qu'à Baie-Saint-Paul hier que nous consentons à acheter deux quotidiens montréalais. Je découvre dans le journal de ce matin que nous avons raté une exposition d'un ancien camarade de la SRC, René Derouin, qui s'est fait une prestigieuse réputation dans le monde des arts plastiques. Dans ce prétentieux bâtiment-centre culturel, nous avons traversé une folle exposition où des tableaux de toutes sortes étaient exposés. Aucune rigueur. Aucun choix. Il y avait des croûtes dégoûtantes aux côtés de tableaux solides, d'images plus sérieuses. J'ai supposé que l'on jouait cette carte de *free for all* pour aller plus avant dans l'esprit du temps qui voudrait qu'il n'existe aucun critère pour estimer l'ouvrage des créateurs de tout acabit. Vive la liberté et à bas la critique!

Tous les goûts sont respectables et le mauvais goût est une notion périmée, héritée, n'est-ce pas?, du temps des répressions d'antan et des exclusives ordonnées par des despotes. Fin de la police de l'art? Oui, monsieur le «critiqueur», on affiche n'importe quoi. Place au bazar, place à la foire. Le talent, ce n'est ni à vous, soi-disant connaisseur, ni à vous, directeur des accrochages, à le proclamer. Que les foules de badauds iconoclastes entrent partout et défilent en paix. Les horreurs et les beautés font bon ménage, ne le voyez-vous pas, chialeurs patentés? Alors silence!

À la sortie de tous ces temples en complaisances paresseuses, à votre droite, à vendre, gaminets, ombrelles, briquets et cartes postales. À votre gauche, épinglettes, autocollants, crécelles et sifflets.

Oui! la foire. Le fourre-tout. Et pas de publicité efficace qui aurait pu nous conduire à l'expo du fameux René Derouin.

Ce midi comme de coutume, un sandwich jambon-fromage et puis Raymonde part chez le toubib de l'hôpital Notre-Dame. Moi, je rédige un peu du journal et, m'étant annoncé par téléphone, je vais dans la rue Garnier, au nouveau domicile de mon fils Daniel, de ma chère Lynn et des deux chenapans que j'adore, Simon et Thomas Jasmin. Accueil enthousiaste des gamins sur le trottoir. Le couple sort du logis et, sur le perron vieillot de leur nouvelle adresse, sur des chaises bancales, tout comme dans les années trente ou quarante, on se donne de nos nouvelles et je raconte, avec des fions pour les deux gamins, Val-Jalbert, les fantômes, le zoo où le visiteur se fait mettre en cage mobile, les tableaux surpeuplés du *pageant*-Bouchard, la Madone sur le cap du fjord et le reste.

Pendant que Raymonde prendra son souper au centre Marie-Rollet ce soir, ici, rue Garnier, dans la jolie cour-jardin, Daniel fera cuire des steaks dénichés rue Mont-Royal à côté. Pour passer le temps et permettre à Daniel d'achever de peindre des *fixtures* neuves qu'il a installées aux portes de sa nouvelle demeure, je conduis les garçonnets à une expo d'engins militaires dans l'un des entrepôts désaffectés du port. Lynn en profite pour aller bouquiner avec une amie du Plateau Mont-Royal.

Dès notre arrivée «quai de l'horloge», un vétéran surgit. Les enfants en ont le fou rire: il est chargé de tant de médailles! Un magasin! Il ploie. Cocasse vision. Inutile de décrire le plaisir pris par les Simon, huit ans, et Thomas, six ans, à visiter camions blindés, jeeps de campagne et surtout chars d'assaut. Ils ont le droit d'y grimper! Alors c'est la cavalcade d'un véhicule à l'autre sous l'œil amusé de jeunes recrues comme gardiens de cette expo où on a pu voir aussi plusieurs maquettes illustrant des champs de bataille avec de ces «petits soldats» tout à fait semblables à ceux de nos collections, à moi et à mon frère Raynald, du temps de la guerre de 1939-1945. Dans des vitrines, sur des tribunes, tas de munitions, balles en tous formats, jusqu'à des obus, plus gros que des bombes ordinaires, et même de ces missiles téléguidés.

Je constate qu'il y a, dans les gènes des garçons, des éléments enfouis qui font, soudainement, des enfants tranquilles et pacifiques de 1994, des mini-soldats très excités de s'engouffrer par les hublots des blindés en faisant de ces ra-ta-ta-ta agressifs, transformés en vindicatifs combattants. Curieux!

*
* *

Durant la dégustation des biftecks d'aloyau dans la cour de la rue Garnier, je ne peux m'empêcher de songer à toutes ces familles qui habitèrent ici et dans les alentours. Revenus à la vie par miracle, la plupart de ces gens des générations passées seraient sans aucun doute très étonnés des aménagements d'aujourd'hui. Voilà que leurs plus que modestes logis, ici, entre les rues Marie-Anne et Rachel, sont devenus en bonne part des demeures coquettes très confortables, bien retapées, et que l'on s'organise pour bouffer dehors, dans la cour où poussent désormais maintes fleurs, bosquets décoratifs, petits arbres coquets. Un monde!

*
* *

Aujourd'hui, la mère de Raymonde l'a reconnue tout de suite. Yvonne s'ennuie. Ne cesse de le lui dire. Cela torture ma brune. Cependant elle jouit d'une relative bonne santé physique. Elle joue encore du piano au sous-sol du centre, aidée par son mentor qu'elle vénère, le précieux Michel. Yvonne a pu chanter *La Madelon* dans tous ses couplets sans oublier un seul mot. Alors que souvent, elle à peine à se souvenir des noms de ses voisines, même des prénoms de ses petits-enfants. Bizarre tri de la mémoire vieillissante! Très bizarre. Ainsi papa, en 1986, avant de mourir en mai 1987, se souvenait des prénoms et noms de presque tous ses anciens petits compagnons de classe de sa petite école de Laval-des-Rapides. Chose, m'avouait-il, qu'il n'arrivait pas à faire, devant la même vieille photo jaunie de 1910, quand il était plus jeune!

La mémoire, vers la fin, retrouve des forces pour nommer ce qui a été précieux. Ainsi, les premières amitiés de l'enfance écolière. Ainsi, une vieille chanson, *La Madelon*, remonte à la surface. Sans doute avait-elle été un fameux moyen de récréation musicale quand la chère Yvonne Robichaud, de Shippegan au Nouveau-Brunswick, était une jeune fille qui aimait collectionner les coquillages, l'été, au Petit-Goulet!

Nous allons, rituel fréquent, nous acheter de la crème glacée au Bilboquet de la rue Bernard, à cinq coins de rue de chez nous. Le soir est doux. Nous marchons lentement. La langue sortie sur ces boules de crème au chocolat, la vie nous semble belle et légère. L'été ne fait que commencer. C'est curieux, mais comme à chaque début d'été, je tente de chasser un sentiment désagréable: l'été va passer encore trop vite! On ne verra pas l'été passer. On va soudainement se retrouver en septembre et en octobre. Guy Béart chantait jadis:

Encore un été trop court, et je me disais chaque fois:
comme c'est vrai! Pour les Québécois sortis de nos trop
longs hivers, cette petite angoisse nous assaille chaque
mois de juin, chaque début de juillet. Rien à faire. Plus
jeune, cela me rendait comme fébrile parfois. Je devenais nerveux, irritable, vraiment anxieux de ne pas
pouvoir profiter des beaux jours qui se sauvaient un à un
à trop vive allure. Maintenant, vieilli, fataliste, je m'énerve
un peu moins.

Nous nous sommes levés très tard encore ce jeudi matin. Du soleil. Des nuages aussi. On dirait que cette semaine de voyagements nous a fatigués davantage qu'on croyait. Je tente de payer des factures, de répondre à quelques lettres qui m'importent, de joindre certains téléphoneurs qui comptent. Ainsi, je suis un peu déçu de n'avoir encore rien reçu de ce Eric Van Beuren qui est venu de Belgique au mois de mai pour me faire signer un contrat accordant à sa compagnie de cinématographes le droit d'adapter mon cher vieux roman sur la Gaspésie: *Pleure pas Germaine*. Alligator Films (qui a signé des tas de trucs pour enfants et gagné de nombreux prix internationaux) a des bureaux aussi à Paris. Pas seulement à Bruxelles. Je ne sais pas trop où je devrais envoyer quelque carte postale (ma manie!) pour leur demander des nouvelles!

Il y a aussi la cie PIXART. Une productrice de cette compagnie avait communiqué avec moi pour connaître mon intérêt dans un projet de produire des films «policiers». Je lui avais fait parvenir, par l'entremise de l'éditeur Leméac, copies de mes cinq polars. Pas de nouvelles, bonnes nouvelles? Pas sûr! J'ai envie d'aviser de nouveau le patron de CJMS que je suis sérieux, que je ne veux plus travailler de bonne heure le matin. Je reste convaincu que, farceur comme je le suis, Raynald Brière n'a pas pris au sérieux mes premiers avertissements à ce sujet. Tant pis, le 15 août s'amènera et alors ils verront bien, à Radio-Mutuel Inc., que je n'y serai pas et ainsi ce se sera fait: Jasmin ne vient plus le matin entre sept heures et neuf heures.

Nous décidons, il est si tard, de «bruncher» dans les Laurentides. Il y a pour cela le si vieux restaurant,

49

passé Val-David, Le Petit Poucet. Ce sera le gros petit déjeuner dit «de l'ogre» avec non seulement les œufs frits et le pain *canayen* rôti, mais aussi les fèves au lard, les patates rissolées, le *bacon* et le jambon en quantité. Nous aimons, une ou deux fois par mois, Raymonde et moi, dévorer ce gargantuesque repas. Nous retrouvons la maison laurentienne avec, je le redis, l'impression de nous être absentés près de deux semaines. Tout est en place puisque Lynn et Daniel y vécurent. Mon fils, autrement plus adroit que son père, a réparé efficacement les deux chasses d'eau des salles de toilette, toujours mal fonctionnantes depuis des années.

Comme mon défunt père, la bonne volonté y est mais, hélas, nous savons mal réparer, rénover les outils brisés, les objets fracturés, les choses cassées de la vie courante. J'ai toujours admiré, tout au long de ma vie, les capables en ce domaine. Le bricoleur habile me semble un être libre, pouvant se passer du plombier, du peintre, du menuisier et de l'électricien, pour tant de petits travaux domestiques.

Depuis la fonte des neiges, en avril, que j'ai dans la tête une liste de choses à faire. Je remets sans cesse cette série de corvées. Raymonde me croit à peine quand, pour m'excuser de ne pas entamer la maudite liste, j'argumente que ma maladresse héréditaire ne m'invite guère à jouer les entrepreneurs en réparations, peinture, rénovation, etc. Mai a passé. Juin aussi. Juillet est là et je me décide. Dès lundi matin, ça va débuter. Peinture des balcons. Pose des pierres plates. Installation de drains. Et quoi encore?

Je me suis mis à lire au soleil sur la longue galerie donnant sur le lac. Trois quotidiens se font éplucher. Compensation inconsciente pour cette semaine en voyage

50

quand je me suis mis volontairement en retrait total des actualités? Je me surprends à tout lire même les publicités les plus anodines. Folie subite? Durant trois ans, de juillet 1990 à septembre 1993, je fus bien obligé de me tenir au courant des nouvelles locales, régionales et nationales, à cause du boulot au micro-des-commentaires à CJMS. Depuis plus d'un an, ne devant couvrir que le petit monde des arts et spectacles, j'ai pu me détacher un peu, me concentrer principalement sur les pages culturelles des journaux et des magazines. Et maintenant?

Pendant des années, que dis-je, qu'écris-je, pendant des décennies, décorateur, peintre, romancier, prof d'histoire de l'art, critique d'art, je ne m'intéressais guère aux nouvelles. Je me passionnais exclusivement pour les affaires culturelles. Dès l'été 1990, installé à cette tribune polémique radiophonique, je devenais un dévoreur et un fouilleur de nouvelles. Je ne sais pas si désormais je pourrais redevenir ce que je fus si longtemps, le désintéressé de la marche des affaires politiques d'ici et d'ailleurs. Je ne le crois pas. Le pli est pris, je suppose. Et, en vérité, je ne sais pas trop si je désire vraiment redevenir indifférent.

*
* *

Nous soupons légèrement ce jeudi. Le soleil semble vraiment réinstallé au fond du ciel de l'ouest comme cela est si fréquent par ici. Raymonde, femme, se prépare pour *Cher menteur*, je n'arrive pas à me passionner complètement pour l'art du théâtre. Par contre, j'affirme que le bon théâtre donne de bien plus grands contentements que le bon cinéma. Mais si c'est ennuyant, c'est pire que tout. Un film de qualité moyenne me semble un vrai chef-d'œuvre en comparaison d'une

51

soirée dans un théâtre moche, c'est-à-dire où l'on présente une mauvaise pièce, mal jouée de surcroît.

À vingt heures, nous longeons un petit coteau lumineux au soleil couchant et où trône, en complet de capitaine de marine, Pierre Péladeau, proprio du site. Il me racontera qu'ayant su que cette chapelle anglicane était sur le point de fermer, ayant appris que certains songeaient à y ouvrir un bar à rock'n'roll, il s'empressa de l'acquérir étant donné qu'il habitait à côté. À l'extérieur de cette chapelle-mini-salle-de-spectacles, se tient une exposition. Il y a de tout. Quelques échantillons de l'art abstrait lyrique et décoratif à la mode des années cinquante-soixante quand je jouais le «shérif» des expos à *La Presse*. Il y a quelques paysages convenus, art cul-cul répandu avec effets de tube dentifrice pour illustrer des bouleaux blancs ultra-brillants. De rares bonnes choses dont un grand «papier brun» bellement dessiné et coloré par Louisa Nicol, qui s'offre à mille neuf cents dollars!!! Prétention. Je passe.

Nous avons écouté avec plaisir cette drôle de pièce de théâtre à deux personnages, texte fabriqué à partir de la correspondance du célèbre Irlandais Georges Bernard Shaw avec une fameuse actrice de son époque, *Mrs* Campbell. Notre amie Françoise nous communique facilement le grand plaisir qu'elle éprouve à incarner cette dame qui passa et repassa dans l'existence du dramaturge créateur émérite. C'est Gabriel Gascon qui joue Shaw. Ce soir, il avait plein de trous de mémoire, mais j'aime beaucoup sa manière de camper l'humoriste immortel qui inventa le si amusant *Pygmalion*.

Soirée agréable dans ce faux théâtre pas bien équipé, pas vraiment épaulé, devrait-on dire, par le Crésus-Péladeau qui se vante d'être économe jusqu'à la radinerie. On est au pays de Séraphin Poudrier et il semble que l'avare de Grignon, le vrai, puisqu'il a existé affirme son auteur, se soit réincarné en Pierre Péladeau.

La météo annonce, franche et désespérante, que demain, oui, demain vendredi, il y aura des... oui, des averses.

On monte se coucher un peu enragés de savoir que le mauvais temps de la fin juin, les pluies du début juillet, eh bien, tout cela va se continuer demain. Et pour après-demain, en souriant, Miss Météo ose dire: «Probabilité d'averses aussi.»

Merde, que d'eau! Les jardinières, si belles cette année, que Raymonde fleurit chaque printemps, seront noyées et périront!

Au dodo!

Ce matin, ciel gris. Menaçant. Annonce d'un samedi mouillé? Je vais aux journaux le caquet bas. Je souris en songeant à hier soir, à *Cher menteur*, quand, à l'entracte, le ministre de l'Industrie et du Commerce et député d'Outremont me fait :«Voici mon adversaire politique de l'automne 1989 quand vous avez mené une si brève campagne!» Nous rions volontiers de ce souvenir, de mon ultra brève incursion d'aspirant candidat péquiste qui tourna en loufoque épopée antisémite au monde des langues de bois du pays!

Raymonde a eu envie d'inviter le camarade-animateur des matins de CJMS. Élyse et Paul Arcand arriveront vers seize heures. Le temps se noircit. Les feuilles des arbres se tournent et offrent le dos aux ondées qu'elles pressentent sans doute. Je voudrais bien aider ma brune, mais c'est une loi quand elle prépare un repas d'invités, je dois me tenir loin de la cuisine. Je la vois dresser fébrilement sa liste pour le supermarché du bas du village. Je sais d'avance que le couple Arcand va se régaler. Elle me répète qu'elle est une «sans-dessein» en matière culinaire, qu'elle ne sait rien faire, c'est la complainte usuelle et puis arrivent nos invités, arrive le moment de passer à table, et chaque fois c'est un succès, à mon avis.

On va manger de l'agneau bien rose en plat principal. Mon régal. Une fois de plus nous nous sommes levés tard le matin. Pourtant Raymonde est matinale et moi, ma foi, à cause de la radio du matin j'avais fini par prendre l'habitude d'ouvrir l'œil automatiquement à six heures et demie pile. Je constate que l'on retrouve bien vite les anciennes habitudes. Chaque fois que je me sors du lit vers onze heures du matin, rien à faire, je me remémore les cris de ma mère au tout début des années cinquante quand j'étais un grand dadais d'une fainéantise rare. Oh! Des averses de nouveau éclatent à intervalles réguliers.

Les Arcand s'amènent par un beau soleil éclatant en fin d'après-midi. Un apéro, une biscotte tomatée à la main et nous voilà tous plongés dans une... averse de potins, de rumeurs folichonnes et de cancans creux. On rigole, heureux de se retrouver.

J'aime bien ce jeune homme venu de Saint-Hyacinthe, un fou des «actualités», branché sans cesse sur tous les canaux-à-nouvelles et très apte à mener rondement des entrevues solides avec n'importe qui projeté à la une des événements. Il a été surnommé par les camarades de la station: «le gros nounours». Mais il n'a rien en réalité des ours en peluche, il a de vraies griffes et des crocs assez bien aiguisés pour, quand la cible finasse, laisser des plaies saignantes.

Dès nos premières collaborations, à l'été 1990, il a aimé ma manière pas très douceâtre, mes façons plutôt directes et mon goût vif d'appeler un chat un chat. Enfin, je le crois. J'espère bien ne pas me tromper, mais à cent, mille petits signaux, j'ai cru saisir que «le vieux schnock» lui plaisait assez. Nous avons mené des heures de débat. Nos polémiques, peu à peu, manquèrent sans doute d'aspérités. C'est qu'au bout d'un an ou deux, nous avons bien vu que nous étions d'accord sur presque tous les sujets à pamphlets que nous abordions. Paul Arcand n'a rien d'un fanatique, ni d'un démagogue. S'il sait être populiste à l'occasion, comme moi, jamais il n'a consenti à déconner juste pour faire de l'effet.

Bientôt, vers 1993, notre arène s'en trouva métamorphosée en un aimable salon de rencontres amicales. En riant, un jour, il y a plus d'un an, je dis au directeur qui, justement, reprochait à nos face à face un certain manque de piquant: «Il faudrait, cher Charles Benoît, que tu m'installes comme vis-à-vis d'une grande gueule aux idées arrêtées, un bonhomme un peu con, un type candide et prétentieux à la fois qui, par ses attitudes de crétin, saurait mieux me faire bondir.»

Arcand est brillant, il est équipé d'une intelligence nettement au-dessus de la moyenne, et ça ne fait jamais, ces gens-là, de bons ballons sur qui cogner.

Aujourd'hui même, je ne sais comment le prévenir que je n'ai plus envie de travailler tôt le matin. Nous buvons une bière fraîche en regardant frissonner le lac, nous rigolons de bons souvenirs et je ne parviens pas à lui avouer carrément que ma collaboration du matin à sa longue émission est une chose du passé dans mon esprit. Il me parle de faire installer, rue Querbes, une machine-radio pour que je sois à son studio sans la peine de m'y rendre. Il me fait miroiter des plans, des manières nouvelles de dialoguer tous les deux et je l'écoute gentiment parce que je l'estime, que je l'admire et que je me suis attaché à lui, mais je devrais avoir le courage de lui dire: «Paul! Inutile. Je ne veux plus être ce chroniqueur de tout et de rien et surtout de télé.»

Déjà je me disais, lâche, quand il sera retourné chez lui, je lui écrirai une lettre d'aimable démission définitive.

Je pense souvent à tant de camarades de métier qui se cherchent une niche quelque part, n'importe où, qui chôment parfois depuis des années, qui sauteraient volontiers sur ce boulot de chroniqueur culturel tous azimuts. Mes propos, ici, sembleront peut-être des caprices. Mais tel camarade doit comprendre que je me fais vieux. Qu'il me reste un nombre d'années limité, prévisible, avant de disparaître. Que je suis toujours amoureux de ma compagne. Que je souhaite que nous commençions chaque journée nouvelle ensemble, face à face, avec le café bien chaud, nos premiers sourires d'un jour, même si nous lisons les journaux, c'est essentiel d'être ensemble, d'être un couple, d'être deux personnes qui s'aiment toujours, et qui, enfin sortis du train coutumier du travail à l'extérieur, ont besoin de finir leur vie le plus souvent possible en tête à tête.

Certains malchanceux en amour se moquent. On s'en fout, certains tous les deux que la plupart des gens admettent volontiers ce désir, ce besoin de ne plus se quitter s'ils ne sont pas obligés de le faire.

Bientôt, j'aurai déjà une cinquantaine de pages manuscrites à ce nouveau tome de journal. Je me rends compte, comme en 1988 et en 1989, qu'il est facile et amusant d'engraisser peu à peu ce genre de texte.

Tenir journal, je ne l'avais pas oublié, est une joie paisible. Cela donne du poids, je l'avais dit, au quotidien. Autrement, les jours filent, les semaines s'envolent et on a le sentiment, chaque fois qu'on trouve le temps de s'arrêter, qu'on ne contrôle pas sa vie, qu'on est des automates, des ballottés, qu'on se retrouvera morts, finis, ébahis, la bouche ouverte et proférant, le regard perdu: «Ah, c'est fini? Mais je n'ai pas eu le temps de penser que j'étais vivant.» Est-ce que je me fais des illusions? Sans doute que oui. Et après? «S'il me plaît à moi d'être battue?» disait une femme dans Molière. S'il me plaît à moi d'être illusionné volontairement par moi-même?

*
* *

Demain dimanche. Je pense souvent à ma fille, Éliane, à mon gendre Marco et aux trois «pistolets» Gabriel, Laurent et David. Ils sont au bord de la mer dans le New Jersey. J'espère qu'ils ont eu moins de pluie que nous au Québec. Avant de partir il y a plus de deux semaines avec une nouvelle tente-roulotte, Marc m'a dit: «Deux semaines, peut-être trois.»

Demain dimanche, si je me décide, je ferai enfin l'installation des pierres plates sur ce chemin qui conduit au lac. Une paresse mystérieuse nous a envahis depuis la fin juin. Nous allons, je le gagerais, rester au lit passé onze heures une fois de plus.

Demain dimanche, s'il y a du soleil, nous installerons les matelas dans les chaises longues du bord de l'eau, nous ouvrirons magazines et livres et ce sera encore une journée pour lézards attendris. Quoi, on sait trop que l'été va filer en vitesse, qu'on va se retrouver en septembre sans s'en rendre compte, qu'après l'automne ce sera le long hiver que l'on supporte de plus en plus mal Raymonde et moi.

Avant de nous endormir, nous constatons que toute la soirée nous avons mené le train des conversations, que les Arcand, par défense? par timidité? ne sont pas bavards sur eux-mêmes, qu'ils ne se confient guère, qu'ils répugnent – est-ce le mot? – à parler de leur vie privée, de leur existence intime.

Est-ce la différence de génération? On se répond que oui. Rien à faire alors? Il y aura toujours ces zones infranchissables qui font que deux personnes nées au

58

temps du cinéma noir et blanc, n'intéressent pas vraiment deux personnes nées au temps du cinéma en couleurs au milieu du salon. Allons, nous savons bien qu'il y a de jeunes bavards extravertis, mais Élyse et Paul, eux, ont bien le droit d'être secrets, d'être peu enclins aux confidences graves ou légères. Bonne nuit amour. À demain!

Le soleil s'était montré pour accueillir les Arcand, le ciel est maintenant complètement bouché. Vraiment un début d'été assommant. En effet, nous sommes sortis du lit vers onze heures. «Mais qu'est-ce qu'on a, Claude, depuis notre retour du Saguenay-Lac-Saint-Jean?» Raymonde n'est pas une traîneuse au lit le matin. Neuf heures, c'est tard pour elle d'habitude. Je vais aux journaux. Une tornade a fait d'énormes dégâts et un mort au village de Saint-Charles au bord du Richelieu, jadis nommé la rivière des Iroquois. C'est l'événement que l'on commente partout à la radio et à la télé, comme dans les journaux de ce matin. Cela dure une demi-minute et tout valse. Un toit va se balader chez les voisins, les cloisons d'un logis deviennent des cure-dents, les murs des cartes à jouer, un canapé voltige, les embarcations de plaisance chavirent d'un coup, un quai de plusieurs tonnes vire à l'envers. Une demi-minute. En trente secondes, le temps devient anormal, des existences sont chambardées, une vie, jusque-là paisible dans un coquet et calme village du sud de Montréal, se transforme. C'est l'horreur. Un enfer de trente secondes? Qui souhaite vivre semblable expérience? Personne certes.

On a pris un gros petit déjeuner puisqu'il était presque treize heures une fois lavés et vraiment réveillés. J'ai mis de l'ordre dans le paquet de dépliants publicitaires ramassés en six jours dans tous ces sites à touristes. Incroyables ces efforts pour inviter, pour attirer les visiteurs. À peu près rien à conserver. Nous aurons une douzaine de photos tout au plus. Bien entendu, les meilleurs moments resteront gravés à jamais dans nos souvenirs. Nous ne nous servons presque plus de la mini-caméscope de télé. On s'est vite rendu compte que, comme pour les séances de diapos des années soixante, les gens détestent, sans le dire le plus souvent, qu'on les oblige à s'asseoir en silence pour, de force, visionner ces mini-cassettes qui peuvent durer des heures. Au moins, avec une poignée de photos, nous restons libres de commenter, de questionner; c'est la liberté du rythme. Alors que le visionnement de cassettes vidéo, c'est la camisole de force, on impose alors à ses hôtes une façon de voir, la nôtre. Voilà donc un gadget de plus dans les armoires?

Le soir de ce *bloody sunday*, un dimanche ponctué d'arrosages en divers formats et de durée variable, nous regardons un film loué au club vidéo De la Montagne. C'est le plus récent Woody Allen et il n'est pas bien fameux. Ce *Manhattan Mystery Murder* se tisse d'une histoire pas très plausible. Nous avions préféré le Allen de *Radio Days* et du *Hannah & her Sisters*. Il n'en reste pas moins qu'un film de ce personnage illustre n'est jamais banal, on y trouve toujours quelques facéties merveilleuses, une sorte de complicité tacite, implicite, entre le «petit singe myope» et New York.

J'ai parlé, un peu pour rire avec Raymonde, d'instituer à CJMS un couple, le nôtre, où nous pourrions, comme les fameux Jouhandeau de Paris, nous enguirlander avec humour. Raymonde a jeté aussitôt les hauts cris: «Jamais. Tu entends? Perds pas une minute à échafauder un tel projet.» Pourtant, il me semble qu'elle ferait florès aux microphones d'une radio populaire, elle qui sait si bien et si souvent rétorquer à mes taquineries. Tant pis. Il y a dix jours, je posais la même question à mon fils Daniel. Lui aussi a refusé tout net l'idée. Je lui avais proposé d'aller soumettre le projet d'une série où lui et moi aurions des engueulades carabinées et contrôlées. Mon Daniel, de lui-même, a vite incarné une idée de sa Lynn, à savoir cette série d'articles polémiques entre deux membres de deux générations, séparés par trente années. Claude Masson du journal *La Presse*, alerté par son éditeur et président que nous avions approché, a sauté sur le projet. Il y aura une première rencontre mercredi dans trois jours au 7, rue Saint-Jacques. J'ai hâte de publier opinions et sentiments.

Daniel, lui, est un peu inquiet. Surpris de voir enfin un de ses projets fonctionner? Pour la radio qui ferait écho «suivi» à nos chroniques de *La Presse*, il m'a dit: «Non. N'y pense pas. Je ne me sens pas prêt. N'insiste pas.» Je n'ai pas insisté.

«Touchons du bois!» que je gueule à Raymonde ensom-
meillée au beau milieu de notre vaste *king size bed*.

Oui, le soleil est là. Le ciel est d'un bleu parfait.
La clarté de ce lundi matin fait plaisir à voir après tant
de jours gris. Nous déjeunons. Raymonde achève de lire
les journaux et me prévient qu'elle a des courses à faire.
Je vais atteler la planche à voile. Hélas, le vent qui est
assez raide va et vient dans cette sorte d'amphithéâtre
formé par les collines qui entourent le petit lac. Difficile
de naviguer sans trop d'efforts. Je gonfle un des matelas
pneumatiques et je me laisse flotter au gré du courant.
C'est le bonheur. L'été. Enfin l'été au soleil. Le vrai
vacancier que je deviens a le cœur à la fête. J'ai perdu
un petit radeau. Je m'installe au pédalo pour le retrouver un peu à l'est, il y a eu un vent assez fort ici samedi,
sans parler de tornade. Je suppose que c'est ce vent fort
qui a fait dériver le radeau ainsi.

Des oiseaux vont et viennent entre nos hauts
sapins et le vieux saule du bord de l'eau. Des geais bleus,
des mésanges, des gros-becs, des pics en quantité,
nerveux, excités, anarchistes. Deux corneilles, leurs cris
stupides. Au large, vers le Chantecler – ô détritus! –
quelques goélands. La rue qui conduit au Chantecler est
devenue une rue de restos. Depuis ce temps, les
goélands-vidangeurs alertes, en habits blancs, rôdent.
Ça donne une petite impression de la mer dont je
m'ennuie. Pourrai-je résister cette année à notre annuel
pèlerinage vers l'Atlantique?

«Viande à chien», on perd presque quarante sous
pour chacune de nos belles piastres! Au fait, ça fait cent

ans cette année qu'est né, pas loin de chez nous, le feuilletoniste Claude-Henri Grignon connu de tout le Québec et jusque dans le guide *Michelin*. On parle de lui comme d'un pamphlétaire, mais en réalité, il a passé sa vie presque entière à rédiger du feuilleton pour la radio, puis pour la télévision.

On parle aussi de lui comme d'un romancier. Mais Grignon n'a publié que deux brefs ouvrages. *Un homme et son péché*, son livre à succès, est devenu ce serpent aboulique que les ondes ont montré durant des décennies. Je le regardais parfois. C'était d'une lenteur que moi je trouvais exaspérante. On pouvait sauter dix, même vingt épisodes télédiffusés et les intrigues en étaient toujours au même point. Mais la mort embellit tout. Et bien des gens qui conspuaient son mercantilisme d'auteur-exploiteur d'un seul filon, maintenant, lui trouvent toutes sortes de grandes qualités.

Je l'avais croisé quand j'avais vingt ans et que je tentais vainement de survivre dans mon écurie-atelier de céramique au pied du mont Chantecler. Il était l'auteur de radio riche. Il allait à son «pub» de l'hôtel du coin, le manteau de chat sauvage grand ouvert. Je savais qu'il avait été maire de Sainte-Adèle et, bien sûr, qu'il avait livré des polémiques durant les années trente sur des sujets qui n'intéressaient plus beaucoup en 1950.

Il est mort en 1976, deux ans avant que je m'installe pour de bon avec Raymonde dans «son» chalet de la rue Morin, soit en 1978. Il y a un an ou deux, j'avais pensé écrire une biographie du bonhomme aux *Belles Histoires des pays d'en haut*. J'en ai parlé un peu autour de moi. Pour tâter le terrain. Madame Constantineau, une marchande de journaux qui connaissait la fille adoptive de Grignon, me promettait de lui en toucher un mot. Elle me

64

fit savoir qu'elle ouvrirait les albums de famille. Je gardais le projet sous le boisseau.

Récemment, j'ai vécu une aventure singulière et déplorable quand on m'a invité, à la demande même du héros du livre, à rédiger la biographie de l'animateur populiste Gilles Proulx. Ce fut éprouvant, je raconterai un jour, ailleurs, les difficultés rencontrées, la méfiance, l'affreux malentendu entre Proulx et moi, ses frayeurs, etc. Il reste que cette expérience malheureuse pour ce simple «portrait» m'a comme enlevé le goût pour long-temps d'écrire de la biographie. Certes, Grignon est mort. Je suppose que c'est avec les vivants que c'est plus difficile. Et plus délicat aussi, bien entendu.

Un soir, quelques années avant sa mort, vers 1971-1972 je crois, Grignon, le lion du Nord, fut interviewé au réseau TVA, au canal 10. Je me souviens mal du tout, mais je me rappelle clairement que Grignon déparlait, qu'il montrait la triste image d'un vieil homme devenu gaga. Il se disait espionné par la police montée du Canada. Lui, un conservateur fédéraliste? Il avait dit au questionneur: «La police me surveille. Ils entourent ma maison. Les gendarmes sont ici autour de la station.» Bref, cela m'avait étonné et m'avait inquiété aussi. Ce délire de persécution, ou quoi d'autre, est-il le salaire à payer pour vivre vieux?

Hier soir, j'ai appris qu'on va nommer la petite bibliothèque d'ici, à quelques rues de la rue Grignon, du nom de l'auteur des *Belles Histoires des pays d'en haut*. C'est justice et il était temps. On va aussi visser une plaque dans le mur de sa maison natale. Il était temps, là aussi. Même si, jeunes, les intellos de notre bande, à *Liberté* comme à *Parti-pris*, le tenaient pour une vieille baderne passéiste et une bourrique réactionnaire, ce feuilletoniste inépuisable a su rassembler des foules imposantes d'abord devant les radios, puis devant les téléviseurs. Je sais mieux, depuis que je me suis éloigné de la go-gauche «stupéfiante», qu'il y faut du jus, de la persistance. Et du talent aussi. Le public populaire se détourne vite des raconteurs ennuyeux. Grignon savait divertir de vastes publics. Pas facile. Jamais facile, messieurs les mépriseurs à petits publics d'ordre confidentiel.

À cette émission-hommage, un vieux ruban du célèbre *Sel de la semaine*, présenté très tard hélas à la télé d'État, j'ai appris quelques faits sur le père du célèbre «avare» québécois. À un Fernand Seguin qui a tenté mais vainement de garder Grignon dans un certain plan, avec un minimum de cohérence, le feuilletoniste amusé, goguenard, jouait l'espiègle. J'ai été vite entraîné à observer ce vieux gamin cabotin, volontairement sibyllin; c'était fort divertissant.

L'émission du *Sel* consacrée à Grignon fut faite en 1968, un an après Expo 67. Il avait donc, puisqu'il est né en 1894, soixante-quatorze ans et il avait visiblement décidé de mener l'interview au rythme qui lui convenait. Se pourléchant les lèvres, se frottant le nez avec ostentation, la tête fréquemment tournée vers le petit auditoire «amical» du studio, le vieux gaillard, comme on dit, «s'écoutait parler», mettant de très longs moments entre chaque membre de ses phrases qu'il semblait réticent à livrer. Coquetterie plutôt désagréable. Bien peu de naturel. Une sorte de prétention auréolait hélas ses propos.

N'empêche, j'observais attentivement le phénomène.

Il était clair qu'il tenait absolument, avant tout, à parler de lui, écolier, comme d'un fugueur, d'un cabochon, d'un grand amateur d'école buissonnière. Il répéta plusieurs fois, qu'enfant, il n'aimait que la pêche et... la chasse! Cet enfant-chasseur de 1900-1905, il insista là-dessus, eut une sorte d'amour-fantasme précoce: une institutrice qu'il nomma «la belle Angélique», laissant, là encore, un très long silence pour que l'on comprenne bien que le personnage du même nom de son unique feuilleton était tiré de la réalité.

Comme chez tous les calculateurs, le discoureur, en face de l'animateur, parla de «mes précepteurs», de «au cours classique de Saint-Laurent, je braillais sans cesse» et autres indices d'un garçon orphelin de mère plutôt perturbé. J'ai appris que le docteur Grignon, son père, avait quitté jeune la médecine pour devenir un fermier important. Grignon insista pour dire qu'il n'était qu'un autodidacte, mais il ne manqua pas de nous faire savoir qu'il connaissait les «classiques» du mouvement nationaliste de droite en France, Maurras, Léon Daudet et son émule Bloy. Il discoura sur Maurois, nomma les combattants de la querelle du temps, le pape Léon XIII, ici, Groulx, Rumilly, Laurendeau, etc. Il déclara son admiration pour Asselin et Fournier, les deux puissants journalistes d'ici. Il nomma Lucien Francœur, autre vedette du journalisme du temps. Francœur aurait été son condisciple consolateur au pensionnat Saint-Laurent.

Toutes ces informations captivantes étaient livrées trop lentement et Seguin s'arrachait les cheveux, au figuré. Il finit par en rire et prit le parti de laisser cette tortue à ses méandres.

Plaisir. Au milieu de l'émission, soudain, Seguin offrit le «crachoir» au premier réalisateur de Grignon, l'animateur Guy Maufette. Ce dernier, encore jeune en 1968, débola, sans se faire prier, un captivant petit discours plein d'humour sur ses premiers contacts avec les Grignon et parla, avec son formidable talent d'improvisateur et sa belle voix de radioman expérimenté, des caractéristiques principales de l'auteur. Il semblait «crinqué» et, certes, on en aurait appris davantage qu'avec ce vieillard amusé par lui-même, ce roublard calculant même ses moindres effets, mais Seguin, pas moins subitement qu'il lui avait tendu la perche (du micro), la lui retira brusquement.

Que devient ce Guy Maufette que nous aimions tant à la fin des années quarante, juste avant la venue de la télé? Une rumeur malsaine sifflait un temps: «Il était entré à jamais dans une trappe de moines!» Ou bien: «Son esprit s'était fracturé» et il avait «sombré dans l'abîme du rêve», pour paraphraser Nelligan.

L'émission débuta un peu avant minuit et se termina donc vers une heure et demie du matin. À l'étage, quand je suis monté pour dormir dimanche soir, Raymonde s'était envolée dans les bras de l'un de mes rivaux, Morphée.

Ce soir, lundi, louage encore d'un long métrage relativement récent: *L'Affaire Pélican*. Même sauce que *La Firme*, même style, même ambiance que *Trois Jours du Condor* ou *La Conversation*. Il s'agit du récit complexe d'un complot sordide dans lequel trempe, de loin, le président des USA. Vous connaissez tous ce menu. Il est captivant. L'action est menée à un train d'enfer. Des cadavres, témoins gênants, jonchent le sol où il est imprudent pour le héros de mettre un seul pied. Cette fois ce n'est ni Robert Redford, ni Gene Hackman qui est le héros, mais une femme: Julia Roberts. Minaudant hélas comme une Adjani au début du film. À ses côtés, toujours la discrimination à la mode, un Noir.

Tant pis pour cette stupéfiante rectitude «morale», le film d'action est bien fait, efficace, et constitue un divertissement de bon aloi!

Eh! Fin du beau temps! Cela a duré une seule journée, lundi, hier. Voici donc un mardi d'un gris-blanc dégoûtant. Vraiment, l'été s'annonce mal et Raymonde me sort: «Rappelle-toi, il y a deux ans, on a eu un hiver rigoureux et, par la suite, un été maussade rare en belles journées.» Est-ce que ça va se répéter?

Un coup de fil m'apprend que ma fille et sa famille rentrent des plages du New Jersey. Je les verrai demain, mercredi. J'ai hâte. Après ce lunch, je serai chez Claude Masson, l'éditeur adjoint de *La Presse*, pour nos chroniques polémiques.

Eh oui, grasse matinée! Quand on voit, par les stores à demi fermés, cette grisaille au ciel au-dessus du lac, on referme les yeux, on tire le drap sous le nez et on espère se rendormir!

Après le café et un œuf à la coque, je me décide enfin et je sors la pelle, le râteau et la brouette. Je changerai les pierres plates enterrées de gazon pour les pierres de béton blanc. Me voilà vite en sueur! Manque d'exercice, pépère!!! Je suis content de moi, j'ai fini par me grouiller, par me sortir d'une certaine torpeur. Raymonde a préparé de savoureux hamburgers et nous bouffons vers quinze heures, dehors sur la galerie, malgré cette lumière blafarde au-dessus de nous!

Je termine mon grand ouvrage. Je suis en lavette. J'ai les mains noires de terre. Un tas de pièces de tourbe remplit la brouette. Je suis allé répandre la terre restante aux pieds de mes deux jeunes sapins et tout autour des vivaces que j'avais plantées à la fin de l'été dernier et qui sont maintenant chargées de lourds boutons... Elles vont me faire de belles surprises en couleurs sous peu.

Nous décidons à l'heure du souper de rentrer en ville. Raymonde pour revoir sa mère hospitalisée, moi pour ce rendez-vous à *La Presse* avec Daniel. Au bout de l'autoroute des Laurentides, c'est le grand blocus. On répare. Donc on casse. On défonce. Les bouchons se multiplient. L'horreur. Nous bifurquons vers le boulevard Henri-Bourassa. J'aime revoir la rue Saint-Laurent, mon cher parc Jarry avec son vieux kiosque à musique où papa m'avait fait découvrir de la musique vivante, grâce à la fanfare Campbell. Le soleil se montre timidement. Trop tard!

Nous roulons sur de Castelnau un bref moment. Je revois l'édifice des «Sourds et muets», comme on disait en 1940; on y allait les dimanches après-midi pluvieux pour visiter un musée naturaliste sous les combles, des collections d'insectes, des animaux empaillés. Quel ennui pesant de revoir toujours les mêmes exhibits parce que nous n'avions pas d'autres moyens de nous divertir. J'en souris aujourd'hui, mais dans le temps de mes dix ans, ô misère!

Nous roulons dans la rue Clark. Que de petites gens installés derrière les étroits balcons, multitude de terrasses échelonnées partout et la plupart désertes puisqu'il y a désormais, dans les maisons, une lucarne lumineuse qui fait voir le monde sous toutes sortes de formes, de jeux, de documentaires divers, de fictions de tous niveaux et, sans cesse, publicités sur publicités.

Ce soir, nous regardons les nouvelles à vingt-deux heures et à vingt-trois heures, à la SRC et à TVA. Clinton à Berlin. Parizeau à Paris, en vitesse. Arafat en nouvelle Palestine. Les pommiers de Rougemont, malades encore du froid de 1993-1994. Le casino projeté à Hull, dénoncé par les mouvements sociaux et l'archevêque du lieu. Au Rwanda, ça ne va pas mieux, les accalmies rivalisent avec les attaques. À Haïti, la menace d'invasion grandit. Le monde tourne comme il peut. Moi, je suis un confortable petit bourgeois, je me sens impuissant, incapable même. La terrifiante et désolante leçon donnée par «l'information mondiale rendue facile» c'est: «Voyez les conflits partout, les morts, les famines, les atrocités, sachez bien tout cela et restez sagement assis chez vous. Vous n'y pouvez rien!»

C'est ce qu'on se laisse faire, dire, montrer chaque soir et nous soignons notre santé physique, nous faisons attention à tout, nous tentons de nous conduire comme du monde, nous tentons de toutes les manières de nous garder en forme et pourtant, tous les soirs avant d'aller dormir, nous avalons, absolument impuissants, oui, nous avalons toute cette fatale série de merdes humaines.

Souvent, quand j'y réfléchis, je me dis qu'on devrait se sevrer de cette dose de sentiment d'impuissance. Avant la nuit, c'est un accès de masochisme ou de sadisme.

Ah! le beau mercredi! Un ciel bleu parsemé de jolis nuages roses. Enfin, ce matin nous avons réussi à nous arracher du lit un peu avant dix heures. Net progrès, non? Nous avons pris le petit déjeuner sur la terrasse d'en arrière, rue Querbes, puisque hier, mardi, nous décidions vers l'heure du souper de descendre en ville pour voir tomber les orages annoncés. Or rien, pas un millimètre de pluie en soirée hier.

Vers onze heures ce mercredi matin et tel qu'entendu hier soir avec ma fille, je me rends à Ahuntsic pour amener luncher les trois mousquetaires pas vus depuis près de vingt jours. Le père du trio est rentré au boulot ce matin et en se rendant à son bâtiment du ministère des Transports où il s'occupe de relations publiques, il a perdu son appareil de téléphone cellulaire. Éliane, alertée par Marco, est allée faire une recherche le long du parcours qu'il a fait en vélo, de la rue Chambord à la rue Port-Royal juste à l'est de la rue Saint-Laurent. Peine perdue! Le couple s'est pas mal énervé avec cette histoire. Innocent dans le domaine, je crois comprendre que perdre son «cellulaire», c'est perdre aussi un agenda, un tas de mémos, des listes de numéros utiles et quoi encore?

J'ai trouvé les garçons peu brunis, mais je crois que le bronzage à la mode d'antan est bien terminé. J'ai su qu'hélas l'eau de la mer du New Jersey était aussi froide que celle du Maine, sauf aux tout derniers jours de ce séjour, qu'il y a eu beaucoup d'insectes piqueurs, qu'il y a eu plusieurs journées nuageuses mais que deux jours vraiment pluvieux. Leur terrain de camping était assez éloigné de l'océan; pour s'y rendre, il leur fallait prendre un tronçon d'autoroute avec péage.

Éliane me semble en forme splendide. Elle me dit qu'à la fin de ce beau congé les garçons en avaient tout de même assez de la tente-roulotte et qu'ils avaient plutôt hâte de rentrer *at home*. Elle m'a aussi expliqué que des enfants s'ennuient quand ils restent sans amis et que l'on ne parle qu'en anglais autour d'eux. Bref, je devine que ces vacances océanes n'ont pas été que pures délices. Et, à moins d'être très riche et encore, il n'y a donc pas de lieu idéal où aller jouir des vacances d'été.

Éliane veut en profiter pour se reposer un peu et refuse donc mon invitation à luncher avec nous quatre. Je pars seul avec eux dans mon petit Cabriolet plus bruyant d'année en année. Vu leurs bonnes notes de bulletins de fin d'année qu'Éliane a pu lire récemment, celle-ci m'autorise à des étrennes de fin d'études, en retard de trois semaines, quoi. Le trio, tout heureux de revoir «papi», de reprendre contact avec le grand-père gâteau, m'entraîne pour ces étrennes modestes dans un des magasins Toys"R"Us, à l'ouest du centre commercial Place Vertu à Ville Saint-Laurent. Mais d'abord, recherche d'un resto vite fait climatisé. La Place Vertu est d'une fraîcheur nettement exagérée et je regrette de n'avoir pas endossé mon léger blouson de toile écrue. Les garçons, en fin de compte, optent pour le sempiternel MacDonald. J'y consens. Ça va vite et ils sauront rapidement quoi choisir.

Rendus au comptoir des jeux électroniques sur cassettes Super Nintendo, voilà que David et Laurent m'annoncent qu'il n'y a aucun échantillon d'une certaine cassette avec thème de courses automobiles à «cascades». *Stunts Race*, selon Laurent, serait le titre du produit convoité. Nous retournons rue Chambord, j'ai mis l'argent de *Stunts Race* dans une enveloppe pour eux et, à leur club vidéo de la rue Lajeunesse, nous avons laissé les coordonnées de Laurent chargé d'attendre l'arrivée de cette cassette.

Le temps a filé et il est déjà quatorze heures.

Je laisse mes petits-fils en vitesse. David va garder puisque la maison est vide. Je file me changer, rue Querbes, pour la rencontre avec Claude Masson de *La Presse* au sujet de notre projet de chronique de débats.

Je me rends, habillé proprement, rue Garnier où Daniel, prévenu, m'attend. Lui aussi s'est «endimanché».

Au journal, on fait face à un éditeur enthousiaste, de belle humeur et qui nous redit de vive voix son accord pour cette série polémique entre un père et son fils, entre deux hommes de générations bien démarquées. Surprise, au lieu d'une douzaine d'articles comme prévu, Masson parle d'un premier parcours avec plus d'une quinzaine de chroniques s'étalant de septembre à décembre. «On verra après ça comment poursuivre cette série...» Je suppose qu'il songe à 1995 si nos «papiers» obtiennent un bon succès. Daniel, qui a amorcé ce projet, en est tout fier et tout heureux. Il prévoit donc qu'il ne sera pas obligé de reprendre le rôle de professeur de morale dans une quelconque école secondaire. Quatre mois de ce beau métier, l'an dernier, lui ont fait comprendre qu'il est devenu difficile d'enseigner des matières non reconnues comme essentielles dans le cadre pédagogique actuel. Il m'avait dit: «Je découvre, papa, avec horreur qu'il faut jouer un rôle de policier à cause d'une demi-douzaine de jeunes têtes brûlées dans une classe. Et moi, la police, ça ne m'intéresse pas du tout.»

Il est donc sorti du bureau du dirigeant de *La Presse* avec une humeur joyeuse. Et moi aussi. Répondre en deux feuillets à ses constatations sur «nos» différences est déjà un exercice que j'adore. Ce sera donc du plaisir. Aussi un bon moyen de me défouler face à certains «modus vivendi» des jeunes gens. Qui m'agressent. Qui m'horripilent même. Qui, parfois, me mettent carrément «en sacrament»! On va bien s'amuser, dès septembre à *La Presse*, de ces engueulades entre le vieux schnock de père et le jeune veau de fils! Je suis prêt.

Je suis allé reconduire Daniel chez lui. Il doit aller rejoindre ses deux gamins partis en excursion dite de «camp de jour» avec le «Centre de l'Immaculée-Conception», le club d'été de leur nouvelle paroisse. Mon fils m'a expliqué qu'il allait «garder la maison» d'amis de La Fresnière où il habitait avant de déménager à Boisbriand en 1989. Son ancienne maison fut achetée par son cousin, mon neveu Sylvain. Ainsi, traversant la rue de «cette maison d'amis à garder», ils retrouvent le 777, Rivière-Sud de La Fresnière.

Je rentre chez moi. Raymonde arrive du centre hospitalier. Elle se dit désolée et accablée de constater que sa mère, Yvonne, sombre de plus en plus dans une sénilité dont elle reste consciente. Elle pleure, se plaint, souffre, s'ennuie, se désespère et cela torture mon amour. Et moi je reste impuissant et pas moins désolé qu'elle. Ô impuissance en face de cette vraie vieillesse qui arrache tout, qui transforme ma belle vieille copiste en un fantôme à la mémoire vacillante! Échouerie fatale accablante!

Nous discutons, apéro en main, du cauchemar de vieillir, trahis par toutes nos facultés physiques. Le soleil n'a pas lâché prise de tout ce mercredi. Le ciel est splendide. Tous les chats de la rue Querbes se sont donné rendez-vous dans notre cour. Le gros gris si paresseux, le digne et royal «lion», le maigrichon noir au poil arraché, le «marcoux» agressif et grogneur, le rayé comme un zèbre. Je tente de les chasser à mesure qu'ils apparaissent, je fais d'affreux bruits de bouche, rien à faire, à tour de rôle ils stoppent un instant, me jettent un regard méprisant et semblent se dire: «Pour qui se prend-il, ce bonze? Est-ce qu'ils vont bientôt retourner à leur chalet et nous foutre la paix! Non mais!»

Pour éviter les sempiternels bouchons de l'autoroute du Nord en ses commencements et jusqu'à Laval, je prends tout doucement la rue Van Horne, le boulevard Rosemont, la rue Christophe-Colomb; sur Henri-Bourassa, je tourne rue Papineau pour traverser le pont vers la 19 et l'autoroute 440.

C'est un peu plus long, mais on a la paix en évitant toutes ces aires de réparation sur la 15. Arrivés au lac, c'est un carnaval de lumières aveuglantes dans notre mini-baie! L'eau scintille à nous aveugler, comme toujours en juillet quand le soleil s'apprête à disparaître derrière les collines de l'ouest. Nous sommes en paix.

Une grosse fleur orangée pend, tout épanouie, au bout de l'une de mes vivaces. Dans un sapin, une mésange examine les cocottes enlignées sur chaque branche. Un merle vérifie le vert des cerises sauvages et se sauve. Nous regardons l'astre de feu descendre tout lentement à l'horizon. Raymonde va mieux, se console, tente d'oublier, mais me donne tout de même les nouvelles des pensionnaires les plus cocasses de Marie-Rollet, celles que je connais un peu mieux. Quand la noirceur du soir se pointe, nous n'allons pas loin, à La

Scala, qui, on le sait, saura nous faire cuire des pâtes à notre goût. Le chef et proprio, un Italo-Français venu de la Côte d'Azur, nous parle du mistral, de l'hiver par ici, du paysage laurentien qui l'épate toujours et aussi de la récession qui n'en finit toujours pas.

*
* *

Il est l'heure des nouvelles à la télé quand on rentre au chalet, l'heure des mauvaises nouvelles que l'on écoute malgré soi attentivement et toujours «impuissamment»!

Vive la France! Un jeudi de toute beauté dès potron-minet et je m'arrache assez vite du lit. Je veux jouir d'un si beau temps. Je sors d'une nuit un peu agitée. Hier soir, à La Scala, j'ai choisi une entrée faite de moules cuites dans une sauce très riche d'ail! Miam, miam, mais durant la nuit, blocage de l'estomac, obligation d'aller croquer des comprimés de magnésie. J'ai installé la table du matin du côté ouest du chalet où, sous une haie de vieux cèdres, un peu à l'abri des bruits de la rue, il y a une terrasse de bois; la paix, les cris des oiseaux, des passants se devinent derrière les cèdres, ça parle à la française, et puis j'entends de l'américain, et passent aussi des Asiatiques. Le village se remplit donc de touristes. Les enfants, excités, heureux, vont à toute vitesse vers la petite plage publique pas très loin d'ici.

Raymonde ne cesse d'apprécier son bien-être de vacancière et de retraitée. Il fait vraiment beau ce matin, les Français d'ici pourront fêter bellement leur fête nationale. J'aime la France. Je l'aime d'un amour presque aveugle. Cet amour vient de loin, d'il y a longtemps et il me faudrait tout un livre pour expliquer comment s'est installée cette immense affection. D'où m'est venu, à moi comme à tant d'autres, cet amour inconditionnel pour la France? Il n'y a pas tellement de l'idée de «mère-patrie». C'est plus profond, plus culturel, c'est un tissage serré fait de mille fibres. Je pourrais évoquer des tas de noms. Les livres, les films, les chansons évidemment, forment la base de ce vif sentiment qui fait que je me dresse, que je me scandalise dès qu'on la critique trop injustement. Je n'ai jamais pu comprendre tous ces gens d'ici qui la détestent, qui s'en méfient, ou pis peut-être, ces gens qui sont indifférents et restent complètement froids quoi qu'il puisse arriver à ce pays si cher à mon cœur. Je vois dans cette froideur haineuse un bête sentiment d'infériorité qui a des raisons d'exister certes, ou bien de cette détestation qui nous fut inoculée depuis des générations, depuis la conquête britannique de 1760. Toute cette hargne, ces farces plates, ces clichés insultants d'un racisme bien entretenu, toute cette attitude de mépris envers la France nous nuit, sert l'installation anglo-américaine et fait l'affaire au fond de ceux qui nous méprisent, nous les Québécois.

J'ai envoyé un message plus clair à Brière, le patron à CJMS. Je refuse de reprendre mon rôle de chroniqueur-critique de la télé et autres produits culturels. Je viens de lire une démolition carabinée dans *Le Devoir* à l'égard du *Cher menteur* monté au Pavillon des arts par Jean Faucher. Miss Gironnay a détesté sa soirée. Quant à Françoise Faucher, notre amie, «elle minauderait» selon la critique du *Devoir*! Quant à Gabriel Gascon, jouant Shaw, aucun compliment. Selon elle, une catastrophe! Bon! Ce matin, même journal, c'est au tour de Denise Filiatrault, ma belle danseuse de Pointe-Calumet, de se faire mettre en charpie pour sa mise en scène de *Dîner de cons*. Robert Lévesque, observateur sagace, critique toujours très documenté, juge que le spectacle d'été du groupe Rozon est une soirée débile. Il lui donne zéro de conduite. Bon, justement, je ne veux pas jouer de cet arc. Ça ne me dit plus rien, la critique. Je sais trop, à mon âge, qu'il y a tout un public friand de ces «descentes-en-flammes». J'ai passé l'âge du... matamorisme! Qu'on me passe ce néologisme.

J'ai reçu ces derniers jours deux lettres «classiques». L'une contenait un poème. Manière courante, symbolisme convenu, images un tantinet banales, une petite musique mièvre. L'auteure de cet envoi me veut comme conseiller littéraire, comme coach, comme recommandeur. Une fois de plus, j'explique à cette aimable naïve qu'elle doit fuir les écrivains, les conseillers littéraires, les parrains-de-salon, qu'elle doit envoyer ses feuillets de prose poétique à des éditeurs, à des revues et à des magazines. Pas un mot de ma part sur la valeur de son écriture. À quoi bon? Si je dis que c'est génial, ça ne lui donnera absolument rien. Si je dis que c'est mal, ça ne lui donnera rien d'autre que le cafard. Un auteur doit, je le lui ai dit, avoir confiance en sa ponte et puis foncer pour lui trouver un imprimeur quelconque! Cela seulement est concret. Le reste n'est que pose, mégalomanie, besoin de dominer, car je connais plein de petits scribes toujours disposés, les cloches, à jouer les profs.

L'autre lettre m'arrivait de la Beauce. Une jeune «radiowoman» est lasse de jouer en province «la voix de la météo». Elle m'implore de l'aider. De la conseiller. Elle vaut plus. Mieux. Sortir de son anonymat relatif. Que faire? Que lui dire? Elle me martèle: «Je n'ai pas de piston, aucun contact utile.»

Je n'avais, de même, aucun piston à vingt ans quand, de mon Villeray natal, je souhaitais tant devenir quelqu'un, un créateur de je ne savais pas encore quoi, un artiste de je ne savais pas encore trop quel domaine. Je frappais à toutes les portes. Radio, CHLP chez Pierre Gauvreau, CBF chez Couture, comme je l'ai raconté plus en détail dans mes récits de 1992 intitulés *Comme un fou*. Je raconterai ma misère, mon angoisse de 1950 à cette jeune fille impatiente de se signaler à son tour. Il n'y a pas de truc. Pas de recette. Il n'y faut qu'une chose, un peu de talent original. Et puis de la chance?

Raymonde me dit: «Ils sont si nombreux, si nombreux, désormais, tous ces jeunes gens aux portiques du monde de la culture.» Oui, mais ça revient un peu au même car en 1950, jadis, il y avait bien peu de débouchés. Quatre stations de radio AM, par exemple, alors qu'en 1994 il y en a huit au moins, plus toutes ces stations FM. Il n'y avait pas de cinéma *made in Quebec* et pas une seule troupe de théâtre solide, puisque Les Compagnons de Saint-Laurent, seule troupe organisée, agonisait. Il y avait un seul éditeur non religieux, la maison de Pierre Tisseyre. Maintenant, il y a tellement plus d'organismes, et je ne parle pas des services d'aide aux jeunes créateurs de toutes variétés, alors qu'en 1950 il y avait une seule dizaine de boursiers duplessistes, jeunes récompensés grâce à leurs papas puissants ou militants utiles au vieux parti de l'Union nationale.

Mais je me souviens soudain que le fabuleux acteur Jean-Louis Millette déclarait l'an dernier que l'on diplômait trop de jeunes aspirants acteurs et que c'en était un vrai scandale!!!

Alors? Alors je me tais. Je ne sais trop comment trancher. Est-ce, oui ou non, plus facile de se tailler une place au soleil en milieu culturel, plus aisé que jadis? Qui peut répondre avec précision? La réalité c'est qu'il s'agit d'une sorte de loterie. Pourquoi ne pas l'avouer? Plein de petits talents fragiles percent de façon bien curieuse; d'autres, plus solides, arrivent mal à bien émerger et à s'installer.

Oui, hélas, le «showbiz», Mademoiselle de Beauce, c'est une loterie. Faites un ruban, envoyez-le aux décideurs et attendez que votre chiffre sorte. Moi, à soixante-trois ans, je fais encore cela. Vieux joueur?

Ce soir, après un filet de porc au miel, façon Raymonde, cuit au barbecue au gaz, cadeau de mon beauf Albert, on a regardé un document visuel venu de l'Europe et faisant causer des témoins de Mao sur le règne du «grand timonier». Horreurs sur horreurs, et on a songé à tous nos charmants maoïstes d'ici, cervelles désaxées de la go-gauche lyrique des années soixante-dix et quatre-vingt.

Dieu merci, j'ai toujours été méfiant, j'ai toujours refusé l'adoration mystique pour des leaders, de quelque contrée qu'ils soient. Je suis ainsi fait que je n'ai jamais eu besoin d'admirer un chef, un littérateur, un théoricien quel qu'il soit. Les dogmes me font fuir, et cela depuis la fin de mon adolescence quand j'ai eu la chance de lire, d'Arthur Kœstler, *Le Zéro et l'Infini*. J'étais vacciné à jamais. C'était une «vieille» étudiante en céramique, Patricia Ling, qui m'avait conseillé de lire ce roman anti-totalitariste.

Après ces soixante minutes d'écœuranterie historique en Chine, c'est le trente minutes d'horreur des nouvelles télévisées. De Sarajevo à Kigali, de Port-au-Prince à la Georgie profonde où des inondations sévissent gravement, c'est la fresque des malheurs terrestres, c'est la grande murale sang et merde de l'humanité des mal pris. On y ajoute les meurtres, les abus sexuels sur des enfants innocents et quoi encore… Décidément, le monde de l'information est un puits nauséabond. N'y aurait-il pas moyen de fournir, en proportions égales, les succès des êtres humains un peu partout. Qui osera mettre un frein au fait qu'on nous présente seulement les mauvaises nouvelles? Aujourd'hui même, de grands peintres ont réussi des ouvrages nouveaux. De fameux littérateurs partout dans le monde ont mis leur ouvrage en vitrine; dans tous les mondes de l'expression artistique, même chose. Dans les autres domaines, dans les hôpitaux de la planète, oui, aujourd'hui, des spécialistes divers ont pu sauver de la mort des tas de personnes, pas vrai? Non. Le silence sur le succès de tant d'industriels, d'architectes, d'ingénieurs. Les trompettes lugubres, toujours, sur les tueries, les cadavres couverts de mouches, les macchabées à la dérive. Toute cette tapisserie dégoûtante est une réalité, elle doit être exhibée, mais aussi doit être montrée l'autre face du monde. Celle des bons. Oui, ils existent. Le mal existe. Et le bien aussi!

Déjà vendredi! Déjà une autre semaine? Un temps de cochon encore. Décidément, la moyenne n'est pas bonne du tout, la moyenne des beaux jours ensoleillés. Dans quelques minutes – on a hâte –, nous allons regarder un autre film, son plus récent, du célèbre acteur britannique Anthony Hopkins. Raymonde, rituel, va laver les chaudrons qui ont servi à la cuisson d'un délicieux poulet façon Yvonne. Au lieu de crème glacée, désormais, je mange une sorte de yaourt glacé. Mieux pour l'embonpoint qui me menace dangereusement.

Ce midi, j'ouvre une boîte pleine de teinture à bois achetée l'an dernier. Je fonce sur les cibles offertes, pinceau d'une main, torchons de l'autre main. Le vieil escalier, acheté du voisin Charette il y a longtemps, se voit alors inondé de *Walnut tint*. Ça revole. Ça dégouline. Bientôt j'ai la peau des jambes et des bras décorée de picots comme ces taches de vieillesse, que l'on nomme «fleurs de cimetière», soit dit en passant. La dizaine de marches de cet escalier extérieur, entre le jardin et le petit stationnement d'en avant, avait un très urgent besoin d'une couche protectrice. Je calcule, le travail terminé, que je viens de prolonger la vie de cet escalier d'un bon deux ans. Quelle satisfaction, on l'oublie trop souvent, que d'accomplir ainsi un travail manuel simple, utile, dans ce cas-ci essentiel.

Ensuite, je badigeonne vite une partie de la clôture des parterres donnant sur la rue Morin. Partie que j'avais dû réparer ce printemps comme après chaque hiver quand les charrues de la municipalité ne peuvent empêcher quelques bris de planchettes.

Puis, je descends, avec mon seau déjà à moitié vide, vers le petit quai du bord de l'eau. Je fais mon possible pour que cette teinture ne tombe pas trop dans l'eau du lac. J'en profite aussi pour rafraîchir les lourds transats de bois que mon fils m'avait menuisés il y a déjà six ou sept ans. Me voilà maintenant tacheté comme un classique rouquin, un cheval tavelé. Un Irlandais couvert de taches de «rousseur»! Je grimpe me frotter avec de la térébenthine. Ça pue fort partout autour de moi.

Je m'installe sous la douche pour me laver de la térébenthine et je m'installe en attendant le souper pour finir un roman commencé ce printemps, *Ostende* de François Gravel, qui s'était mieux maintenu que mon dernier roman, *La Vie suspendue*, aux listes des «meilleurs vendeurs» des journaux.

Ce roman raconte l'enfance, l'adolescence et surtout la jeunesse d'un fils de courtier d'assurances prétentieux, antipathique, d'un individualisme forcené qu'il prend pour du socialisme. Cette jeunesse se déroule dans les années soixante et soixante-dix et le jeune héros, J. F. Kelly, me permet de connaître un peu mieux, malgré qu'il fasse partie d'une bande de demi-marginaux, les idées, les pensées, les ambitions, l'utopisme des étudiants de ces années où je devenais un romancier populaire estimé, louangé même par les critiques du temps. Mes deux enfants étaient alors des enfants, justement, et je ne savais pas trop comment vivait cette jeunesse à l'époque d'Expo 67 et jusqu'à la victoire du parti de René Lévesque en novembre 1976.

François Gravel enseigne l'économie dans un collège de Saint-Jean, il en est à son cinquième roman pour adultes. Son *Bénito* m'avait assez captivé en 1987 et j'avais apprécié *L'Effet Summerhill* l'année suivante. Ce *Ostende* me captive beaucoup. Aucun écrit, on le sait trop, n'est innocent. Alors je suis plutôt estomaqué, totalement fasciné en certains passages, de découvrir tant de fragilité, tant d'idéalisme que c'en est touchant. Le héros et ses copains d'enfance sont un peu plus vieux – «anciens», dirais-je? – que ma fille Éliane. Mais je me rappelle qu'un grand ami d'enfance de Daniel s'est embrigadé dans cette sauce communisante et a milité un temps dans une secte – oui, secte – trotskiste-léniniste. J'achève de lire la lente retombée du jeune Kelly sur le plancher des vaches. Il veut devenir écrivain «célèbre», il prend épouse devant Dieu et les hommes, s'achète un cottage dans une banlieue près d'une autoroute, finit par accepter que sa jeune épouse aille dans une belle boutique d'un beau centre commercial pour s'acheter de beaux verres à vin. Suffit! les songes creux, le devoir d'être original et de paraître «a-norme» dans des niaiseries comme de sembler révolté parce que l'on boit du vin algérien dans des verres à moutarde usagés. Je comprends très bien le succès de cet amusant récit-roman qui raconte aux quadragénaires, mes cadets, leurs rêveries de jeunesse.

*

* *

Tantôt, Raymonde et moi, chacun dans son fauteuil au vivoir du chalet, avons pleuré à chaudes larmes. La fin du film avec Hopkins, *L'Univers des ombres*, est d'une détresse accablante. Un prude et rigoriste professeur du chic et classique collège d'Oxford, en Angleterre, finit par se ramollir, par s'humaniser, et tombe amoureux d'une américaine divorcée qui s'est exilée avec son jeune garçon. Trop tard pour ce découvreur de la tendresse, elle va vite mourir du cancer des os. L'histoire nous offre une visite à ces installations britanniques célèbres, le campus des jeunes gens d'avenir en 1950. L'histoire raconte surtout qu'on peut gâcher sa vie, se réveiller trop tard quand on se camoufle, quand on se carapaçonne trop. De voir, à la fin de *L'Univers des ombres*, cet ex-blindé crouler sous la peine, être secoué de sanglots sans fin avec l'enfant-orphelin à ses côtés, en larmes aussi, donne un grand coup, et ce désarroi nous fait fondre dans nos sièges de spectateurs domestiques.

*

* *

Plus tôt, j'ai parlé à Raymonde de la lecture des bulletins scolaires par ma fille. Je lui ai dit que les trois gamins vont monter de classe. Que David, l'aîné, a terminé le primaire et va aborder le cours secondaire, pas trop loin de chez lui au Mont-Saint-Louis. Que Laurent, le beau blond du milieu, a eu de bonnes notes et fera sa cinquième année à l'école Louis-Collin. Que le benjamin Gabriel semble le plus fort des trois: ses notes frisent le cent pour cent. Raymonde me fait: «Éliane t'a dit ça devant les deux autres?» Je réponds: «Oui.» Elle dit: «En sont-ils gênés, humiliés?» Je lui explique: «Non. Écoute, un enfant découvre vite qu'il y a des plus forts, des plus doués. Ils m'ont même paru fiers et heureux de ce cadet aux résultats flamboyants.» J'ajoute: «Toi, toujours première de classe, évidemment tu n'as pas eu à vivre de telles situations que tu crois dévalorisantes.»

Je lui parle de ce que j'ai vécu. Par exemple au collège, où j'avais des difficultés graves dans certaines matières. Je n'en souffrais pas vraiment. Un enfant accepte mieux que l'on croit de découvrir qu'il n'est pas une «bol», un brillant. Je lui dis: «Je compensais pour mes mauvaises notes, je savais faire rire toute la classe. Même le prof titulaire s'amusait à l'occasion de mes facéties. J'y trouvais ainsi une sorte de fierté. Chacun s'arrange comme il peut avec ses lacunes, ses faiblesses.»

Je lui ai parlé aussi des Arts appliqués où je pris vite conscience de n'être pas vraiment très fort en céramique. J'étais trop maladroit pour produire d'aussi bonnes et belles poteries que mes camarades. Je me défendais comme je pouvais. Par exemple, en exécutant des modelages d'argile d'un style avant-gardiste audacieux. Oui, on se débrouille. Et puis, découvrant de plus en plus que je ne serais pas un artisan vraiment capable, aussi habile que les autres, j'ai tâté du théâtre-amateur, et je me suis mis à écrire. Écrire n'exige aucune habileté manuelle.

Plus tard encore, dis-je à ma brune, devenu décorateur de télé, entouré par les Ambrogi, Pelletier, Robert Prévost surtout, j'ai vite constaté que je n'étais pas équipé pour faire une marque importante au domaine de la scénographie. Là encore, un jeune n'en tombe pas malade ni ne sombre dans la dépression. L'être humain est bien fait. J'avais presque trente ans et je me suis jeté davantage dans le domaine littéraire.

Évidemment, un écolier commence par espérer le mieux, il souhaite, bien sûr, être parmi les «bols», les brillants, les surdoués, mais dès que l'enfant prend conscience qu'il ne sera pas du peloton de tête, il se console, se fait une raison, cherche d'autres façons d'être pour ne pas perdre l'estime qu'il faut bien avoir de soi-même.

Dans un cahier de fin d'année imprimé joliment, les «finissants» du primaire, à tour de rôle par ordre alphabétique, se décrivent. À son tour, David Barrière énumère ce qu'il croit être ses faiblesses et ses forces. Fort amusant. Exemple: «Par contre, comme je suis très nerveux, j'ai la mauvaise habitude de me ronger les ongles.» Eh oui, comme son grand-père, de douze ans jusqu'à quarante-cinq ans! Sale manie.

Samedi de nouveau? Je le redis, c'est banal, on ne voit pas le temps passer, tu as raison, chanteur Jean Ferrat. Jeune, le temps dure. Enfant, chaque jour est presque une vie. Le lendemain est un jour neuf, tant, qu'on en oublie la veille. Je tente souvent de questionner mes petits-fils quand ils reviennent d'une excursion et cela les ennuie, car ils ne songent qu'à l'instant présent: «Qu'est-ce qu'on fait?»

J'en parlais à Daniel quand on attendait que Masson de *La Presse* ouvre la porte de son vaste et lumineux bureau. Daniel me dit: «Est-ce pour cela que, devenu adulte, on ne se rappelle guère de tout ce qu'on a vécu enfant? Est-ce à cause de cette faim de l'avenir, du "qu'est-ce qu'on va faire demain?", qu'il m'est difficile de me souvenir du contenu de tous ces jours, de toutes ces années de mon enfance?»

Je ne sais trop. Je sais qu'en vieillissant, soudain, des détails vécus en enfance surgissent de plus en plus. L'enregistrement s'est donc fait correctement? Daniel, qui va entrer dans la quarantaine un de ces jours, va découvrir cela. À soixante-trois ans, subitement, il m'arrive de voir se détailler un souvenir de mon enfance que je ne savais pas du tout gravé dans le long ruban magnéto-mnémonique étiqueté: souvenirs de l'enfance. Si bien que, l'autre jour, j'ai eu la tentation de rédiger, à la Marcel Pagnol, un livre de souvenirs. Avec *La Petite Patrie*, je m'en étais tenu aux fêtes surtout qui parsemaient à cette époque l'année du calendrier si religieux. Cette fois, je ferais survivre des sentiments, des émotions, des temps forts survenus lors d'incidents divers, de petits événements déclencheurs, de moments importants qui fondent la personnalité. Projet encore. Le Séraphin-avare d'ici grognait sous la plume du grognon Grignon: «Dans l'temps comme dans l'temps, viande à chien.» Ces jours-ci: je pense souvent à ce scripteur né il y a cent ans, ce Saint-Adélois. Qu'est-ce que je pourrais faire pour perpétuer davantage sa mémoire? Entre autodidactes, faut se tenir, non?

Depuis le matin, ce samedi a un ciel d'un bleu saturé mais décoré de nuages nombreux. C'est mieux qu'hier et je m'empresse d'aller installer les longs coussins jaunes sur les chaises longues. Un rituel. L'installation d'une invitation. Signifier ainsi à Raymonde: «Viens, descends au rivage du lac, abandonne les divers petits travaux de ménage qu'une femme trouve toujours à faire, l'un chassant l'autre.»

D'abord, bon plaisir, une fois de plus, de petit déjeuner dehors sur la galerie, café bien chaud, jamais plus que deux tasses désormais, les journaux épais de cahiers divers, le samedi, une petite brise de l'ouest, chants d'oiseaux dont un vu par Raymonde qui, depuis, cherche dans ses deux livres d'ornithologie pour le mieux connaître. Elle me parle d'un oiseau allongé, plus élancé que le merle, mais de même taille avec des plumes d'un roux très vif: «Oui, la belle couleur du suisse!» Elle poursuit, très prise, la lecture d'une biographie toute récente de l'acteur français célèbre, Depardieu. Souvent, elle rabat son bouquin pour, ne pouvant s'empêcher de partager ce qu'elle vient d'apprendre, me révéler des passages: «Il a eu une enfance d'enfant pauvre.» «Son père était tôlier, souvent chômeur, et grand buveur.» «Monté à Paris, un prof s'entiche de lui et décide de lui enseigner.» «Il a été un garçon de plage sur la Côte d'Azur.» «Sa femme, plus vieille que lui, avait un doctorat en psychologie!» «Il a fait un enfant, qu'il a

92

reconnu, à un mannequin afro-américain.» «Il est le boute-en-train de la troupe à chaque tournage.» «Pour incarner Colomb, il décide de maigrir, ayant lu que le célèbre découvreur était un homme plutôt mince!» «La fameuse déclaration du *Time* à propos de sa passive participation à un viol collectif l'a démoli longtemps et il a mis beaucoup de temps à s'en remettre!»

Elle ne cesse plus. Bientôt elle partira faire le marché pour «mon» repas de ce soir, mon sempiternel plat de pâtes avec «ma» sauce sophistiquée et des saucisses grillées. Elle revient avec un exemplaire du populaire petit magazine *7 JOURS*. Elle rigole et me fait lire la page couverture: *Le nouvel amour du scripteur de télé, Guy Fournier*. Le cher homme! Raymonde a réalisé jadis nombre de textes de *Jamais deux sans toi*, première mouture. Guy en était si content qu'il lui demanda de faire démarrer et de réaliser un nouveau feuilleton qu'il titra *Peau de banane*. Bien. Raymonde, qui tenait à être maître d'œuvre de la nouvelle production selon les normes de son syndicat, s'informa auprès de lui, à un lunch d'affaires: «L'héroïne de cette série nouvelle, ce sera mon choix comme réalisateure, c'est entendu, c'est clair?» Après moult acquiescements, plus tard, le sieur Fournier annonçait qu'il écrivait pour sa «blonde» du temps, l'actrice Louise Deschâtelets. Or Raymonde venait d'auditionner des comédiennes de premier plan, des Louise Marleau, Louise Turcot, etc. Fournier lui avait donc menti. La SRC l'a soutenue et Fournier, avec ses mensonges, emportait son projet à une station rivale, TVA! Où les réalisateurs sont plus... souples aux népotismes de tout acabit?

Depardieu descend pour l'après-midi au bord de l'eau et moi je me jette dans la lecture des cahiers spéciaux du *Devoir* et de *La Presse* dont l'un, célèbre

Apollo XI et les premiers pas des hommes sur la Lune. Je me suis souvenu de ce 16 juillet 1969. Nous revenions, en famille, de Margate au New Jersey, fourbus par le voyage d'une dizaine d'heures au moins. La radio nous avait prévenus. Alors, dès notre débarquement dans l'impasse Zotique-Racicot au Vieux-Bordeaux, nous avons ouvert le poste de télé et c'était «le» débarquement. Un Neil Armstrong prudent, un Edwin Aldrin sautillant et commettant son paradoxal et célèbre: «Quelle magnifique désolation!»

Déjà vingt-cinq ans! Est-ce possible? Oui. En effet, si j'y réfléchis, il y a très longtemps que j'étais ce brave petit décorateur à la télé publique qui s'amusait à pondre régulièrement un roman au moins par année. En juillet 1969, j'avais trente-huit ans, je n'étais plus le romancier le plus fêté, le plus acclamé. Il n'avait duré que cinq ou six ans, ce beau premier rôle au domaine de la littérature québécoise. C'est le jeu du chacun son tour. Je fus délogé de mon pauvre petit trône par de brillants nouveaux venus dont je reconnaissais volontiers les forts talents, celui d'une Marie-Claire Blais, celui d'un Hubert Aquin, d'un Réjean Ducharme, d'un jeune fou d'écrire, Victor-Lévy Beaulieu. Il en vient sans cesse de ces jeunes doués qui émergent de l'inconnu, alors il faut se tasser sur le podium, leur laisser des lumières et les éloges d'usage. Avec le temps, un seul souhait, que nos premiers livres soient toujours lus. J'ai eu cette chance et cela me réconforte et me console de vieillir si vite.

Il y a vingt-cinq ans, j'étais beaucoup dans la lune, moi aussi. Plus d'un loustic, en ce vingt-cinquième anniversaire de cette course à la primauté de l'espace, se questionnera: «Ça a donné quoi au juste, ces efforts, cette énorme masse financière confiée à la NASA?»

94

J'ai déjà lu que des recherches apparemment exclusives aux progrès des engins spatiaux trouvaient des applications concrètes fort utiles pour des problèmes sur Terre. Souhaitons-le. Ce soir, vingt-cinq ans après «les petits pas d'Armstrong», aux informations télévisées, on a vu le cauchemar épouvantable de l'exode du Rwanda! Et quelques autres malheurs horribles sur notre planète. Ça vient tout juste de nous être révélé, il n'y a pas cinq minutes, avant que j'écrive ceci. Famine terrifiante, secours inadéquats, cadavres qu'on abandonne au bord de la route. Les pèlerins de cet horrible «sauve-qui-peut-africain» qui, soudain exténués, s'écroulent, et les autres qui ne jettent pas même un regard sachant bien qu'ils pourraient être les prochains. En avant!

*

* *

Raymonde, c'était son tour, a choisi *Robe noire* à visionner à la maison pour ce soir. Le film, avec un Lothaire Bluteau plausible en jeune père jésuite, raconte une autre de ces vies sacrifiées au nom du «grand manitou» des Blancs. Ces images, tournées, on l'a su, aux rives du Saguenay près de La Baie, nous faisaient voir un fétichisme contre un autre. Des Rouges avec leur Dieu suprême, Manitou, leurs sorciers-prêtres, leurs rituels, se sont cognés à des Blancs bien plus «modernes», bien mieux équipés et armés de mousquets, mais avec leurs sorciers à eux, leurs rituels, leur féerie d'un paradis perdu qu'on retrouvera…! *Robe noire* est fait sobrement, il n'a rien du chiard hollywoodien. Il fait authentique, il sonne vrai, cependant le texte est une fable plutôt démoralisante: nos ancêtres furent de gros méchants exploiteurs, des fêlés du coco, et le film *Robe noire* oublie que les «gentils» Rouges s'entretuaient volontiers, que la barbarie régnait déjà. Malheureusement, les civilisateurs étaient aussi des marchands. Cupides le plus souvent. Et le marchand avait beau jeu de se faire accompagner par ces magnifiques «fous de Dieu». Tout autour, entre les marchands et les sauvages, plein de petits colons pauvres, exilés, illusionnés, venus par ici avec l'espoir de quitter à jamais leur misère de là-bas!

Mon ancêtre, le premier Jasmin, était ainsi, comme la plupart, un pauvre petit soldat à maigre solde venu du Poitou. Rendu ici, derrière le gang à De Repentigny, vers 1715, on lui a dit: «Si tu veux quitter la soldatesque et t'installer en Nouvelle-France, on va te donner un sac de semences, un soc, un cheval ou un bœuf et un fusil. Une hache surtout, car tu devras "faire ta terre", au nord-ouest de Ville-Marie, au bord de la rivière des Prairies, dans la neuve paroisse de Saint-Laurent.»

Alors la misère commença. Les hivers arctiques. La peur, la faim, une mer de sueur à ses pieds, pauvre ti-cul Aubin Jasmin. Voilà l'histoire de la plupart d'entre nous et il y a des cocos fêlés pour tenter de nous faire accroire que nous avons tous été, du premier au dernier des colons, de sordides abuseurs et exploiteurs des Amérindiens.

Plein de masochistes sauce écolo qui s'accablent et se battent la poitrine de culpabilité-bidon.

Ah oui, un fétichisme chasse l'autre. Même en 1994. Vingt-cinq ans après ce premier homme sautillant sur la planète pâle.

Tout à fait comme hier, s'annonce un dimanche avec un soleil dérangé, agacé par des tas de nuages, voyageurs lents de toute beauté. Enfant, déjà j'aimais observer les nuages de longues minutes durant. Je tentais d'y voir des silhouettes, le flou offre tant à l'imagination. Raymonde a joué à ce vieux jeu hier, étendue à mes côtés «au bout du quai» dirait Beau Dommage. «Regarde, un gros chien-caniche!» «Regarde, une tête d'éléphant, la longue trompe, tu vois? Les grandes oreilles?» Tout à fait le jeu vécu dans le fjord du Saguenay quand une guide nous a invités à distinguer des fauves dans les falaises rocheuses des caps. Je répète à Raymonde ce que j'enseignais dans les années soixante aux élèves des Arts appliqués, en fait, ce qu'enseignait Leonardo Da Vinci: «Observez les vieux murs, vous découvrirez des paysages étonnants.»

Raymonde, spontanément, a eu envie samedi, hier, d'inviter ma fille, son mari Marc et le trio de galopins. Après leur cérémonie religieuse du dimanche, ils s'amènent pimpants, joyeux, un peu «grillés» par l'air marin du New Jersey où, j'en ai parlé, ils ont campé une quinzaine de jours. Nous dévorons des hamburgers sur la longue galerie, et ce n'est pas long que les garçons sont plongés dans l'eau du lac. Sauf David, préadolescent, qui tente de jouer le jeune homme qui a mué. Il répond crânement quand Éliane, sa mère, lui parle du bon sermon du pasteur: «Ouais, ouais, mais moi, j'écoutais ça que d'une oreille. J'avais mon magazine à la main.» Protestantisme ou catholicisme, les enfants grandis détestent les cadres religieux et, pour se distinguer, font tout pour balancer quelque enseignement moral que ce soit. À bas les règles, les appels pieux, les tentatives de nous contenir, de nous dresser, de nous réprimer dans nos élans libertaires. J'ai vécu cela à dix-sept ans. Seuls des enfants différents des autres, singuliers, accepteront docilement le prêche d'un «révérend» quel qu'il soit, serait-il un nouveau Bossuet.

Gabriel, bizarre, a tenu à nous faire un grand dessin avec la boîte de feutres aux couleurs variées que je garde au chalet pour eux tous. Il dessine le lac, le quai, le radeau, les barques, le terrain et ses arbres et enfin, au bas de sa page, le chalet où il se trouve. Tout cela en une cocasse enfilade très verticale. Le benjamin d'Éliane fait preuve de dons évidents pour les lignes et les couleurs. Plus sensible, on dirait, que ses deux grands frères, il s'extasie si je lui fais voir une chose un peu hors du commun. Il aime danser, il aime mimer, se moquer, jouer des rôles improvisés. Il aime la musique, il semble déceler de la poésie entraînante un peu partout, quand il admire une fleur parfois banale, ou qu'il entend une chanson au fond plutôt ordinaire, une musiquette accrochée à une capsule publicitaire à la télé. Bref, il me semble posséder un tempérament d'artiste, un peu cabotin mais sincèrement ému, touché à la moindre manifestation visuelle ou auditive, ou les deux.

Éliane l'observe quand il joue ses pâmoisons avec plaisir. C'est la mère, éternelle image, qui admire l'enfant qui veut s'exprimer. Oui, c'est éternel. Par leurs cris, les enfants appellent à la baignade malgré un ciel où la lumière solaire, hélas, est intermittente. J'acquiesce volontiers. «On va aller voir si les grenouilles sont arrivées au marais.» Nous partons à quatre sur le pédalo, munis de chaudières de plastique et d'épuisettes. Arrivés là où poussent plein de nénuphars, pas une seule grenouille. Il est trop tôt. Partout dans les médias on nous répète que la saison d'été accuse un retard d'une ou deux semaines. Nous reviendrons! Laurent remet à l'eau le gros têtard qu'il vient d'attraper: «Grossis, bestiole! On reviendra te capturer plus tard!»

De retour à notre rivage, la guerre est déclarée. Les parents, pour fuir les hostilités, s'emparent du pédalo. Les trois gamins, quatre avec moi, sur deux planches à voile mais sans les voiles, armés d'avirons de plastique achetés bon marché chez Canadian Tire, commençons une bataille. D'une part, le grand-père avec l'«artiste», le benjamin Gabriel; d'autre part, les deux «superman». Laurent et David s'amusent à plonger et, en nageant jusque sous notre planche, arrivent à la renverser. Gabriel, pas moins bon nageur que ses aînés, se réfugie sur le radeau, s'époumone de précieux conseils pour m'encourager à résister. Ils sont munis, tous, de ce qu'ils nomment des «spaghettis», sortes de tubes mous faits de caoutchouc-mousse. Ils veulent me battre et m'abattre. Je dois vraiment me sauver d'eux, ou en nageant à toute vitesse ou en ramant à cheval sur le matelas pneumatique. Je suis vite épuisé. Les cris de guerre fusent de plus belle. Le voisinage doit bien en être quelque peu ennuyé. Raymonde est arrivée au rivage avec un air inquiet, alarmé. Il ne faut pas lui abîmer son soupirant, son vieux cavalier. Elle a les poings sur les hanches, les sourcils dressés. «Ça suffit, les petits gars. C'est assez!»

J'adore voir ma brune toute inquiète parce que deux ou trois gamins s'acharnent à battre son bonhomme. Je joue l'épuisé quand on cesse la bataille navale, juste pour la voir me gronder avec des «Veux-tu cesser de les laisser te fesser de la sorte» et des «Prends garde, ils ont de l'énergie et tu pourrais bien t'écrouler d'un arrêt cardiaque à vouloir leur tenir tête».

Ils doivent s'en retourner en ville dès seize heures trente. David s'est engagé dans une équipe de base-ball et doit se rendre dans un parc de Rosemont. Je donne le cadeau d'anniversaire à ma fille pour mardi qui vient. Elle est née un 19 juillet, j'y pense. Devoir me rendre dans une petite clinique privée de la rue Saint-Hubert, juste au coin de Marie-Anne. Devoir inventer un pieux mensonge. Un enfant de l'amour libre en 1953? Oh la la! Cela devient, officiellement, pour les parents, un enfant né prématurément. Ma mère sera fâchée quelques semaines mais, vite, tombera amoureuse folle de sa première petite-fille. Mon père aussi me fera la gueule. Rien à craindre. L'homme pieux de ma jeunesse ne boudera pas trop longtemps lui non plus, tellement pris par ses petites affaires à lui. Éliane aura donc quarante et un ans! Mon Dieu, mon Dieu, que le temps a filé! Elle aura donc cinquante et un ans, et puis soixante et un comme moi, et ça ne viendra pas moins vite. Alors nous? Raymonde, où serons-nous? Raymond Lévesque me répond: «Mais nous, nous serons morts, mon frère!»

*

* *

Le soir, nous regardons un film loué. J'avais oublié l'avoir vu, seul, l'an dernier, c'est le *Sofie* de Liv Ullman. Un film bien triste sur une vieille fille de religion juive vivant à Copenhague au Danemark. Elle devra accepter de faire avorter une idylle romantique avec un peintre non juif pour prendre comme époux un Juif qu'elle n'aime pas vraiment. On est à la fin du XIXe siècle. Est-ce que ça a changé pour les Juives orthodoxes? Non! Je ne crois pas. À la fin de *Sofie*, son fils orphelin, donc sans l'axe puissant d'un paternel religieux, décide, tout jeune, de fuir ce ghetto religieux. Il lui dit non. Il veut s'échapper. Son grand-père, le père de Sofie ne lui a-t-il pas soufflé souvent à l'oreille: «Un bon Juif, c'est celui qui aime son prochain comme lui-même mais tout son prochain, lui répétait-il, sans aucune exception.» Ce père un peu mou, diminué par sa religion, avait pourtant, jadis, recommandé à sa fille vieillissante, Sofie, de contracter mariage au sein de son groupe religieux.

C'est un beau film. Lent. Avec de belles couleurs «rétro». Raymonde, à la fin, est fière avec raison de ce film réalisé par une femme, par une actrice, toute dévouée, quand elle débutait, à son mentor Bergman. Une autre libération.

*
* *

Samedi, tard, j'ai enfin terminé l'*Ostende* de Gravel. Il se dégage de son roman captivant une tristesse incommensurable. Le trio de jeunes garçons qui bavait tant sur les normes, sur les gens rangés, sur leurs parents, sont devenus à leur tour de bons petits bourgeois rangés vivant en de coquettes banlieues. D'où peut venir ce mépris fou, cette haine niaise pour ceux qui décident de vivre en banlieue d'une grande ville? Mystère! Aujourd'hui, je découvre que mon fils vient de quitter sa banlieue, qu'il en est très soulagé, qu'il n'en pouvait plus, à l'en croire. Ce débat fera le sujet de l'une de nos discussions à paraître bientôt dans *La Presse* du dimanche. La question n'en sera pas vidée pour autant, bien entendu.

*
* *

Un certain syndicaliste, très go-gauchiste, marxiste-léniniste sur les bords, adopte l'effrayant reniement du héros d'*Ostende*. Charbonneau deviendrait un candidat du Parti libéral du Québec aux élections de septembre! On croit rêver. Tout le monde a le droit de changer d'allégeance en vieillissant, mais à ce point-là, c'est renversant.

On lit dans la presse que ce fascinant village fantôme, Val-Jalbert, que l'on a visité il n'y a pas longtemps, serait gravement menacé. La fabuleuse chute d'eau qui, elle, n'a rien d'un fantôme, qui, elle, n'a jamais fermé, eh bien, on aurait le projet de la harnacher plus en amont. Les heureux promoteurs de ce projet hydro-électrique payant seraient deux messieurs qui furent des travailleurs fidèles du Parti libéral du Québec, messieurs Lalonde et Lajoie. Si le projet aboutit, il y aura achat de leurs «mégawatts» par l'État et... des millions et des millions de beaux dollars de profit. Quelle histoire que ce long «retour d'ascenseur» au monde des dévoués militants partisans! Que Val-Jalbert, tel qu'il est, survive! On y a vécu là des émotions rares. C'est un fameux témoignage du temps des petits hameaux fondés par des brasseurs d'affaires. On nommait cela une ville-de-compagnie. Mon regretté camarade Rudel Tessier avait grandi dans une de ces villes artificielles près d'Ottawa, à Rockland. Il a écrit un roman là-dessus intitulé *Roquelune*. À lire.

Ça continue, la série avec nuages. Encore un lundi avec un éclairage intermittent. Je me demandais ce matin si cette «météo» à éclipses n'était pas préférable à ces journées totalement ensoleillées où on doit se réfugier à l'ombre tant l'on sue. «Les raisins sont trop verts...?» Oui, je me fais une raison. C'est toujours la même chose: l'été sera trop court. Déjà, il me reste moins d'un mois avant de retourner au microphone de CJMS. Toujours cette angoisse: les beaux jours fuient trop vite. Cette lancinante anxiété: en profiter, en profiter, l'été est si bref! Mais en profiter comment? Quand je réussis à me calmer, je me raisonne. D'abord, je me dis que le meilleur moyen de vivre content, satisfait, heureux dans sa peau, est de me débarrasser de cette obsession des étés qui se sauvent de nous à toute vitesse. Ensuite, bien saisir que je ne suis plus obligé d'aller gagner ma croûte tous les jours. Mais oui, m'avouer en toute lucidité que je crains d'être un vrai retraité, que je n'ai peut-être pas le courage de refuser ce boulot à la radio. Elle est là, la réalité. La vérité à mon sujet? C'est vrai ça, Raymonde reçoit désormais soixante-dix pour cent de son ancien meilleur salaire. Et moi? Je ne le sais pas avec exactitude, mais je crois que c'est autour de quarante à cinquante pour cent. Ainsi, nous formons un couple à l'ancienne: à nous deux, nous touchons cent pour cent et un peu plus, d'un bon salaire, assez bon pour que je me décide de stopper mon labeur quotidien et que j'accepte de ne plus rien faire. Raymonde, certes, pourra toujours de temps à autre accepter un peu de réalisation. Une minisérie de télé, voire un film, moi, bien, je pourrais travailler à un livre, à un scénario, à un texte de théâtre, à un roman-roman, voire à mon projet d'une bande dessinée un peu spéciale.

Mais non! Je n'ose pas. J'aime faire de la radio. Cela m'amuse. C'est plutôt facile. Contrairement à la télé, c'est plus simple. Il y a une petite équipe, pas de maquillage, de costume, de décor. C'est agréable en diable cet aspect de légèreté, de spontanéité.

*

* *

Raymonde revient des courses avec deux romans de Simenon de la bibliothèque Claude-Henri-Grignon. Elle va lire *Le Grand Bob* écrit en 1954 et moi, je me plonge dans *La Cage de verre* écrit en 1971. Nous passons donc tout l'après-midi affalés dans nos chaises longues à lire. La paix. De temps à autre, le doux chant de la tondeuse. Pas de récrimination ici puisque, à tour de rôle, chaque voisin est le raseur au rasoir-à-pelouse! Je n'en abuse pas, on s'en doute. Il y a des voisins plutôt maniaques du frais rasé. Ils aiment leur pelouse courte, courte, courte, et me font penser à ces mères tatillonnes et névrosées qui conduisaient jadis leur garçon chez le barbier plusieurs fois dans un seul mois. Sur le petit lac, quelques chaloupes, trois, quatre, des canots, deux ou trois et surtout des pédalos, cette invention si sûre et si facile à manœuvrer sans effort autre que de pédaler à un rythme plutôt lent.

Simenon me regarde sur la couverture arrière de *La Cage de verre* et c'est tout à fait le portrait de son sinistre correcteur d'épreuves dans une petite imprimerie. Tous les jours, cet homme plutôt laid, aux yeux exorbités, s'enferme dans son cagibi, la «cage de verre» et est satisfait de se soustraire au monde. Il n'aime pas. On ne l'aime pas. Il a été un gamin invisible, sans aucun ami, qui lisait à cœur de jour dans sa chambrette au-dessus de la boulangerie familiale du village à Etampes. Il a été un jeune homme terne, vide, ennuyeux. Il est devenu un taciturne employé d'imprimerie, qui n'aime personne, pas même cette femme qu'il a épousée pour les repas à ne plus prendre au restaurant du coin, une veuve qui fait des traductions de romans anglais. La lente description, comme un journal tiens, des jours vides de cet Émile Virieu, homme vain qui a sans cesse des migraines, finit par arracher un cri au lecteur: qu'il se tue!

La fin est étonnante. Tout l'art de Simenon est là, pas d'effets, pas d'artifices à l'américaine, aucun mouvement surprenant, seulement ce correcteur sinistre d'aspect, comme Georges Simenon lui-même, qui ne réagit à rien – le suicide du mari de sa sœur unique le laisse de glace –, qui est un mort vivant. Pourtant cet être fantomatique va fasciner une accorte petite jeune mariée, voisine de palier, et qui défie, elle si jeune, si vivante, si simple, cet homme à carapace. Pour son plus grand malheur.

*
*   *

Nous prenons un souper – du poisson – sur la galerie, au soleil couchant moins intermittent. «C'est bon pour la santé, tais-toi!» Je n'aime pas le poisson. Le temps est superbe souvent autour de dix-huit et dix-neuf heures l'été, ici, au bord du lac, au milieu des collines. Nous nous répétons «que c'est beau l'été» et nous pensons, je connais Raymonde, «ça va être si court». Nous nous répétons «quelle paix, quel calme, quelle beauté». On est heureux. On se dit des «je t'aime!». Pas trop fort. Il y a des voisins et ici l'écho est effrayant. Quand on est un couple amoureux après toutes ces années de vie commune – depuis 1978, ça fait seize ans que ça dure –, eh bien il faut de la pudeur. Il y a une sorte d'insolence involontaire à être amoureux à ce point et à le proclamer. Ce qui est si merveilleux deviendrait de la forfanterie très haïssable. Alors silence mon amour, silence!

*
* *

Décidément, voilà que nous allons au cinéma tous les soirs! Cinéma des fainéants. Cinéma moderne. Qu'on fait passer par le petit écran. Cinéma domestique donc. Oh! que c'est pratique! On n'a pas à se vêtir en tenue de sortie, on n'a pas à se déplacer, donc à trouver où garer la voiture. Ni à devoir garder le silence total à cause des autres. On peut stopper le film où on veut, quand on veut, et aller chercher un verre d'eau, un bol de glace aux fraises, ou quoi donc? On peut comprendre le succès de cette petite machine, le magnétoscope. On peut, comme on le fait à l'occasion, déplorer la fermeture de ces belles vieilles salles des quartiers de la ville, mais cela ne nous empêche pas d'y aller trop peu souvent et de louer volontiers, avec bien peu de retard sur leurs premières sorties, des films populaires.

Nous avons regardé *Adieu ma concubine* qui avait eu tant de succès à Cannes en 1993. Raymonde, peu friande en «chinoiseries», semble avoir aimé tout autant que moi ce très long métrage qui raconte l'histoire de deux vedettes, formées par des méthodes de sadomasochisme dégoûtantes à l'école de l'Opéra de Pékin. Ils vivent tant bien que mal, lui, le plus grand et le plus fort, dans un rôle classique de roi vaincu, et elle, garçon moins physique, dans le rôle de la concubine de ce monarque. Ce couple insolite est un prétexte pour nous illustrer l'histoire de la Chine en raccourcis vraiment grossiers. Cela va de l'invasion des Japonais, de la guerre des maoïstes, du règne communiste avec les dérapages aujourd'hui connus, jusqu'au retour des camps de rééducation de nos deux «divas». Le tout est flou. On sent l'autocensure continuelle du cinéaste. On sait que, malgré tout ce flou, les autorités politiques ont coupaillé *Adieu ma concubine*. J'ai aimé, plus que le scénario, les couleurs, la scénographie, les détails visuels d'un esthète «théâtreux» capable d'illustrer ses scènes avec des effets très souvent d'une très grande beauté.

Mardi merveilleux qui s'achève. Le clocher de l'église, à quatre rues d'ici, a sonné l'Angélus du soir il y a quinze minutes. Relents nostalgiques d'une religion délaissée subitement par la majorité d'une population qui fut pourtant, de 1880 à 1950, un modèle de catholicisme à l'ancienne. Je n'en reviendrai jamais de ce revirement insolite – oui, insolite – de toute une enfance, une adolescence à tremper, comme dirait l'intervieweuse Denise Bombardier, dans l'eau bénite. Nous étions une poignée à critiquer le cléricalisme de notre société, l'ultramontanisme de nos dociles parents et, crac, l'immense reposoir à tabernacles qu'était le Québec tout entier s'effondre à partir des années soixante.

Que j'aime, avec la manière journal, pouvoir librement faire, comme ici, du coq-à-l'âne, des digressions plus ou moins opportunes. Que je suis éloigné du romancier que je peux être à l'occasion, toujours inquiet de l'allure de l'intrigue, soucieux de devoir garder l'intérêt du lecteur par des constructions à effets dramatiques. Le journal dit: «Reste calme, écrit ce qui te passe par la tête, par le cœur aussi si tu veux. Rien ne presse. Ne te force pas. Ne mens pas. N'invente pas des vies acrobatiques. Raconte en toute sincérité ce qui t'arrive, ce que tu penses, point final.»

Ce matin, un ouvrage que je remets de jour en jour s'impose à mon esprit. Mettre de la peinture grise sur le perron d'en avant, dans le long escalier de la cour-jardin arrière et sur une partie de la galerie exposée aux pluies, aux neiges et à la glace. Je suis décidé. Je me dis qu'aussitôt terminée la lecture des journaux... Au même moment, Raymonde me dit: «Si tu voulais, Claude, le petit balcon d'en avant, non?»

Chers lecteurs, c'est ce que je nomme l'osmose parfaite dans un couple emblématique, non?

Voilà, c'est fait. Cette fois, pour n'avoir pas à me débarbouiller durant de longues minutes, j'endosse une vieille salopette qui traînait à la cave, je mets des chaussettes et des souliers très usagés, j'enfile une vieille chemise à carreaux et je plonge, dès le lunch du midi avalé.

*
* *

Cela s'est fait en deux heures, il est quinze heures. Le temps est toujours ensoleillé et un bon vent rafraîchit l'air sans cesse. Je me dépêche de rejoindre Raymonde qui à son tour lit *La Cage de verre*. Je commence *Le Grand Bob* mais le vent qui s'enfle davantage me fait bondir et atteler la voile à sa fourchette. Ce n'est pas long que je louvoie avec joie sur le lac. Il y a peu de monde sur la plage publique à l'est, en comparaison des années passées.

Je vois beaucoup de magasins affichant «à louer» un peu partout dans le village. Les terrasses des restaurants sont souvent plutôt désertes, sauf à La Chitarra en face de Pep Steak House. Est-ce la récession qui ne finit pas?

Et comme il est curieux de constater qu'un resto fonctionne bien, seul parmi les autres.

Je vais nager bien au-delà de mon petit radeau. Je me fais sécher aux côtés de ma belle brune qui ne peut s'empêcher de me réciter à voix haute les étonnantes descriptions de cet affreux triste personnage: Émile Virieu. «Je l'ai lu, hier, mon amour!» On rit. On est bien. Croyez-le ou non, on a presque oublié que ce sera encore... un été trop court!

*
* *

Hier soir, durant le film *Adieu ma concubine*, j'ai poussé le bouton *stop* pour dire à Raymonde: «Cette Chine luxuriante, ces demeures luxueuses, cette vaste école d'art dramatique, ce bordel d'allure européenne, ce théâtre magnifique, bref, tous ces lieux de Pékin et d'ailleurs contrastent énormément avec cette Chine misérabiliste qu'on nous enseignait dans nos écoles catholicardes où l'on pouvait acheter les bébés chinois de cette époque, 1930-1940.»

«On nous a beaucoup menti, dit Raymonde. Il devait y avoir des misérables, mais jamais, en effet, on ne nous parlait des autres.»

J'ai pensé aussi au frère de papa, à cet oncle Ernest, le missionnaire exilé en Chine qui nous écrivait de longues lettres agrémentées de photos de sa Chine du Nord. Évidemment, il se peut que, loin de la capitale, en Manchourie de 1938 par exemple, la misère ait été plus présente.

Nous jugeons qu'un film est important quand on est amené à y repenser, à en reparler. Ainsi, aussitôt vu, aussitôt oublié, l'excellent suspense *L'Affaire Pélikan*, alors qu'on a reparlé, Raymonde et moi, du film britannique avec Anthony Hopkins en professeur puritain d'Oxford qui découvre la vie vive et l'amour en retard, trop tard.

110

J'ai téléphoné à ma fille pour lui offrir mes bons vœux d'anniversaire. Elle m'a semblé toujours en forme. L'été fait ça chez tous, je gage. Partout. Ô pauvres de nous, Québécois, descendants de colons, enfants d'immigrants, condamnés à devoir vivre au froid arctique de novembre à mai, certaines années de malchance.

Demain, Raymonde, rituel invariable, ira luncher à la salle à manger du centre d'accueil de la rue Saint-Zotique dans l'est. «Mais tu sais, on mange assez bien. La cuisine y est très saine, surveillée par des diététistes expertes.» J'en profiterai pour amener, donnant un congé aux mamans, les cinq petits-fils. En juin, j'y repense, j'avais conduit les anciens-de-la-banlieue au mont Royal. Nous grimpons dans un sentier et je veux qu'au détour d'un chemin, ils puissent découvrir soudainement la croix géante du sommet avec ses lumières et tout. Quand on y aboutit, le benjamin, Thomas Jasmin, hausse les épaules et fait une lippe de grand indifférent. Je dis à l'autre, à Simon: «Pis? Hein? C'est tout un morceau de crucifix géant, non?» Lui aussi, blasé superbe, se détourne pour marmonner: «La tour Eiffel qu'on a vue à Paris, c'est autrement plus grand!» J'ai alors constaté la différence énorme qu'il y aura, qu'il y a déjà, entre le petit garçon de dix ans, moi, qui ne doit pas sortir de la ruelle, qui ne doit pas aller seul au parc Jarry, qui n'a jamais quitté Montréal en 1940, qui a vu le parc Lafontaine trois fois, le «palais des nains», rue Rachel, quatre fois (maman devait l'aimer ce drôle de musée!), qui a grimpé l'escalier de l'oratoire dix fois au moins, et cet enfant de 1994 qui a pris l'avion, lui, qui a campé à Arcachon, qui a visité Paris et Marseille.

Le bon repas du soir, encore dehors, c'est l'été, je ne rêve pas. Je me pincerais. L'air est doux. À la radio, des chansons de notre enfance. Tino Rossi que j'aimais à douze ans parce que maman l'aimait. Je raconte à ma brune: «Elle qui n'arrêtait jamais! Je la vois, son panier est vide de linge qu'elle vient d'étendre sur la corde, elle ne bouge plus, les deux bras appuyés sur son panier et elle écoute Rossi chanter!» «Jamais, dit Raymonde, nos mères n'affirmaient leurs goûts, leur préférence pour tel ou tel chanteur estimé particulièrement. Il fallait deviner, examiner des signaux flous ou bien, comme tu viens de le dire, les surprendre!»

Nous voilà lancés, au dessert, framboises fraîches, sur nos temps de jeunesse.

«Chez nous, dit Raymonde, notre mère, prise avec l'étage de chambreurs, ses courriers qu'elle préparait pour diverses compagnies, n'avait pas le temps de nous amener en excursion, sauf à quelques exceptions. Une fois au fameux parc Belmont à Cartierville, au bord de la rivière des Prairies. Deux fois peut-être au parc Lafontaine qui était pourtant à dix pâtés de maisons de notre domicile de la rue Rachel.»

«Vous étiez voisins du célèbre "palais des nains", rue Rachel» lui dis-je. Elle me révèle: «Jamais je ne l'ai visité. Ça ne m'intéressait pas. J'avais douze ans quand nous sommes déménagés là.»

*

* *

C'est devenu une habitude. Je suis allé chercher un film. J'aime bien Walter Matthau, surtout dans *Charley Varrick*. Vient d'arriver au club vidéo d'ici *Les Vieux Garçons*. *Charley Varrick*, c'est l'histoire captivante de trois brigands provinciaux qui, masqués, attaquent une petite banque régionale. Or le hasard fait que nos truands-amateurs sont tombés, avec cette modeste banque campagnarde, sur le lieu des dépôts secrets de la mafia du pays! Au lieu de quelques «briques», comme on dit en argot de France, ils mettent la main sur un magot de près d'un million à faire «laver».

On imagine le reste! Les tueurs-experts engagés. La traque terrifiante des caïds de la pègre qui sont certains d'avoir affaire à une «famille» rivale.

J'avais oublié le producteur-réalisateur Richard Martin, notre rendez-vous de demain, mercredi. J'ai téléphoné en vitesse à la compagnie où il travaille, Avanti, pour me décommander et remettre notre «lunch» exploratoire à mercredi prochain. Hier, je me disais que je devrais lui proposer le tournage d'une série de topos sans prétention sur divers coins de Montréal. Est-ce que je n'aurais pas aimé voir et entendre un Marcel Pagnol, par exemple, me servant de guide, sur film, pour me raconter le Marseille de sa jeunesse et me montrer par le fait même le Marseille nouveau. Je ne suis pas Pagnol et je le sais. Montréal n'est pas Marseille non plus, bon, on le sait, et après? Trêve de complexes, à ma façon, je suis assez sûr que même les jeunes éprouveraient du plaisir à m'écouter leur narrer les divers quartiers de la métropole du Québec... Ah puis, on verra bien. Il se peut que Martin, lui, voudra d'abord et avant tout que je fasse un simple synopsis sur un bizarre regrattier en charrette, avec ses bêtes, et qui l'intrigue au plus haut au point, tout comme moi.

*
* *

Le soir monte peu à peu. Comme chaque fin de beau jour ensoleillé, ce mardi nous dit adieu et il a pris une grande robe bleue à franges roses. Tout autour, les collines laurentiennes se noircissent. Tantôt il y avait pas mal de monde aux terrasses de la rue Morin, aux cinémas du bas de la côte, dans la rue Valiquette, en face du théâtre d'été où l'on présente *Les Nonnes II* et au Glacier du boulevard Sainte-Adèle, alias la route 117. Cela faisait du bien à voir. Il y a de la vie. Ça ne va donc pas si mal que je le croyais. Ces gens qui déambulent un peu partout donnaient au village une bonne allure de lieu prospère. Tant mieux! Jeune, je me fichais complètement des destins commerciaux. Jeune, on n'est intéressé que par soi-même. Maintenant, je me surprends à déplorer que tel marché du village végète, que tel magasin déclare faillite, que tel marchand, ça peut être la pâtisserie ou la ferronnerie, se plaigne: «Si la crise continue, on va aller tout le monde à la faillite.»

L'arrivée du soir allume le ciel de teintes qui varient lentement. Voilà des bordures jaunes, une sorte d'arc-en-ciel timide aux contours évanescents. C'est joli. Quelques chauves-souris, précocement, font des vols d'essai. La grenouille, la seule apparemment, commence ses borborygmes. Quatre corneilles bien noires atterrissent au bord du lac. Raymonde les a vues, bondit, sort un moment de sa *Cage de verre* et fait des «Pschitt! Pschitt! Allez-vous-en!». Chaque fois, je m'étonne. Elle les hait, ma foi! Elle en est tendue, féroce, très menaçante. Je lui demande pourquoi. «Je les hais, c'est tout. C'est un oiseau disgracieux et son cri est infâme. Il annonce le malheur!» Replongée dans le Simenon. Moi? Plus surpris que jamais. Raymonde si tolérante, bien davantage que moi, Raymonde si douce, si paisible, qui aime... presque tout le monde, ma Raymonde nourrit une haine totale, viscérale, simplement pour des oiseaux noirs comme la suie et qui ont le malheur de chanter faux et bête.

Tant pis pour eux!

Il va faire noir, Matthau attend sur la table à café du vivoir. Les corbeilles suspendues, plus belles que jamais cette année, perdent leurs couleurs si flamboyantes à la lumière du jour, elles deviennent un tas de chauves-souris aux ailes à demi déployées. Rentrons!

Ô malheur, la météo a prévenu tout le monde: un mercredi et un jeudi torrides! Préparez vos épidermes, on va suer. Peu importe la chaleur tropicale qui s'installe partout, vaillamment, ce matin nous roulons du chalet vers la ville où Raymonde a son rendez-vous sentimental essentiel à Yvonne, qui s'ennuie dans son centre Marie-Rollet. Et moi? J'en profite chaque fois pour inviter à luncher et à excursionner, soit les enfants de mon fils, soit ceux de ma fille.

Rue Garnier, le répondeur! Donc ces Jasmin-là sont toujours de garde à la ferme de La Fresnière. Je préviens ma fille. «Je serai rue Chambord vers onze heures. Tu peux nous accompagner. Je te les ramènerai, quoi qu'il en soit, vers dix-sept heures au plus tard.» Je me demande où les conduire après la bouffe. Un cinéma? Une salle climatisée car je suis déjà très suintant. Les amener au chalet pour les baignades dans le lac? C'est un peu loin. Un peu long avec ces travaux de réfection incessants sur l'autoroute des Laurentides.

Il me vient une mauvaise idée, puisqu'au même moment des milliers de gens ont la même que moi.

En effet, en arrivant au stationnement de l'Aqua-Parc de Pointe-Calumet, nous apercevons des brigadiers surmenés, des dizaines de ces autobus jaunes, des centaines et des centaines de voitures déjà garées et il en arrive sans cesse. Un grand succès, ce parc, les jours de grande chaleur! Nous traversons l'ancienne voie ferrée transformée bêtement, rectiligne, en voie cycliste. Et ça file! En vitesse! Sans rien voir, petites machines niaises. Je raconte «le temps de la navette» du CPR bondée durant et après la guerre, entre Saint-Eustache-sur-le-Lac devenu Deux-Montagnes, et Pointe-Calumet. Il n'y avait pas, à l'ouest, le grand parc Paul-Sauvé. Nous traversons le guichet. C'est plus de cinquante dollars! Cher pour une aire surpeuplée où nous ne trouvons aucune table de pique-nique libre. Avec ce genre de commerce saisonnier, pas question de limiter le nombre de participants. Dans la «piscine à vagues mécaniques» nous devons rester debout dans l'eau tant le bassin est rempli de monde. Affolement pitoyable des monitrices qui sifflent en vain comme des démentes.

On sort en vitesse de cette piscine, où il a plus de corps que d'eau! Horreur!

Nous avons étendu ma grande nappe violette dans une pelouse boueuse entre quatre tables occupées. C'est l'heure de manger. Les estomacs de mon groupe crient famine! Hélas, la demi-douzaine de kiosques à *fast food* fait voir des files démesurées. Nous décidons de nous gaver de crème glacée et de croustilles avec des jus, quitte à revenir plus tard, l'heure du dîner bien dépassée. Une fois les cornets engloutis, nous nous dirigeons vers toutes ces glissoires d'eau.

Il y en a pour les petits et les grands. Je reste avec le benjamin dans l'une des glissoires et les plus vieux s'en vont explorer les plus audacieuses. Un après-midi plutôt sinistre car il faut faire la queue durant presque une demi-heure pour chaque glissade de plaisir d'une durée de quelques pauvres minutes.

Je suis toujours médusé – c'est la troisième fois que j'y vais – de revoir le «pit» de sable de mon enfance à propos duquel j'avais composé mon roman *La*

Sablière, histoire de deux frères qui s'aiment mais dont l'un est arriéré, mentalement. Jean Beaudin s'était inspiré de *La Sablière* pour tourner son *Mario*. Oui, je suis encore décontenancé de voir ces lieux, où jadis l'on puisait du sable pour le vendre à des cimenteries sans doute, devenus cette petite industrie récréative fréquentée par les enfants du «populo» montréalais d'il y a quarante ans et plus. De l'autre côté du mini-lac, toujours le même, lui, on peut voir la chapelle du temps, mais à gauche, il y a maintenant une école puisque Pointe-Calumet n'est plus ce faux bourg qui fermait dès la fête du travail passée. Jamais, enfants de 1940, nous n'aurions pu prévoir cet immense terrain de jeu apparemment extrêmement populaire.

Vers dix-sept heures, j'ai perdu de vue les aînés et, avec le benjamin, je pars à leur recherche entre les manèges. Gabriel se joint à moi pour maugréer contre ses grands frères introuvables. Laurent-du-milieu m'a imploré de leur procurer une paire de lunettes noires. Il a choisi un modèle un peu fou, recourbé, verres miroitants, monture fluo. Voilà qu'il se plaque cela sur les yeux et en devient comme métamorphosé, un peu punk. Il prend une mine grave comme il aime en afficher si souvent. Ce garçon-là m'intrigue, il est plus sauvage, disons plus farouche que ses frères, moins liant. Il fait l'indépendant, il joue au matamore intrépide mais à la moindre contradiction, face à la déception la plus infime, il éclate et pleure volontiers!

Retour rue Chambord en retard. Les enfants semblent tout heureux, satisfaits de leur après-midi. Il fait toujours aussi chaud. Le soleil, plus bas à l'horizon évidemment, darde moins les peaux offertes. David affirme qu'il m'en a parlé, il a une partie de base-ball, il sera en retard encore. «Le coach va m'engueuler!» dit-il.

Je crains moi aussi que mon coach Raymonde ne m'engueule. Je lui ai promis ce matin d'être là assez tôt en fin d'après-midi car nous allons chercher «madame Félix», la mystérieuse tenancière du Vieux-Montréal qui a accepté notre invitation de passer quelques jours au chalet.

Ouf! J'arrive rue Querbes. «Enfin! Te voilà. Il est presque dix-neuf heures. D'où sors-tu? Tu ne m'as laissé aucune note. Je ne savais pas trop où m'informer...» Un sacré coach!

«En partant d'ici ce matin je ne savais pas trop quoi faire avec les gamins, donc, pas de note géographique!»

On y va! On file vers la rue Harvard à l'ouest de Décarie. Madame Félix sur le perron de sa demeure est prête et m'offre à porter son sac-valise. Et puis en route! Je croise «madame Félix» depuis plus de trente-cinq ans. À la télé, elle a déjà joué de la jasminade, *Les Mains vides*, un télé-théâtre réalisé par Jean Dumas. Je l'ai interviewée en 1974, il y a donc vingt ans, pour la page frontispice de *Québec-Presse*. Elle habitait alors rue Stuart en face de l'école Sainte-Madeleine. Je retrouve la même femme. Elle ne vieillit pas. Le même ton volontariste, la même belle voix bien placée, on sent qu'elle est toujours animée du même appétit de vivre. Dans la voiture, elle n'a pas ses lunettes sombres des épisodes de *Montréal P.Q.*, ni sa bizarre balafre sur la joue gauche, et pourtant il se dégage d'elle une sorte de mystère qui la rend comme clandestine, comme un être hors du lot commun.

Arrivés vers vingt heures au chalet, nous nous installons pour quelques minutes avec des apéros sur la longue galerie et on regarde la lumière de cette journée accablante qui joue au miroir déformant avec la surface de l'eau. Le jour va s'éteindre tout à fait bientôt. Le soleil est disparu. On est dans un tableau de Claude Monet. C'est brouillé.

Mon régal léger: nous mangeons chez Milot, rue Valiquette, salut Brel, des moules et puis des frites, des frites et puis des moules. Vin rouge de la maison. Nous sortons du restaurant les trois derniers. La mignonne Nathalie, une serveuse toujours rieuse étonnante d'entrain, a disparu. Presque trois heures de papotage. Monique, Raymonde me l'avait dit, rivalise avec moi quant à la mémoire. J'avoue volontiers qu'elle me bat. C'est vrai, ce qui renverse Raymonde, que je peux lui fournir le nom de la rue et du restaurant où on est allé manger une seule fois, un dimanche soir de mai 1980, à Compiègne, pas loin du si bel hôtel de ville baroque, avec la grande statue de Jeanne d'Arc... «et le drapeau était déchiré en deux, tu te souviens?». Raymonde n'en revient pas: «Tu te rappelles, nous y avions mangé en dessert, pour la première fois, ce délice qu'on appelle îles flottantes!»

Eh bien, Monique, elle aussi, possède des capacités d'enregistrement mnémonique souvent renversantes. En cours de soirée, il est arrivé plusieurs fois qu'ensemble nous ayons pu ramener en lumière, en vie, des faits, des personnages dans des anecdotes du monde artistique datant de 1975, de 1985, mais aussi de 1955! Raymonde en est toute amusée.

Nous rentrons. Il sera minuit bientôt.

Cela promet, quarante-huit heures avec cette jolie et célèbre actrice qui, à elle seule, est un trésor «archivistique». Oh la la! Monique aime la nostalgie, la rétro. Moi qui raffole des «petites histoires» du milieu! Oui, me voilà plutôt excité, Monique va m'aider, moi le brouillon et le mêlé, à mettre en ordre mes potins, mon stock de souvenirs, ma collection de rumeurs à vérifier. À demain madame Félix, dormez bien. Raymonde est contente d'avoir une sœur pour les jours qui viennent.

Hier soir on a pris un bon coup de rouge tous les trois! Un peu raide? Levée un peu tardive des trois corps ce jeudi matin. Je suis rendu le premier à la cuisine. Je fais le café et, comme d'habitude, je vais aux «Variétés», chez mes chères demoiselles Constantineau, pour l'achat des quotidiens. Ça va. Il va faire beau. Je l'espérais en tout cas. Toujours des troupeaux de nuages mais aussi de grandes éclaircies d'un fade et attendrissant bleu poudre.

Raymonde et Monique s'installent. Je sers les rôties et sors la merveilleuse et savoureuse confiture aux fraises de mon amour. Pour m'amuser, au deuxième café, je pose le *Journal de Montréal* si populiste devant Raymonde, je me garde la bonne grosse *Presse* et, devant Monique, je mets le chic *Devoir*: «Tiens pour l'intellectuelle du trio!» Elle rit. On va constater vite que l'actrice éméritus n'a évidemment rien d'une snob ou d'une désincarnée et qu'elle ne dédaigne nullement, mais nullement, de commenter les affreux faits divers de la page trois.

*
* *

Décidément, ça va être un jeudi plutôt semblable aux jours qui viennent de passer, temps sombre, pluies intermittentes, intermèdes rares de soleil. On s'habitue mais beaucoup parlent déjà d'un «été pourri», comme on a parlé pour cet hiver «de l'un des plus rudes vécus depuis longtemps».

À voir le plaisir de Monique quand on s'installe dehors pour les repas, on découvre qu'elle a en commun avec nous ce désir, l'été, de vivre le plus possible à l'extérieur. À moins qu'elle soit plutôt d'un genre qui s'adapte sans chichi à ses hôtes, ce qui nous serait commun aussi. Chanceux, il fait beau et bon temps chaque fois qu'on s'attable sur la galerie. Ainsi, le décor de cette salle à manger est immense, naturaliste, d'un champêtre qui nous met en joie et en forme pour nos conversations à bâtons rompus.

Monique est une rivale redoutable et Raymonde s'amuse ferme de voir en face à face deux bavards intarissables. En effet, je l'avoue volontiers, j'ai moins d'espace avec elle pour mon sport de table favori, le ping-pong des souvenirs, des confidences, des évocations furtives et cocasses, des potins et des rumeurs. J'avoue aussi qu'il est excitant et stimulant d'avoir à lutter sans cesse avec une complice-adversaire.

Bientôt, avec la nuit qui s'approche, c'est des trombes de coq-à-l'âne, une cavalcade de propos de table comiques et tragiques, des torrents de paroles incontinentes. Raymonde, ça n'a pas été long, se joint volontiers à ce niagara d'anecdotes en tous genres. Le temps file. Nous allumons un bol-lampion pour faire fuir des bestioles invisibles. J'ai allumé aussi les lampes jaunes du plafond du balcon et le papotage bat son plein, verres de rouge à la main.

J'ai parlé du passé, on me connaît. Aussi du présent, inquiétant souvent sur le plan culturel. Monique a parlé de «ses» hommes, ceux qui comptent, qu'elle a aimés, avec qui elle est restée en bons termes comme on dit. Sauf un. Un bouteur pessimiste. Nostalgique. Raymonde a parlé de sa jeunesse à elle, de ses déménagements, Hull, Aylmer, Sainte-Rose, la rue Molson, la rue Rachel. Monique, alors, a raconté le Rosemont de son enfance. «Je passais *La Presse* pour avoir des sous pour me payer l'école d'art dramatique de ma chère Madame Audet.» Elle a évoqué, relié à un décès tout récent, le comédien-auteur Marcel Cabay. Le grand-père disparu de la jeune fille trouvée assassinée il y a peu. «Il venait me reconduire sagement dans le Ahuntsic de mon adolescence, tous les soirs, comme un "mon oncle" fiable. Je l'aimais bien.» Des pages entières ne suffiraient pas à rapporter la matière de nos premiers repas devant le lac Rond.

Monique a véritablement une mémoire prodigieuse. C'est le bon mot. C'est un prodige. Elle corrige certains faits que je lui remémore, corrige en riant des dates pas tout à fait exactes, le nombre d'enfants de x, le nombre d'épouses de y, le nombre de frasques de z! J'en suis épaté à mon tour. Raymonde, rentrant de ses répétitions pour *Montréal P.Q.*, n'avait pas exagéré, je le vérifiais. Elle sait tout, elle connaît tout le monde des premiers temps de notre monde culturel, des premières années de nos commencements théâtraux. Je veux mentionner un Labiche joué avec Gréco et Désorcy dans le sous-sol de son église paroissiale, Saint-Nicolas. Elle le sait. Elle sait qui était mon ami de jeunesse, l'avocat Julien Plouffe. «Mais oui, je le connais, il étudiait la philo à Sainte-Marie. Il a joué avec nous dans une pièce de jeunesse de Marcel (Dubé), *De l'autre côté du mur.*»

Je me disais que la comédienne de théâtre, de cinéma et de télé pourrait rédiger un fameux livre de souvenirs. Une si brillante narratrice ne pourrait pas être un piètre écrivain. Mais j'ai ensuite pensé à moi et je lui ai dit, mi-figue, mi-raisin: «Accepterais-tu que je publie un livre sur ta vie?» Elle me répond aussitôt elle aussi, mi-figue, mi-raisin: «Mais oui, pourquoi pas?»

Inutile de vous dire que je suis monté me coucher à minuit, ce jeudi, satisfait, heureux que nous ayons sous notre toit, pour plusieurs heures à venir, une archiviste aussi fascinante.

«Bonne nuit et à demain, chère Monique!»

Température de ce vendredi de la mi-juillet? Oui, comme hier, avec un sommet pluvial épouvantable! Monique fait une pensionnaire parfaite. Elle se lève à la même heure que nous pour cette deuxième journée. Peut-être est-elle beaucoup plus matinale? Ou beaucoup moins? Elle est de joyeuse humeur dès le lever. Ma sœur, quoi! Toujours dehors, au petit déjeuner comme à l'heure du lunch, ce sera encore deux bonnes occasions de parler... oui, métier. Je sais bien que la chose est interdite ailleurs. Mais pour nous trois «le métier» est un vaste, très vaste domaine. Je viens de lire une déclaration du proprio d'une fameuse chaîne de type «magasin général», nommée à tort «Pharmacie Jean Coutu» (les médicaments ne sont qu'une section de chaque grande surface), il y dit: «Au golf, c'est la règle entre hommes d'affaires, interdiction de parler commerce.» C'est bien et on peut aussi comprendre qu'un groupe de plombiers ou d'électriciens acceptent une telle règle. Mais, pour les gens des «arts et spectacles», parler «métier» veut dire parler parfois d'architecture ou bien de musique; c'est discuter cinéma et aussi littérature. Et cætera! Alors! Ainsi, en une heure, nous avons évoqué le «cartel» de Paris, Gémier, Copeau, Baty, Jouvet, certains de «la bande des six», Cocteau, Stravinski, et défilèrent Lorraine Pintal, Riopelle et Julien Hébert qui vient de mourir, le chef Dutoit, le Barbier-Villeneuve, Tremblay et Oscar Wilde qu'on vient de recondamner pour inversion sexuelle. Oui, les Béjart ou Rostropovitch y passent, mais aussi le gérant Angelil, la commère Grimaldi, un Guy Fournier nouveau marié, une Alys Robi anxieuse de sa biographie télévisée en préparation. Bref, tout nous intéresse en ce monde de l'expression artistique, et ce, à différents niveaux.

126

* *

Nous sommes au café-dessert, ô les framboises! quand arrivent – elles avaient prévenu Raymonde – une ex-camarade de la SRC, Geneviève Houle et sa sœur, une prof de yoga connue, madame Bégin. Le soleil joue à cache-cache et est énervant un jour de plus mais, tant pis, nous descendons au rivage avec les limonades fraîches. Geneviève a mis son maillot de bain et se «sauce» volontiers sous le ciel très nuageux. J'en fais autant. L'eau est bonne.

J'ai rappelé à Geneviève que la voyant bien mal en point à la suite d'un deuil très douloureux, la mort inattendue de l'homme aimé, je lui avais proposé qu'elle réalise une suite à mon feuilleton autobiographique. Cette fois, je lui écrirais des textes dramatiques narrant la fin des années cinquante et surtout les années soixante, la révolution tranquille et tous les changements dans les mentalités. Mon projet débute avec la mort de Duplessis. Mon père, le restaurateur affligé, et moi jubilant. La dernière émission annoncerait l'enlèvement du diplomate Cross et puis du ministre Laporte par le FLQ en 1970.

En riant maintenant, je révèle à Geneviève comment son refus m'avait fâché, que je l'avais maudite. C'est faux. Je n'étais pas heureux certes de son refus, mais j'estimais cette femme si calme, si sobre, si sereine (avant cette mort du compagnon) et surtout si capable. J'avais souhaité, en la faisant se plonger dans un tel travail, qu'elle puisse se secouer, se sortir d'un immense chagrin qui semblait encore l'anéantir.

En passant, après le refus de Geneviève, une autre habile réalisatrice, Lise Chayer, avait accepté avec joie et ferveur de se jeter dans cette vaste «suite» de *La*

127

Petite Patrie. Habituellement, à la SRC, quand un projet avait un tel supporteur, que son défenseur était un réalisateur chevronné, l'affaire était «ketchup»! Mais les temps avaient changé puisqu'une cheftaine, celle des dramatiques, refusa net à Lise Chayer et à moi d'entamer la suite de cette autobiographie stylisée. Je me suis retourné. Et plusieurs fois depuis. N'empêche que j'en fus assommé.

Quand les deux sœurs Houle originaires de Saint-Rémy nous quittent, le soleil s'affiche enfin courageusement et nous amenons Monique faire notre plus familière randonnée pédestre. Nous partons vers l'est, nous montons la rue du Chantecler d'abord. Monique nous raconte ses deux longs séjours dans le coin. Elle se souvient de certaines maisons. Elle s'amuse à revoir des sites des étés 1957 et 1958. Je lui montre la vieille maison quand l'auteur de «Séraphin» était un gamin et qu'il y avait un tunnel couvert pour que lui et ses frères puissent aller rencontrer leur papa-médecin dans une maison voisine (où logent d'habiles fleuristes aujourd'hui). Le «gros» docteur Grignon s'était remarié et il y avait un froid durable avec cette belle-mère.

Nous lui faisons admirer le nouveau rivage-parc où la cité a dû faire démolir presque une dizaine de maisons riveraines. La rue est devenue «zone commerciale» et accueille une demi-douzaine de restaurants en face de ce mini-parc. On marche ensuite dans une rue en pente douce jusqu'à l'hôtel que nous traversons, nous descendons le long escalier de pavés en paliers doux, nous reviendrons à la maison par la rue des condos de l'ouest, derrière les marais, la villa Major (en vente pour un peu plus d'un demi-million!).

Chemin faisant, nous nommons les proprios que nous connaissons. Monique reconnaît la vieille maison de pierres du notaire B., le père d'une script de télé. Bref, c'est le papotage de trois joyeux piétons en vacances, c'est la paix, le petit bonheur. Un nom en évoque un autre, un souvenir en appelle plusieurs. Nous rentrons un peu fatigués de cette «marche» de trois quarts d'heure, heureux de nous être grouillés un peu. Je songe à téléphoner pour louer des sièges à Saint-Sauveur pour entendre les airs populaires que Robert Marien a mis en scène, puis je songe à «peut-être louer un film». Puis je me dis qu'après le souper ce serait encore merveilleux de rester attablés à jaser *ad lib* et *ad infinitum* sur le métier, sur la «colonie artistique» comme on dit comiquement.

Et c'est ce qu'on fait.

Et c'est ce que je ne peux répéter ici. Non seulement ce serait d'une longueur impressionnante tant on a remis d'horloges à l'heure, tant on a remis en ordre de lourds paquets de petits secrets, mais en plus je n'ai pas eu la permission ferme de pouvoir révéler nos propos.

Monique Miller est un peu plus vieille que Raymonde et un peu plus jeune que moi. Nos chemins furent différents évidemment. Elle jouait à la radio, enfant, elle a débuté au théâtre, adolescente, elle a fait partie de certains premiers films québécois, elle fut de plusieurs téléromans populaires on le sait et, enfin, elle est encore active dans tous ces domaines. C'est dire qu'elle a croisé et croise mille et un acteurs de la «colonie», ses camarades de tous âges mais aussi des producteurs, des réalisateurs, des maquilleurs et des costumiers, des directeurs photo. Tous. Elle sort du tournage, et ce n'est pas fini, de la minisérie *Miséricorde* faite par Jean Beaudin, qu'elle semble beaucoup apprécier.

Incroyable: ce matin, même ciel incertain, Monique nous quittera par le bus de quinze heures pour rentrer mémoriser des textes justement. Avant de partir, après le lunch du midi, Sainte-Adèle a tenu à lui faire voir de quoi ses cieux étaient capables. Le feu d'artifice à l'envers. L'orage des orages. Des trombes d'eau, un fracas d'eau rare. La rue devenant rapidement un fleuve enragé d'eau brunâtre. Le vent s'est mis de la partie. Elle a peur. J'ai peur aussi. Raymonde n'en fauche pas plus large. Une chaise déboule l'escalier et vole! Partout des ruisseaux impétueux. La poubelle s'en va! Adieu! Le store de bambou bat au vent comme un linge, des branches d'arbres se cassent. C'est le déluge. Cherchons Noé! Les égouts débordent. Du terrain s'éboule. On craint de voir la Jetta rouler vers le lac puisque le terrain du parking n'est que torrents d'eau boueuse. Nous courons aux fenêtres de tous les côtés de la maison. Dans la cave l'eau monte.

«Pas vu ça, de cette force, depuis l'achat de la maison en 1973» dit ma brune. Des voitures roulent à la vitesse des corbillards avec de l'eau bien au-dessus des enjoliveurs de roues. Si ça ne cesse pas, il va falloir songer à un refuge. La cave, où l'eau s'infiltre à deux endroits, ou bien à l'étage?

«Si le vent ne se calme pas, ça va être comme à Saint-Charles-sur-Richelieu le mois dernier, le toit va partir!» Je reconnais le catastrophisme «à l'espagnol» de Raymonde Boucher. Une de Garcia, par sa mère Yvonne d'Acadie, je l'ai dit.

Enfin, ça diminue. On respire. On se rappelle quelques bonnes tempêtes vécues jadis. Les nerfs se détendent. Il y aura une épaisse couche de terre vaseuse sur le perron d'en avant, sur les trottoirs, partout. Quand Monique ramasse ses choses, le soleil se montre. Quand elle montera à bord du bus, il sera resplendissant. Quelle cloche ce soleil depuis la fin de juin. Oui, ce sera peut-être vraiment un été pourri.

*
* *

Pas de souper à préparer puisque les Faucher nous invitent; «à la fortune du pot» aurait dit Françoise à Raymonde au téléphone. Le soleil brille toujours à dix-huit heures quand nous quittons la vallée de boue et ses odeurs d'égout pour Sainte-Anne-des-Lacs et le chalet des Faucher au bord du lac Marois. J'aime les Faucher. Hélas, moi le demi-sourd, j'ai bien du mal à tout comprendre quand c'est Jean qui a le «crachoir» vu sa diction molle. Combien de fois au cours de sa longue carrière de metteur en scène et de réalisateur il a dû dire à ses gens: «Prononcez mieux, articulez que diable, parlez plus clair, plus fort.» Et lui? Il me répondra qu'il n'est pas comédien. Et il aura raison.

Comme toujours, dès notre arrivée au lac Marois, il y a de bonnes odeurs, celle d'une cuisine où on sait faire mijoter dans de larges casseroles de ces fricassées savoureuses dont Françoise a le secret. Le lac Marois est un lac imposant en regard de notre petit lac Rond. Les Faucher habitent hors village, le lieu fait plus campagne, plus boisé, il y a davantage d'arbres et partant, d'oiseaux. Installés avec nos apéros sur leur longue galerie au-dessus du lac, nous apparaît une horrible chose grise, molle et un peu ambulante. C'est le vieux, le très vieux chat du fils Philippe qui rentre d'un voyage en Asie du Sud pour un boulot, si j'ai bien compris, du genre ACDI, subven-

tionné par Ottawa. Il ne se décide pas à l'expédier au
«paradis» des chats.

Françoise aime rire si son Jean aime ricaner et
caricaturer. Il a un esprit caustique et il sait détecter
l'aspect «moquable» chez les gens et dans les situations.
État d'esprit qui, le sait-on?, n'est pas pour me déplaire.

*
* *

La noirceur prend quand on s'attable tous les
cinq avec vue sur le lac et ordre de dévorer le bon poulet
mijoté. On en redemande. Après le dessert et des
bonbons à la rose, exotisme ramené de Turquie ou de
Malaisie, je ne sais plus, par le fils, nous passons au
salon, dos à un mur entier tapissé de livres puisque Jean
est un lecteur d'une voracité peu commune. On vide nos
sacs. À malice. À folies. À farces. On vide aussi nos
verres.

En fin de soirée, un voile sombre tombe. Françoise
nous raconte une petite série de déboires. Il y a eu sa
brève bataille pour essayer d'empêcher la fermeture du
mini-théâtre nommé Café de la Place. Il y a eu un article
bête et méchant dans *Le Devoir* par madame Gironnay
sur leur spectacle d'été, *Cher menteur*, monté par Jean
au Pavillon des arts du chemin Sainte-Marguerite. Il y a
eu aussi ceci: Françoise, qui fut appelée souvent comme
juré pour des demandeurs de bourses de tout acabit, un
peu lasse de se faire répéter qu'elle devait à son tour
demander une bourse finit par expédier une demande se
disant, avec raison, qu'elle a bien mérité du temps
«sabbatique». Réponse d'un jeune bureaucrate: «Mais
qui êtes-vous?» D'abord, stupéfaction et je la comprends, je connais cette sorte de jeunes mufles paresseux et cons. Françoise se demande si elle doit vraiment

132

faire imprimer des copies de ses milliers d'articles, interviews, critiques, notules, etc. «Après tout, me dit-elle, le temps passe et quelques jeunes ont le droit de ne pas savoir.» Alors, elle remplit du mieux qu'elle peut, écolière soumise face à ces incultes, les formulaires.

Réponse récente? Non! Une des plus grandes comédiennes québécoises n'a pas mérité encore, après quarante-cinq ans de travail, une bourse. Je suis sorti du lac Marois un peu enragé. Mais Françoise, elle, refermant la portière de Raymonde, fait de l'humour, pétille d'esprit à son habitude. Elle a bien raison, je trouve. Et je chasse ma colère rentrée. Ne perdons pas de temps à haïr ces fonctionnaires bornés.

Avant de nous dire «adieu», nous nous sommes confié quelques soucis à propos de nos enfants. Je lui recommande, ce que j'arrive si mal à faire, de ne pas trop s'énerver et elle me dit: «Je viens de lire ceci: nous les mères, et ça vaut pour les pères dans votre genre, Claude, nous sommes le cœur, le noyau de la roue de la vie, tous les rayons convergent et pèsent sur nous.»

Dans la nuit de la route 117, nous rentrons et soudain, dans une courbe, des lumières, plein de voitures, des lampes de poche qu'on agite frénétiquement, c'est le site d'une discothèque archi-populaire, le Bourbon Street. «Si on y allait, juste pour voir, Raymonde?» «Il est trop tard, une autre fois.»

Ça a recommencé. Dimanche matin, aujourd'hui, beau soleil illuminant toute la petite ville de Sainte-Adèle. Et puis qui, quoi accourt de l'horizon ouest? De gros moutons blancs l'air gentil, de mignons toutous célestes, mais peu à peu cela se compacte et la jolie boîte à jouets débordante se change en grand drap de lit. Mortuaire.

Le grand repos.

Repos de nos margoulettes. La mienne surtout. Hier soir, en se faufilant dans le lit où j'allais sombrer, ma grande biche me sourit et, penchée au-dessus du sommeilleur, me roucoule malicieusement: «Alors, chez les Faucher, tu as pu te reprendre, te rattraper de n'avoir pu jasminer tout ton saoul face à une Monique Miller encore plus verbo-moteur que toi.» Je fais semblant de ronfler.

C'est vrai qu'une fois de plus, hier soir... Avant de quitter Jean je lui ai dit: «Je crois que j'ai trop parlé, non?» Et lui de répondre, ironique: «Comme d'habitude.»

Cet après-midi, Raymonde au téléphone, remerciant Françoise, a appris que l'affreux vieux minou rachitique est mort près de la porte de la véranda. Nous avons été sa dernière fournée de visiteurs, quoi. Je me remémore les griefs des Faucher à propos du richissime Pierre Péladeau qui, pour son mini-théâtre, ne veut rien débourser, pas de musicien, pas de régisseur, aucun technicien donc, pas même un décorateur-ensemblier. C'est: «Débrouillez-vous seuls!» Je me remémore la phrase de maman du temps de ma jeunesse, qui ne

134

cessait de répéter cette «scie»: «On devient riche, mes enfants, quand on sait économiser cenne par cenne!» Perplexes, nous allions alors acheter, à un sou, d'autres timbres de la Caisse populaire Desjardins. Mais aucun de sa nombreuse nichée n'est devenu riche. Ô les mensonges que notre mère nous contait! Je paraphrase le si beau film de Ted Allen: «Les mensonges que mon père me contait.»

Coq-à -l'âne? Tenez: j'ai parlé de mon projet de feuilleton-télé qui raconterait l'existence d'un professeur aux Arts appliqués (moi) qui fait aussi dans les écritures, qui a deux enfants, qui s'installe en une banlieue classique. Certes, j'aurais souligné, comme en passant, les grands événements de 1960 à 1970, mais, bien davantage, je voulais raconter les différents chocs éprouvés à vivre au milieu des bourgeois. Ce projet refusé par H. Roberge s'intitulait: *La Petite Bourgeoisie.* J'avais essayé aussi *Les Bourgeois de Bordeaux,* en hommage à la sculpture de Rodin: *Les Bourgeois de Calais.*

Comment en étais-je arrivé là, en 1962, dans ce milieu si différent de celui d'où je venais, le Villeray ouvriériste? Des hasards. Comme toujours. Rencontre d'un ex-chum de ma sœur Marcelle. Il faisait dans l'immobilier. Je lui dis: «Je voudrais bien pouvoir quitter la rue Sacré-Cœur, cesser d'être locataire, mais je ne veux pas quitter l'île de Montréal.» L'ex-chum: «C'est Dieu qui t'a fait me rencontrer. J'ai une aubaine. C'est pour toi. C'est dans Montréal, à Bordeaux, juste à côté de la prison!»

Je grimaçai. «Mais, dit-il, il y a pour tes enfants d'immenses champs en jachère, juste derrière la cour, qui vont de la rue Crémazie à Salaberry.» Je consentis à aller voir. Le jeune docteur Carrière, marié à la fille du sénateur Vaillancourt des Caisses Desjardins (c'est ici le lien!), devait vendre en vitesse. Il partait se perfectionner à Boston. Prix coûtant. Ainsi je me retrouvai, moi le barbu, le gauchiste, le laïciste, le séparatiste, au beau milieu d'une faune de bourgeois, conservateurs pour la plupart. À ma gauche, le proprio d'une imposante laiterie, un courtier de la rue Saint-Jacques, un directeur général de Coca-Cola. À ma droite, dans d'autres chics *split-levels* avec toit cathédrale, un avocat, ex-juge et futur ministre de la Justice sous Lesage, un importateur de fruits et de légumes, un comptable prospère, un proprio d'usine à auvents, le patron associatif des agronomes, un médecin vétérinaire à plusieurs cliniques, un quincaillier en gros... et cætera!

Ces gens-là, on le devine, n'avaient envie de badiner ni avec la séparation du Québec ni avec celle de l'État et du Clergé. Le socialisme le moins agressif, le mien, était de la démonologie. Bref, j'étais un chien tombé dans un jeu de quilles. Romancier – c'est un atout indispensable –, j'ai joué le caméléon, j'ai mis en sourdine mes revendications, j'ai montré l'aspect aimable de l'artiste barbu, puisque cela existe. Enfin, c'est cette faune d'ici, dans les années de bousculades, que j'avais voulu raconter, mais la SRC n'y voyait pas d'intérêt. Dans ces cirques à bureaucraties on ne parle jamais clair. On m'avait dit: «Assez de rétro. Il y en a trop. Ça suffit. Songe à du moderne, à de l'actuel, cher Claude!»

Fin du coq-à-l'âne à partir des «cennes» changées en timbres à la Caisse populaire de Sainte-Cécile, rue de Castelnau.

*
* *

136

Le soir venu, reprise du cinéma-à-la-maison, mais par l'entremise de Radio-Québec: un vieux film de Mankiewitz avec un texte de Williams, *Soudain, l'été dernier*. Je suis souvent «preneur» quand la télé offre un film sans les nombreuses pauses commerciales. Il devrait être absolument interdit d'interrompre une œuvre filmique conçue pour être montrée sans aucun arrêt. Il en va autrement pour les feuilletons où (je l'ai appris vite), l'on demande à l'auteur du texte de prévoir cent vingt secondes de publicité toutes les dix minutes. Pour les films, c'est un charcutage intolérable et des cinéastes chevronnés (pas seulement Fellini) ont lutté pour le respect des cinéastes et du public. Ça viendra un jour, je reste un indéracinable optimiste.

Elisabeth Taylor défend avec talent son important rôle dans *Soudain, l'été dernier*. Montgomery Clift y tient l'ingrat emploi du médecin-enquêteur dans une sordide affaire où une aristocratique maman souhaite que l'on lobotomise sa nièce puisqu'elle répand la vérité sur son cher grand garçon, poète (à compte d'auteur) mais aussi pédophile obsédé.

On sait que Williams avait une sœur aliénée mentale et on sait maintenant que le dramaturge américain était un inverti sexuel. Mais le texte, le film encore davantage, tourne prudemment autour du pot, pot explosif quand les hommes d'affaires du cinéma hollywoodien doivent produire de bons ouvrages visibles par tous les publics; il y va de la caisse! Il est rumeur que la Compagnie Jean Duceppe présente *Soudain, l'été dernier* durant la prochaine saison.

*

*　*

137

If you love somebody, set them free! chanterait Sting, et la militante Ariane Émond, dans *Le Devoir*, cite ce vers avec enthousiasme. Non mais quelle connerie! Ce leurre! Ce mensonge parmi tant de mensonges bébêtes que l'on serine sur les *hustings* du rock. Il y a longtemps, très longtemps que je sais qu'il faut choisir entre *love* et *freedom*. Les jeunes qui me lisent ici méritent ce respect essentiel. Il faut choisir la liberté ou l'amour. C'est faux de réunir ces deux valeurs. Il faudra choisir, jeunes gens. Quand on est amoureux, on n'est pas libre. C'est magnifique la liberté. C'est magnifique l'amour. Mais on ne peut avoir les deux. Il faut que la jeunesse le sache, c'est urgent, il le faut pour faire cesser la tragédie des couples avec enfants qui divorcent au premier pépin.

J'ai choisi l'amour. Il y a, oui, très longtemps. Je ne le regretterai jamais. J'avais quinze ans, j'étais fou d'une fille, j'en rêvais, je n'étais plus libre et cela a continué. Aujourd'hui, j'aime Raymonde, alors je ne suis pas libre. Je fais des sacrifices. Je consens à mille et une concessions. Elle aussi. C'est notre choix. On a choisi l'amour. C'est magnifique la liberté, mais elle se consomme à fond dans la solitude bien souvent. Quand les jeunesses, droguées par le mot liberté, réfléchiront, elles l'admettront. Jadis, l'homme arrivait à garder une bonne part de liberté puisque la femme, l'épouse, acceptait, elle, toutes les contingences de la vie de couple. Désormais, il faut partager les contraintes, les empêchements divers. Sinon? Séparations à brève échéance.

Je répète mon petit sermon souvent et de plus en plus de jeunes me donnent raison. Et ils choisissent l'amour plutôt que la liberté totale. Et ils ont bien raison, l'amour, c'est si bon, si enrichissant, si épanouissant. Vive l'amour! Laissons la liberté aux endurcis du célibat. Avec la solitude.

Journée calme qui s'est terminée (je monte au dodo) par la projection d'une excellente cassette vidéo du réalisateur Sheridan: *Au nom du père.* Sombre histoire d'abus judiciaire, récit basé sur des faits vécus quand, en 1974, la police britannique, peureuse du public insécurisé par des bombes de l'IRA, s'arrangea pour truquer des procès et envoyer des innocents au bagne! Histoire sordide. Un film que nous avons beaucoup apprécié, que les Faucher, samedi, nous avaient chaleureusement recommandé. Avec raison.

Je viens d'apprendre qu'au lieu de devoir rentrer de vacances le lundi 15 août, je devrai le faire une semaine plus tôt, le 8. «Ordre du directeur» m'a dit au téléphone la producteure Marguerite Arsenault. J'ai annoncé la chose avec précaution à ma compagne de vie. Elle a dit? «Bon, bon. Tu iras, moi je reste au chalet. Je te verrai revenir avec plaisir tous les jours pour l'heure du lunch, non?»

Ô la comique!

Ce fut enfin, enfin, enfin, un fameux lundi d'été, plein feu. Pas une goutte de pluie. Il était temps. Le terrain au bord du lac est comme une vaste éponge sur-saturée d'eau. À ce sujet, j'ai passé le râteau, faisant le ménage, ramassant des tas de cailloux déterrés un peu partout lors du déluge de samedi midi. Aussi, ici et là, des sortes de filandres de déchets tassés par les ruissellements furieux de la tempête. J'ai fait un grand tas des branches cassées, j'ai arrosé le tout copieusement avec de l'essence et boum! Une bonne partie s'est envolée en fumée. Puis je suis allé nager et je me suis laissé dériver sur un des matelas gonflables. La paix. Le bonheur. Raymonde, une fringale, lit livre sur livre. Un Guibert ce soir, un Modiano hier soir. Un Simenon cet après-midi (*Le Train de Venise*).

Étendus côte à côte, le soleil inonde tout le paysage, un vent chaud souffle du sud-ouest derrière le Sommet Bleu et, soudain, une fois encore je me demande bien pourquoi je ne resterais pas ainsi, fainéant aimable, jusqu'à la fin du mois de septembre, début octobre! Pourquoi est-ce que je ne passerais pas cette centaine de jours à ne rien faire, à me dorer la couenne, à lire, à écrire, à faire de l'aquarelle, à écouter de la musique. J'en parle à Raymonde qui m'apprend qu'il se pourrait bien qu'on lui offre, cet automne, un travail très intéressant. «J'aurais si peur que tu t'ennuies, moi plongée de nouveau dans les découpages de textes à réaliser!» dit-elle.

Je lui donne raison.

Il y a aussi que CJMS m'a, en quelque sorte, initié à ce métier de radioman, m'a encouragé et a investi pas mal d'argent en quatre ans de cachets... alors j'éprouverais un peu de honte à les laisser tomber pour cette cinquième année! Ah, et puis je suis faible là-dessus et je l'ai toujours été. Dès qu'on me veut, dès que l'on me fait sentir qu'on tient à moi, je deviens plutôt impuissant à dire «non merci».

*
* *

J'ai fait le souper avant qu'on visionne *Au nom du père*. Saucisses de Toulouse avec spaghetti «sauce Claudio». «Un peu trop d'estragon, juge ma brune.» «C'est que j'avais un goût de la Provence!»

140

J'ai téléphoné ce midi à France et Ubaldo Fasano. J'ai répété ce que je venais de dire à Raymonde: «Comment rentrer au boulot le 8, bientôt, sans être allé en pèlerinage à "ma mecque à moi", la mer?» Ils nous accompagneront peut-être pour ces quatre ou cinq jours dans le Maine, du côté de notre cher village d'Ogunquit. L'ami Ubaldo me rappelera demain, il doit vérifier tous ses petits papiers de producteur chez Conceptel. J'ai prévenu Éliane, ma fille: «Tu peux t'organiser pour un séjour en famille ici au chalet. Nous voulons revoir la mer, comme presque chaque été.» J'ai téléphoné chez mon fils Daniel, les prévenant de ma visite mercredi puisque ma compagne ira voir sa vieille maman. «Thomas, me dit Lynn, est tombé sur une pierre du parterre, quatre points de suture.» Presque fier, il a dit à son frère: «Ah! Comme toi, l'an dernier!»

Un mardi blanc. Le ciel couvert. Donc, on aura eu, hier, notre seule journée continuellement ensoleillée? Un été pourri et me voilà de nouveau énervé, angoissé, le 26 juillet! Ce sera la fin des vacances bientôt, ah! Je l'avais prévu, encore un été trop court!

Il n'y a, à dire vrai, jamais eu d'été long ou trop long. Oui, peut-être. En petite enfance quand le temps s'écoulait, il me semble, à un tout autre rythme. Quel mystère. Il arrivait même que mes grandes sœurs et moi, à la mi-août, installions dans la cour une classe d'école. On jouait à faire les élèves de Lucille, l'aînée. Est-ce croyable? On s'ennuyait de l'école. L'été était trop long!

L'ami Ubaldo a téléphoné. Il a bien calculé ses affaires et il ne pense pas, avec sa chère France venue de Victoriaville (ma manie de préciser les lieux d'origine), venir avec nous passer quelques jours à regarder... à regarder: «Quoi? L'éternité, c'est la mer emmêlée au soleil» comme disait Rimbaud. Je sais qu'il doit s'en mordre les doigts. On s'est tant amusés, les deux couples, certaines années au bord de l'Atlantique. Lundi qui vient, le producteur-scénariste-musicien Fasano doit être à son pupitre des répétitions des sketches comiques de son ami et associé André Dubois, un ex-Cynique devant Dieu et les étudiants des années soixante.

Ubaldo avait un grand-père, exilé d'Italie aux États-Unis, qui était pasteur de religion protestante. Sa famille y passera. Nous nous taquinions, moi le catholique non pratiquant et lui le protestant non pratiquant. Je lui disais, comme mon père l'avait dit à ma fille Éliane convertie aussi au protestantisme: «Avez-vous des saints

142

de toutes catégories? Avez-vous des miracles? Avez-vous un Lourdes, un Fatima?» Ubaldo, lui, me répétait, la langue dans la joue: «C'est facile d'être catholique, tu te conduis comme un cochon et hop! un petit tour dans l'armoire de bois à l'église et tu en sors pardonné, lavé, blanchi.» Je rétorquais chaque fois: «Voilà bien ce qui illustre la compassion, l'humanisme du catholicisme, ce sacrement de la confession. Oui, l'homme, même le saint, peut fauter et le Dieu des catholiques offre chaque fois, s'il y a repentir, l'oubli des fautes. Vous protestants, êtes trop rigides, trop puritains pour cela!»

Le fait d'aller à la mer, c'est décidé, me rend plus indifférent à ce ciel bouché, mat, décoré de gris divers, camaïeu sinistre. Je m'imagine qu'automatiquement, avec la mer, j'aurai le soleil. Mon Dieu, s'il fallait qu'au-dessus du Maine... fuir alors chez le voisin, le New Hampshire? Et là, si... aussi... Le gris? Fuir au Mass, à Cape Cod? Répétons que c'est horrible d'être, tous, tant héliotropes!

Je vois que, campagne électorale jour deux, le chef Parizeau est à la baie des Ha! Ha!, à La Baie. Pendant deux ans, j'y reviens, j'allais répétant que Saint-Irénée, en Charlevoix, était le plus bel endroit du pays québécois. Nous y étions passés, par un avant-midi de toute beauté. Le fleuve, si large avec sa baie, étincelait de millions de perles, tout le village nous sembla alors une image de conte de fées. Eh bien, au début du mois, on repassait par là mais sous une lumière blafarde. Raymonde et moi sommes restés muets tant notre déception fut vive. J'en reparle car je n'en reviens pas. Une sacrée leçon? Ainsi, cette année, avant d'assister à la «grosse séance des bénévoles» du bonhomme Bouchard, nous nous promenions dans le port rénové de La Baie. Une pure merveille. Le Saguenay faisait rouler sous le vent du soir des vagues d'encre bleue, le ciel était d'un bleu saturé d'une pureté rare, la lumière du soleil couchant sculptait, modelait avec grâce la moindre barque, un banc public, une cabane de marin, bref, nous étions ravis. Alors? Un jour, un ami ayant entendu nos éloges débarquera à La Baie, mais par un jour pluvieux, et il dira: «Je l'ai vu, ton port de la baie des Ha! Ha!, quelle horreur, quelle tristesse, c'est l'enfer de Dante sous la brume, dans le brouillard, entre deux pluies!»

Ça se pourrait en effet.

*

* *

J'ai envie de publier, très publiquement, une sorte d'engagement. Mon article dirait: «Avis d'anticipation. Moi, C. J., je m'engage à travailler, le temps qu'il faudra, à un livre, roman fondateur, dès juin 1995, mois probable du référendum populaire, pour nous décider d'être un pays et non plus une province.» En effet, je me le redis souvent, si les nôtres arrivent enfin à convaincre «l'autre» à nos côtés, celui qui a peur, je ferai ce récit, ce grand roman de notre histoire, je le jure! Cela prendra le temps qu'il faudra. Fini alors de pondre un roman en un mois. Ce serait à mes yeux un texte sacré, un récit capable de faire comprendre au monde entier cette saga d'une colonie française en Amérique, colonie colonisée dès 1763 et qui se décoloniserait enfin en 1995. Souvent ainsi je m'imagine très capable de faire «le grand livre» auquel tous les auteurs rêvent. Je sais bien que le peuple québécois ne me demande rien et, bien plus, qu'il se ficherait peut-être de mon grand désir de nous illustrer mondialement. Mais, chante Lavoie, *laissez-les rêver!* On a droit à ses

144

illusions. N'empêche, c'est sérieux, je me suis engagé sur mon honneur, c'était mon secret jusqu'à ce que vous lisiez ces pages, oui, je me suis juré que je composerai ce «roman-des-Québécois». Et puis après? S'il n'en sort qu'un grandiloquent témoignage par trop lyrique, eh bien, je confierai mon texte au bonhomme Bouchard qui en fera peut-être un *pageant* illustré avec ses centaines d'acteurs bénévoles du Saguenay! Ah!

Hier, on a vu encore Clinton à son lutrin dans son vaste jardin de Washington présidant une autre réconciliation officielle. La Jordanie, avec mon quasi-sosie Hussein, et le premier ministre d'Israël. «Mais diable! qu'est-ce que c'est, dis-je à Raymonde, que ce besoin de faire la paix sur les pelouses d'un tsar des temps actuels? Ne peuvent-ils pas s'engager dans leur propre pays et s'ils veulent un terrain vraiment neutre, qu'ils aillent se serrer la main et se donner l'accolade aux Nations Unies devant Boutros Ghali.» Raymonde me donne raison. C'est idiot. Pourquoi pas Tokyo pendant qu'ils y sont, pays puissant désormais dont la monnaie fait tanguer le dollar US? Ou Berlin? Mieux, ce serait d'aller aux cours internationalistes, à Rome ou à La Haye. Oh! cette fatale attraction pour les USA! Quelle pitié! Mon petit doigt me dit évidemment que ces tête-à-tête chez l'empereur Clinton veulent dire aussi: «Si-ou-pla-mon-bon-messieu-Bill, envoyez des sous, beaucoup de sous, après la fête. Si-ou-pla-mon-bon-maître!»

Quelle horreur, n'est-ce pas, la *real politic*?

Je repense à ce film visionné hier soir, le père et le fils irlandais qu'on associe mensongèrement aux terroristes de l'IRA, car l'Angleterre profonde grogne et il faut rapidement trouver des coupables. Je songe aux tribunaux d'exception à Paris quand les Nazis grognaient pour avoir des coupables. On inventait de faux résistants pour calmer le maître de l'heure. Des haut gradés de toutes les polices du monde, pour calmer la grogne populaire menaçante pour leurs postes confortables, sont prêts à tripoter des dossiers, à cacher des témoins.

Ce film, *Au nom du père*, illustre parfaitement la servitude de l'armée et de la police quand, là-haut, un politicien-ministre s'impatiente des lenteurs d'un enquêteur. Résultat: l'horreur d'innocents incarcérés cinq, dix, quinze ans injustement. Il faut voir ce film de Sheridan.

*
* *

Ce matin, dans les journaux: «Des orphelins crient "maman, maman" un peu partout au Rwanda». Encore et toujours l'horreur. Et notre impuissance. Ottawa vient d'envoyer un régiment de soldats pour aider ceux de la France. Les Canadiens vont dégager l'aéroport, construire un hôpital. Gouttes d'eau? Tant mieux. Je veux que mon argent payé au fisc serve aussi à cela, soulager cette misère épouvantable. En Occident-la-confortable, combien sommes-nous ainsi à être révulsés face à toute cette déchéance en pays du Tiers Monde, et à pouvoir dire pourtant, comme moi, au petit déjeuner: «Que j'ai hâte d'aller faire, dès vendredi, mon *body surf* sur les vagues de la plage d'Ogunquit.»?

*
* *

J'ai publié un polar sur Ogunquit. Dès 1968, après les modes d'Old Orchard et de Cape Cod (1956), celles de Wells Beach (1960), Margate et Wildwood (1965), ce sera «la» place. Tellement moins loin que le New Jersey; en cinq heures de voiture seulement, retrouver un site pas trop gâté par les motels moches, par le cirque des lieux balnéaires trop «bien» organisés, pas trop envahis par les commerçants super-mercantiles.

L'eau est souvent froide. Qu'importe! on y trouve l'aspect «Nouvelle-Angleterre» assez bien conservé. On y a mis, pour la belle saison, un bus en forme de vieux tram. Il y a quelques bons restaurants et la plage est longue de sable blanc fin, plate, assez tapée pour nous inviter sans cesse à marcher sous les brises maritimes, à respirer à pleins poumons cet air salin qui nous revitalise. J'ai hâte!

L'auguste vieillard pédant et cultivé, Victor Barbeau, vient de mourir. Il allait avoir cent ans dans un petit mois. Il a été un grand amoureux du beau français des élites. Il a dû souffrir le martyre, en vieillissant, de constater que toute son échelle des vieilles valeurs se faisait démolir. C'est évident que la marche parfois grotesque du progrès fait que l'on casse de bons outils, que l'on jette d'excellents matériaux. Personne au monde ne peut vraiment entraver cette marche. Victor Barbeau avait détesté mon deuxième roman qui racontait une passion homosexuelle. Il aurait voulu un autre André Gide sur ce sujet. Et je ne l'étais pas. Pas du tout, vous pensez bien. Alors le vieux sacripant avait aiguisé une plume «pourfendeuse», et avait signé un éditorial dans *Le Nouveau Journal* du père Gagnon, le laïc Jean-Louis. *Délivrez-nous du mal* n'était qu'une «prose de zazou et de ganache», avait-il proclamé dès la parution du livre en octobre 1961. Le réalisateur Lorenzo Godin de CBF m'avait volontiers laissé répliquer à cette charge du prof des HEC. Me croyant bien malin, j'avais

147

choisi tout un florilège de vieux proverbes traduits du latin dans «les pages roses» de mon *Larousse*. J'en avais changé les termes pour moquer le puriste, j'avais joué d'une ironie pas toujours subtile, j'en conviens. L'émission de Godin, *Partage du matin,* diffusa ma diatribe! Barbeau en fut si furieux qu'il expédia une officielle demande de rétractation, d'excuses publiques, à Marc Thibault de la SRC et au réalisateur. La lettre d'avocat menaçante fit que Godin me demanda de lui écrire un certain repentir. Ce que je fis volontiers car j'ai toujours aimé ces magnifiques dinosaures, ces nostalgiques acharnés qui font des colères anachroniques. J'aime ceux qui savent s'indigner. Ils deviennent si rares, tout le monde se tait tant. Victor Barbeau, ayant eu mes excuses intitulées: «Vous avez tiré le premier, monsieur!», m'expédia un «mot» aimable accompagné de sa carte personnelle embossée où il griffonna: «Donnez-moi un coup de fil, j'aimerais bien vous rencontrer. V. B.» Je n'ai pas bougé. J'étais un ganache et un zazou tellement pris par mon nouveau personnage en 1961. Je n'avais plus de temps à perdre avec ces fossiles réactionnaires, n'est-ce pas? Fossile, à cette époque, encore très remuant, mais sans aucune antenne solide dans la population. Je le regrette à présent. Paix à ses cendres. Jean-Guy Pilon, son successeur, lui rend un bel hommage ce matin dans *Le Devoir,* un petit «requiem» mérité. Pilon, vaillamment, tente de continuer de «vieux» clubs, d'anciennes «associations» culturelles, ce que je suis trop paresseux pour faire.

*

* *

Ce matin, le tribun Pierre Bourgault, converti chroniqueur au *Devoir,* fustige le deuxième Daniel Johnson: «Si Dieu nous aime, écrit-il, on en sera débarrassés pour toujours dans un mois.» Il l'accuse de vouloir, à la Reagan, à la Thatcher, brader les institutions de l'État, les services nationaux. Bourgault avance que les petits pays ont absolument besoin d'un État solide, fort, pouvant les sauver des mâchoires voraces des grandes puissances. Tout à fait exact, vrai et vérifiable. Ainsi, pour l'art populaire de la bande dessinée, ce n'est qu'un exemple, il a fallu que la Belgique organise loi, règlement avec quotas, sinon il n'y aurait pas eu cette pléthore de fameux dessinateurs belges et rien que du *dumping USA*.

Cependant, au détour d'un paragraphe, voilà que Bourgault attaque le capitalisme avec des mots de 1950, d'il y a quarante ans, quoi. Il reproche aux «Paul Desmarais» de toutes les «Power Corporation» d'être d'abord au service de leurs actionnaires «bien avant de vouloir servir les citoyens!». Ce sous-marxisme de go-gauche m'a renversé: il est certain que le PDG d'un commerce n'est pas le directeur de l'aide sociale. Les Desmarais, les Péladeau aussi, sont certainement d'abord des marchands. Ils font fonctionner usines, manufactures, entreprises diverses, et tous leurs employés déboursent comme vous et moi pour que la caisse de l'aide sociale ne se vide jamais. J'avais cru que, comme moi, Pierre avait évolué sur cette vision manichéenne grossière et naïve à propos des capitalistes. Du Michel Chartrand, cru 1960. Un ex-marxiste iconoclaste, Charbonneau, lui évolue (!) à l'inverse, je l'ai dit, il se présente actuellement comme candidat du déraciné Johnson. Un Johnson de seconde main!

*
* *

À quatorze heures de l'après-midi, ce lundi, le temps ne change pas! D'habitude, depuis presque deux semaines, nous avions droit tout de même à des éclaircies ensoleillées. Aujourd'hui, vacanciers laurentiens, rien. C'est en deux tons, gris et blanc. Raymonde arrive de la banque-du-nord. Elle a dû payer quatre cent vingt dollars pour recevoir trois cents dollars US! Aïe! Bon. J'irai plus tard, je dois, comme tous les midis, préparer des sandwiches. «Et du lait pour tes vieux os» soufflerait le jeune David à Éliane, toujours moqueur quand, au resto avec lui, je bois du lait et qu'il réclame: «Un gros coke diète. Un gros!»

*
*　*

Il est quinze heures et ça y est: un peu de soleil! Souvent, après des journées sombres, à l'heure du souper, le soleil surgit et puis va se coucher derrière les collines de l'ouest. La météo d'hier nous prévenait d'un «front froid». Cette expression: front! C'est vrai qu'il n'y a plus cette chaleur humide des jours derniers. En passant, à TVA hier soir, le lecteur des nouvelles a dit à la «mignonne» de la météo: «Merci pour la belle journée!» Et cette mignonne de mignardiser, acceptant volontiers en gloussant cette idiote reconnaissance. Après une horrible journée, serait-elle révoltée que, de la même façon, on la houspille? Bêtise en mineur. C'est fréquent et ça se répand partout, partout!

*
*　*

J'ai deux lettres à écrire. Une au nom de Raymonde et à l'invitation de l'avocat de la ville, venu, l'autre matin, constater les dégâts de l'orage diluvien du samedi midi. «Plaignez-vous! m'avait-il dit. Plaignez-vous! Écrivez!» Ce fut bien pire chez nos deuxièmes voisins, les

150

Jodoin. On m'explique que les tuyaux d'égouts pluviaux sont trop étroits, qu'en cas de grosses pluies, ils débordent. Il y a aussi (le pire) que ce creux du chemin devant chez nous retient toutes les eaux qui descendent des collines du Sommet Bleu. Enfin, on m'a dit que les égouts ordinaires se rejoignent sous terre et que cela aussi finit par vite boucher les machines à épuration. J'écrirai donc, ce soir, pour la plainte officielle. Un: vite, installer des tuyaux neufs d'un diamètre capable d'avaler l'eau des orages. Deux: vite, du même coup, enlever le tuyau d'égout pluvial qui part de la rue en face de la maison et va au lac, une servitude que Raymonde regrette beaucoup d'avoir accordée car, à deux mètres du rivage, des herbiers douteux se multiplient d'année en année.

Je n'ai pas encore trouvé le temps de répondre à cette trop aimable correspondante-admiratrice de la Beauce qui veut venir à Montréal pour pouvoir «mieux évoluer» dans son jeune métier d'animatrice. Oh, quoi lui dire? Elle souligne: «Je suis sans aucun contact. Je n'ai pas de piston!» Diantre, j'en ai parlé déjà, combien étions-nous, les «sans aucun piston» dans mon genre, à vingt ans, dans les années cinquante, et cherchant partout comment pouvoir «nous épanouir», bourrés de talents comme nous croyions tous que nous l'étions, aspirants-créateurs, candidats-artistes en toutes disciplines?

Comment ne pas la retenir d'espérer «mieux» tout en ne la trompant pas sur les débouchés si peu nombreux en ces années de récession qui n'en finissent plus. «Quitte ton job de radio, ça lui fera de la place» me taquine Raymonde. Elle sait autant que moi que ça ne changerait pas grand-chose à la pénible situation actuelle.

Ainsi va la vie! Moi, je fais le capricieux, l'hésitant à reprendre le boulot, et des tas de jeunes, surdoués parfois, piétinent dans tous les portiques des médias. «Débarrassez donc la place, vieux schnock, engeance indélogeable» doivent se dire ces candidats piaffants. Moi, jeune diplômé de l'école des Arts appliqués (on disait «du Meuble» comme chez Boule à Paris), j'avais aussi un horizon bouché, l'obligation d'aller aux travaux saisonniers mal payés de petites entreprises de *window display*. Bon, on passe par ces purgatoires quand on n'a aucun «piston» et avec le temps, avec un peu de talent, de la chance saisie au bon moment, on finit par se faire un nom. Parfois, ça finit par aller, mais hélas il est tard, très tard.

Il y a même des gens expérimentés, habiles et qui ont donné des tas de preuves de leur savoir-faire qui, actuellement, chôment! Je lui dirai tout cela à ma rêveuse de Saint-Georges-de-Beauce. Elle m'a écrit: «J'ai lu votre journal *Pour tout vous dire* et j'ai lu que vous répondiez toujours à vos correspondants inconnus, alors, j'ose...»

*

* *

À dix-sept heures, le ciel enfin complètement dégagé, nous allons lire au bord de l'eau. Baignade. Plantation de branches de myric beaumier sur le terrain sur-trempé. Raymonde lit la fin d'*À l'ami qui ne m'a pas sauvé la vie*. Elle est prise comme je le fus lors de la parution. Et puis, à dix-huit heures, arrivée d'escadrons de nuages! À dix-huit heures trente, oui, c'est dégoûtant, on a encore notre pluie quotidienne! Sidérant!

À dix-neuf heures trente, fin de la pluie avec un fort vent, du genre où Raymonde me crie: «Claude, les fenêtres!» Chaque fois, je me précipite dans l'escalier qui conduit aux chambres pour, à toute vitesse, abaisser les fenêtres. C'est périlleux. Je me fais doucher chaque fois. Le vent arrose la chambre. Je dois, et vite, relever les châssis à moustiquaire, baisser les vitres extérieures, courir de la chambre principale, aux toilettes, à la fenêtre du haut de l'escalier. Et puis, subitement fin de cette averse et retour de l'Astre! La galerie trempée luit au soleil taquineur.

Raymonde qui m'avait promis des steaks, me sert des steaks de saumon. Elle détient une recette de son amie Josée Boudrias qui fait que le saumon n'est plus une viande sèche. Ma joie.

*
* *

Avant le souper, Raymonde: «Demain, mercredi, je n'aurai pas le temps d'aller à la bibliothèque, ni dans une librairie. Pourrais-tu, pour la mer, me dénicher des livres des rayons d'ici pour que je puisse m'en choisir quelques-uns? Il y a des livres dans l'armoire antique, plein mon petit bureau de l'étage et... dans la cave. C'est là que je vais avec un grand sac. Ces livres, pas touchés depuis des années, sont humides et sentent un tantinet le papier moisi. Je fouille et farfouille et remonte avec deux bonnes dizaines de livres en tous genres, romans de Langevin et de Ferron, biographies, livres d'essais populaires. Je vide mon sac sur la petite table du salon. «Choisissez, cher amour!»

«J'ai un autre problème. Le silencieux de ma Jetta! Peut-on aller là-bas avec un engin aussi bruyant?» Je lui déniche, dans un vieil annuaire téléphonique, les adresses des «Midas» et des «M. Muffler» pas trop éloignés du centre d'accueil où elle va luncher demain, pendant que j'irai rencontrer, de mon côté, les deux gamins de mon fils, Simon et le Thomas aux points de suture! Grosse journée d'avant-mer!

*
* *

Avant le dodo, on a regardé à TVA *Quand Harry rencontre Sally*, une comédie légère divertissante. Un jeune homme, Harry, prétend qu'il n'y a pas d'amitié durable entre deux personnes de sexe différent. Il va rencontrer la blonde Sally et plonger dans une série de rencontres désopilantes et bavardes, illustrant sa croyance de base jusqu'à la fin du film où, enfin, à bout de résistance, les deux amis s'avouent leur grand amour. Mariage à l'horizon. En somme, l'ouvrage des enfants de Woody Allen le bavard.

Bon. Mercredi. Bien. Une journée comme avant-hier, lundi, avec plein de bon soleil. Raymonde, qui conduisait ce matin, m'a laissé rue Bernard pour que je puisse payer mes comptes Visa, Hydro, cable de télé et quoi encore? Le parc Saint-Viateur, tout illuminé de clarté vive, fait du bien à traverser. Dans un coin, près de l'étang, les enfants en garderie, même l'été, les nouvelles mères modernes travaillant à l'extérieur. Malgré moi, j'éprouve toujours un sentiment terrible quand je les vois. Finirai-je par observer sans me troubler toutes ces bandes de bambins reliés entre eux par des cordes, enfants qu'on socialise précocement!

Deux éminents psychiatres-pédiatres britanniques publièrent un ouvrage sur les enfants des communes d'Israël, coupés encore bien plus radicalement de leurs parents. Ils étaient sévères face aux résultats. J'avais lu que cette socialisation anticipée des enfants les rendaient, bizarrement, durs, plus égoïstes, plus froids, plus cyniques. Qu'ils avaient formé, ces «gardés», les bataillons d'élite les plus agressifs lors des deux guerres en Israël. Pour ces enfants, la patrie était devenue leur «vraie» mère, leur grand symbole de cohésion, leur unique et profonde motivation sur le plan émotif.

Quoi faire? Les femmes, avec raison, ont droit au travail extérieur et tous ces nouveaux salaires font tout à fait l'affaire de l'État. Davantage d'humains à cracher taxes et impôts! La jeune femme, disent certains, devrait choisir, une fois épousée, entre la carrière, son métier sinon sa profession, ou «élever des enfants». Et l'homme, lui? Monsieur garderait ses anciens privilèges? Il aurait toujours le droit d'avoir sa «carrière» et se prétendre père de famille. Plutôt absents de leurs charges éducatives, ces vaillants faux pères, on le sait. L'État devrait verser une généreuse allocation à celles qui choisiraient «la famille» disent d'autres observateurs. Les enfants ne sont-ils pas la ressource fondamentale? L'essentielle ressource de n'importe quelle société? Sans elle (les enfants), fin de cette société, fin de cette nation organisée.

Mais quoi, des filles qui auraient étudié pour devenir médecins, comptables, architectes, avocates, devraient un bon matin tourner le dos à au moins seize ans de scolarité, prendre l'allocation et s'astreindre à élever deux, trois ou quatre enfants? Dilemme inextricable?

Dans le courrier accumulé, une carte postale (ô mes chères cartes postales!) de ma quasi-jumelle partie en France pour la première fois de sa vie. Elle a aimé l'avion, première expérience aussi. Elle aime Paris. Elle songe déjà à y revenir un jour. C'est le coup de foudre. En vérité, c'est une ville unique au monde. Mille témoignages l'affirment. «Une ville-spectacle» disait Henry Miller, spectacle partout, dans ses rues, dans ses parcs. Comme je suis heureux de savoir Marielle contente. «Mais le café à trois dollars et demi la tasse, oh!» me griffonne-t-elle. J'ai hâte de la revoir bientôt.

Raymonde part pour aller luncher avec sa maman et moi je tâche de me débrouiller pour réserver un motel à Ogunquit. Je finis, par l'entremise des «offices à tourisme», par obtenir le numéro de téléphone du grand motel blanc du bord de mer d'Ogunquit. Miracle, c'est cher, mais il y a du *vacancy* et je donne mon numéro de carte Visa. Bon, une bonne chose de faite. Anciennement, nous ne réservions jamais et rendus sur place, on se débrouillait toujours. Je vieillis? Je ne souhaite plus faire ces démarches.

156

Je pars pour la rue Garnier. Au coin de la rue Marie-Anne, j'aperçois les deux enfants de Lynn et Daniel, ils me guettaient, me font des joies, et Thomas s'empresse de me montrer ses points de suture. Étrange fierté. Nous avons dévoré des morceaux de poulet tous les cinq. On est allés marcher rue Saint-Denis. Il y avait longtemps que j'y étais allé. Daniel et Lynn se disent surpris de ne pas y fureter plus souvent. «On se disait: arrivés sur le Plateau, on va pouvoir aller baguenauder, bouquiner, faire du lèche-vitrine. Mais non, le temps passe, on a eu des travaux d'installation à faire...» Je me suis acheté une paire de sandales pour la plage. C'était écrit chez le marchand: «Aubaine». Je ne résiste jamais à cette sorte d'annonce! Il y a du souk dans mes gènes. J'ai du sang de négociant araboïde, sémite. Le notaire Amédée avait prévenu mon père, c'était donc vrai: les Jasmin viennent du monde moyen-oriental, envahisseur d'Espagne et de France.

On a eu envie, après le poulet, d'aller aux «livres usagés» de l'ex-palais du Commerce. Là-dedans, aux deux vastes magasins, au sud et au nord, c'est la pagaille. Tout en vrac. Tant de choix qu'on ne sait trop quoi acheter. Je ramasse un Bory et une biographie de Jean Gabin. Daniel, un dictionnaire des analogies, comme neuf. «Ça pourra être utile pour notre série d'articles bientôt dans *La Presse*, non?» Mais oui. Les enfants ne sont pas trop excités par le lieu. Il y a qu'ils ont une quantité solide de bouquins à la maison et de plus, abonnés, ils peuvent sortir chaque mois de leur bibliothèque publique des dizaines de livres. «Et puis il y a aussi, m'explique Lynn, une bibliothèque à la Maison de la Culture en face de l'église du Saint-Sacrement, pas loin!»

Je me suis souvenu de mon enfance sans livres mais... chut! Silence, car Jean Faucher me répétera: «Assez de ta petite patrie, assez!»

Revenus rue Garnier, Daniel, comme toujours, tient à finir un rafistolage! Son nouveau logis est *a work in progress*. Je lui ai dit en arrivant à midi: «Déjà, mon vieux, ta petite maison a pris plus de valeur. Tu pourrais revendre avec un fort profit!» «Pas question, on aime tant notre cabane!» s'écrie-t-il.

Les garçons, à ma demande, m'ont initié dans leur cour, sur la table de jardin, à deux de leurs jeux de société. L'enfant adore voir l'adulte participer à ses jeux. C'est pour lui essentiel. C'est le bonheur. À un jeu de maréchal, d'espions et de colonels, avec Thomas, je me suis fait battre à plate couture par Simon, tout content de sa victoire de grand stratège. À un autre jeu, cousin du bon vieux *Parchesi* de ma jeunesse, j'ai gagné mais, je le jure, sans le vouloir.

*
* *

Revenus rue Querbes, Raymonde a préparé une salade de son génie, inventant avec des restes puisqu'il a fallu vider le frigo. Demain, départ pour une semaine à peine à la mer. Raymonde a tout de même acheté des crevettes. Installés, comme on le fait souvent, sur la mini-terrasse dans la mini-cour, nous parlons des temps anciens. «Pourquoi avoir attendu les années soixante-dix et quatre-vingt pour nous décider collectivement à adopter la mode terrasse?» Folie? Ma mère, à Pointe-Calumet comme sur la rue Saint-Denis, aurait tant profité de nos terrasses d'aujourd'hui. Comme on a été bêtes. Après tout, l'été est toujours trop court, mais il y en a tout de même pour au moins soixante jours de temps doux.

Raymonde, comme chaque mercredi soir, me raconte «Yvonne à son centre Marie-Rollet». «Je voudrais qu'elle ne souffre pas. Sa vie me semble une sorte de désert moral. Non, Dieu merci, elle n'est pas très consciente de sa déchéance. Et puis, sans grande mémoire, elle ne peut pas vraiment s'apitoyer long-temps sur son sort!» m'explique-t-elle. Tant mieux. Raymonde l'a conduite une fois de plus, en fauteuil roulant, dans la 41e Rue vers la rue Beaubien où il y a une boutique de glaces: «C'est sa grande joie! Elle refuse que je lui fasse une bavette avec des serviettes de papier et elle salit sa robe. Qu'importe, comme une vieille petite fille, elle glousse de plaisir en face d'un simple cornet de glace au chocolat!»

*
* *

Après le souper (chacun son tour), nous allons nous promener, en nous tenant par le cou, jusqu'au Bilboquet où il y a d'aussi bonne crème glacée que dans la 41e Rue à Rosemont.

*
* *

Plus tôt, au supermarché, Raymonde a rencontré la fille d'Andrée Lachapelle, Catherine, la «musicienne». Elle dit: «Nous sommes allés à l'Auberge du soleil à Saint-Rémy de Provence et le proprio, nous sachant du Québec, a dit: «Vous connaissez l'auteur québécois Jasmin? Il a parlé de mon auberge dans *Maman Paris!* un roman qu'il a publié à son retour chez vous!» Ma foi, ce n'est pas le premier témoignage que j'en ai, je devrais peut-être exiger un pour cent de ses recettes chaque fin d'année.

Je rêve de retourner en Provence un jour. M'y installer? Je ne sais pas. Récemment on m'a encore parlé du terrible «mistral». Un vent violent. Robert Roussil, le sculpteur «persécuté», m'a dit: «C'est pas si effrayant que ça, en tout cas pas chez moi, à Tourettes-sur-loup.» Qui croire? Dans *Le Devoir*, hier, reportage sur le cher Roussil. Et pas un mot sur le pamphlet que je lui avais bâti vers 1965. Toujours ses mêmes complaintes. Les vieilles jérémiades de 1965. Il n'a pas évolué le diable mon vieux Robert! Radoteur!

Je lisais ce matin un reportage: à Percé, le musée du lieu a organisé toute une exposition autour du célèbre poète André Breton, pape du surréalisme, qui a séjourné là en 1947 et a préparé son *Arcane 17*. Je vais envoyer mon *Pleure pas Germaine* au directeur de ce petit musée et il en fera peut-être une expo l'été prochain. Mais... Je ne suis pas le grand poète de Paris, moi. Alors? Je lui indiquerai que Paris, par Eric Van Beuren, le Belge, veut tourner un film à partir de ma «Germaine». Ça devrait aider. Cela dit, ne craignez rien, je ne vais pas, comme Beaulieu à Trois-Pistoles, me construire un mausolée de mon vivant. Et je n'accepterai jamais, vous m'entendez chère Antonine Maillet, que l'on baptise de mon vivant la rue où j'habite en rue Claude-Jasmin. J'ai un peu le sens du ridicule. Mais, mort, si on ne me consacre pas suffisamment, je sortirai de mon tombeau!

*
* *

Demain jeudi, c'est le 28 juillet. Quatre jours et c'est la fin de ce mois. Je me parle: «Calme-toi et profite bien de chaque journée. Oublie, mais oublie donc l'enfilade des jours, c'est une réalité i-n-é-l-u-c-t-a-b-l-e. Alors, je me parle et je me calme. Je me dis qu'il y aura sept jours de liberté à la mer. Toujours relative la liberté.

160

Après, à partir du 8, tu pourras quitter la radio tous les matins à onze heures. Bon, mettons qu'il y aura des rubans à enregistrer; à midi, tu sors et tu fais ce que tu veux, non? Alors, Cloclo, ferme-la et remercie le ciel pour un si bon sort.

*
* *

Bourgault se fait cogner dessus par des correspondants du *Devoir* où il signe une chronique chaque mardi. Avec raison, il a fustigé tous ces anciens catholiques, nous tous ou presque, qui ne vont plus jamais à leur église, qui ne reçoivent plus aucun sacrement mais qui continuent, fétichistes frileux, à exiger que l'école de leurs rejetons soit bonne catholique. Une farce en effet. Hélas, Pierre a cru bon d'en profiter pour frapper sur un vieux clou rouillé, le cléricalisme. En le faisant, et je ne suis pas sans péché là-dessus, il est injuste. Il oublie lui aussi de vénérer l'ouvrage gigantesque sur tant de plans, exécuté par les frères, les religieuses, les prêtres-enseignants. Un matin récent, c'est mon tour d'être fustigé, mais je ne répliquerai pas. Mon contempteur n'a rien compris: je ne voulais pas l'adhésion au Québec libre de toute l'intelligentsia anglophone. Mais seulement d'un ou deux. Pas plus! Il s'agit d'un appel public que je faisais aux auteurs anglos hors-Québec pour qu'ils défendent la naissance d'une patrie québécoise. Aucun ne m'a répondu. Pas un seul! Louche cela!

Ça y est, jeudi soir, j'écris ceci assis juste en face de la mer. Ô le bruit des vagues résonnant dans la chambre de notre motel. Le grand bonheur. Il pleut hélas! Sur la route, depuis neuf heures ce matin, que des ciels ennuagés. Au lunch du midi, à Littleton, à l'écart de la 93, des miettes de soleil. En arrivant à Concord, il ne nous restait plus que la route 4-202, la flotte! Au bout de la 95, les averses grandirent. À York, place voisine d'Ogunquit, début du déluge!

Il pleuvait si fort qu'arrivés à notre motel, nous avons été forcés de rester dans la voiture et d'attendre. Dès la première diminution, je suis sorti en courant confirmer notre réservation. On a garé l'auto près du numéro 208 et, ça y est, de nouveau le déluge! «Seigneur, a soupiré ma brune, quitter le Québec inondé pour rouler cinq heures et retrouver le même arrosage.» Attente de nouveau. Accalmie. Sortie en vitesse avec nos bagages et la porte du 208 ouverte, je pouvais voir, à l'autre bout du motel par les portes patio, ma chère mer! Ma divine mer Atlantique! Les rouleaux qui grondent, clameur éternelle revigorante. La pluie avait beaucoup diminué. Des baigneurs sautillaient, courageux sous ce ciel à nuages menaçants. Des *surfers*, plus au sud, semblaient s'en donner à cœur joie. «J'y vais.» Raymonde acheva d'installer nos effets dans le placard et les tiroirs de la grosse commode. «Vas-y! Je te retrouverai peut-être. J'ai oublié, figure-toi, mes maillots à Sainte-Adèle. Je vais m'en dénicher un neuf, ici même, sous les arcades de la longue promenade de béton.»

*
* *

Je sors après avoir bu un pastis. La pluie s'est calmée pas mal. Je cours vers l'océan. Comme la lumière, la marée baisse à vue d'œil. Premiers orteils dans l'eau. Formidable! Elle doit être dans les soixante-trois degrés Fahrenheit. Je marche un peu dans la vague et vlan! De nouveau une forte averse, mille milliers de gouttes d'eau froide me battent. Je recule. Si ma brune était là, peut-être... Je bats en retraite. Je remonte sous les arcades, je m'essuie de cette pluie refroidissante et Raymonde m'apparaît, un maillot neuf dans son sac. Nous regardons ce site qui nous est si familier depuis tous ces séjours dans les parages. Le faux tramway tournoie dans son circuit. Les mouettes miaulent dans la brise maritime. Quelques rares enfants, malgré la pluie, s'acharnent à jouer au bord de l'eau. Nous allons dans le hall-office du Norseman. La pluie est vraiment déchaînée à ce moment-ci. On aime mieux en rire. Une vendeuse a dit à Raymonde: «Tant mieux, cette pluie, il n'y en a pas eu depuis le début de la belle saison. C'était fou!» Raymonde rajoute: «Claude, elle m'a dit cela et, toute souriante, a ajouté, demain matin, ça peut être du beau temps mais il paraît que ça va se gâter en après-midi.»

On ne se décourage pas. On verra bien. Il s'agit de ne pas écouter les pronostics à la télé et de croiser les doigts. «Écoute Claude, on a plein de bons livres, non? Alors on lira face à la mer sur la galerie du motel.» Voyez le beau tempérament de ma blonde!

*
* *

Avant d'aller à la soupe, on hésite entre le bon gros steak à l'américaine et les mets italiens chez Juliana. Nous nous servons de nouveaux apéros, je n'ai pas oublié d'apporter les liqueurs voulues. J'écris tout ceci avec, devant les yeux, la grande murale en trois tons: là-haut le ciel et ses dessins capricieux dans des bleus violacés, quelques fines dentelles blanchâtres entres les nuages, en bas l'ocre mat du sable mouillé, entre les deux, à perte de vue, ce grand désert d'eau en mouvement, ses gigantesques crachats d'écume ourlée qui remplit nos oreilles de rugissements.

«Ça sent le poisson mort! Claude!» «Mais non, dis-je, mais non!» «Oh oui, ça pue, on dirait l'énorme pet de l'océan!» Je ris. Raymonde a pourtant raison ma foi, une forte odeur de soufre envahit le coin à lire et à écrire du balcon où nous sommes postés. Elle pousse des «pouah» de plus belle et remet le disque: «Avons-nous quitté notre petite grève où des têtards noyés empestaient pour...» Je l'embrasse pour la faire taire. L'odeur s'en va comme par magie. Le ciel soudain se dégage des nuées violettes. «Tu vas voir demain matin, on se lèvera tôt et on sera éblouis de voir "la mer emmêlée au soleil!"».

Ils ont tous menti: les gens à la radio et à la télévision d'ici et la vendeuse de maillots, la serveuse de Juliana, les voisins de table, le gros traînard du hall-office, l'ombre furtive du *private parking*, il a fait un temps formidable aujourd'hui, et c'est une première journée de plage parfaite. Un vendredi à me faire délirer de bonheur. Dès ce matin, en ouvrant les tentures, il est là, il est emmêlé à la mer et c'est l'éternité, cher Rimbe. La beauté océane à perte de vue. Ô beau paysage pailleté! Je jubile. Je fais du bruit pour que Raymonde sorte des limbes et vienne sur la galerie avec moi voir le jour d'été le plus beau depuis la Saint-Jean. J'entre et je sors. Je fais claquer la porte coulissante. Elle s'éveille. Et vient voir. Et s'exclame à son tour. Quel mensonge, la météo! Il y a quelques nuages mais le ciel est franc, ils sont isolés. Ils voguent, petits vaisseaux d'ouate dans l'océan d'en haut, la mer aérienne, le ciel. Nous voulons vite aller aux œufs tournés avec rôties. Facile. C'est juste en dessous, du côté des boutiques. Nous revenons vite au 208 pour faire le plein du sac-à-plage: lunettes, lotions, serviettes, petits chapeaux, cigarettes-à-Raymonde, ses Player's chéries, livres, journaux, deux chaises de toile amenées de Montréal. Et en route pour la plage! Le plaisir, jamais assouvi, de marcher sur cette vaste grève de la presqu'île, le plaisir intense de nous installer le plus proche possible de la belle houle tapageuse. Le besoin d'aller vite tremper un premier orteil. «Elle est bonne?» s'enquiert ma grande amie, ma seule amie. «Fameuse!» Elle ne me croit jamais, certaine que je ne veux que l'attirer dans les flots bleus. «Mais c'est vrai!» C'est vrai. L'eau est bonne. Bonne à nager. Et on y plonge. On y replongera souvent avant midi. Et après midi.

Le bonheur total pour moi, c'est ici. C'est aujourd'hui. C'est cela, tourné vers la rive, plonger juste avant une énorme vague qui déferle et va crever. Être emporté vers la plage, fétu de paille, dans le rouleau d'écume rugissant, féroce et inoffensif à la fois. Oui, le bonheur total, le paradis terrestre retrouvé. Quand j'ai du mal à m'endormir, par exemple aux moments des gros chagrins que j'ai évoqués dans *La Vie suspendue*, en pensée, c'est ici même, sur cette plage que je me réfugie pour retrouver la paix, le sommeil. Des gens m'accostent poliment, toujours gentiment, pour me saluer brièvement, me dire, trop aimablement?, qu'ils aiment bien le bonimenteur de la radio. «Vous me paraissez plus jeune que je croyais, je sais pas!» «Merci! dis-je. Merci!» «C'est vrai, de la façon qu'Arcand parle de vous à la radio, me dit un monsieur Laforge, je croyais que vous étiez beaucoup plus vieux!» Attendez que je répète cela au gros nounours de la station. Il est vrai qu'ici, chaque fois que j'y viens, je rajeunis. Je suis un gamin. Un petit garçon qui aime jouer dans les vagues.

Raymonde me semble plus belle que jamais. Son maillot tout neuf lui va à ravir. Elle est heureuse. Elle sourit à tout. Elle me dit: «Il y a aussi de te voir si content au bord de la mer. Je suis bien quand tu es bien!» Cette femme, je ne le répéterai plus, est folle de moi. Je rigole mais j'ai peur. Peur de perdre ma chance. Tout est si fragile.

On rencontre des camarades des médias chaque fois qu'on vient à Ogunquit. Tout à l'heure, le nouvelliste, Réal Barnabé, avec deux jeunes enfants, bronzé, lui aussi visiblement heureux d'être sur ce magnifique rivage du Maine. La plage maritime est un rajeunissement efficace, et Barnabé m'a paru un jeune homme de vingt ans. On peut lire sur presque tous les visages une joie

166

palpable. Que de marcheurs! Très lentement, mains dans le dos, ou très vite, chairs tremblantes, pour la santé. Des enfants courent dans l'eau qui monte tranquillement. Cris des mouettes. Sirène d'un bateau qui file, belle vieille qui examine un coquillage, rare par ici. Beau type de noir qui marche vers le nord, vers Moody Beach et Drake Island, statue vivante. Raymonde, pas aveugle du tout, me le fait remarquer. «Oui, oui, je dis mais oui, il est beau. Il est très beau!» Jalousie niaise. Futile. Il est bien fait: il a trente ans. J'ai eu trente ans, il y a bien longtemps.

Vers treize heures, un rituel, hot-dog moutarde, oignons, frites avec beaucoup de vinaigre, coke diète. J'y vais! Le kiosque, inchangé. Moins de monde que d'habitude. Maudite récession! Des goélands s'approchent et je leur jette des frites alors que Raymonde fronce les sourcils. «Tu les attires!» Mais oui! Oui! mon amour. Je ris d'elle. Elle rit d'elle. Je me moque de moi, je mime le vieillard croulant. Nous retournons dans les vagues, trombes rampantes qui s'enragent après le rivage, qui nous bousculent effrontément.

Un trio d'ados joue au ballon-volant, sans règles, sans filet. Une autre image d'un bonheur tout simple. Un cerf-volant s'avance et s'élève, on dirait un gros poisson tropical mou. Deux pédérastes, très efféminés ceux-là, marchent en se dandinant vers Moody Beach. Tout un peuple en liesse, coloré vivement, jouit de cet éden saisonnier, de l'été trop court.

Vers cinq heures, après huit heures de contemplation heureuse, nous marchons vers le 208, à cent pas. Raymonde court à la douche pour se débarrasser d'une sorte de colle, le sel, sur la peau. Je me brasse un petit pastis, je vais vers le long balcon suspendu puisque nous habitons à l'étage du Norseman et je ne me lasse pas de ce spectacle audiovisuel. Grappes des derniers baigneurs, chaises toutes tournées vers le soleil de l'ouest, dos à la mer donc, rougis, bronzés, jaunis, ocrés, ils restent là, à la limite extrême de ce beau vendredi. Rares sont ceux qui, comme nous, habitent sur la plage même. Ce motel est un long bateau blanc, arrimé pour longtemps, à l'ancre pour toujours dans cette baie aux plages parfaites.

Soudain, s'amène sur la galerie un goéland fou, aveuglé. Il a dû se fourrer la tête dans une poubelle de la plage. Il a un sac de plastique qui l'enveloppe et, affolé, il cherche à s'en défaire. Il plonge à mes pieds, le sac s'en va et il repart vers l'horizon. Deux fillettes, sous mes pieds, les bras chargés d'un grand cabaret de carton plein de canettes vides ramassées dans les poubelles, s'en vont à petits pas chinois vers l'entrée de la plage où une vieille femme en haillons les attend. Elle compte leur cueillette. Elle leur donne de l'argent. Les deux gamines repartent, courant presque, toutes heureuses de leur salaire. Je ne les vois plus. Iront-elles au comptoir des glaces «molles»?

Au loin, près des clôtures de lattes de bois protégeant les plantations de joncs, j'observe un petit vieillard armé d'une canne avec courroies lui encerclant un avant-bras, machine balayeuse pour trouver des bagues, des médailles, des montres perdues, il passe en revue mille millions de grains de sable. Beautés grecques, vénus fières et adonis vaniteux, laiderons, vieillards cacochymes, bossus gênés, fées, rapaces, racaille bipède, mafiosi ventripotents, jolies mamans, célibataires bien raides, la plage est toujours pour Raymonde et moi une fantastique bande dessinée. Nous nous plaisons, à voix basse, à faire des comparaisons, à bâtir des synopsis instantanés, des scénarios loufoques, à jouer aux sosies: «Regarde Denise Bombardier, Jacques Parizeau, Louise Deschâtelets-la-Châtelaine, Roch Voisine dans vingt ans, Michel Tremblay il y a vingt ans...» On rit. On est si bien!

*

*   *

Hier soir, entre deux averses et deux méchants pronostics, nous sommes allés en vitesse à l'ex-Julie's, devenu Juliana. Un resto dont on a vu les débuts il y a quinze ans. Raymonde a commandé un «penne» complexe, moi, des escalopes alla marsala. Raymonde est en forme malgré la déception de tant de pluie. Une serveuse francophone accorte, Johanne, nous raconte sa vie en très peu de temps. Née en Floride. Parents adoptifs. Installation au Québec, à la suite du remariage de sa mère. Huit ans à Longueuil. Devient donc francophone durant toute son enfance. Retour aux USA. Mariage avec un gars de la place. «L'hiver, c'est lui qui déneige les chemins par icitte!» On y pense: icitte, il y a l'hiver aussi? «Oh oui, dit Johanne, et avec autant de neige qu'à Longueuil, certaines années.»

Le soir, Raymonde, avant de s'endormir, lit la vie de Jean Gabin par Gerty Collin et moi, la vie de Jean-Louis Bory par Daniel Garcia. On est très pris par nos lectures! Au moment d'éteindre, je fais partir le climatiseur et ferme la porte par-dessus la moustiquaire. «Hein? Quoi? Tu fermes ça! Toi qui aimes tant le bruit de la mer?» Je dis: «Oui, oui, mais cette nuit, je veux le silence et dormir. Cinq heures et demie de route dans le corps, mon amour!» Mon amour, avec raison, dit: «Tais-toi donc, j'ai conduit les deux tiers du parcours.» On rit. On s'embrasse. On dort vite. On avait hâte au lendemain, à aujourd'hui. On espérait l'erreur de la météo et on a eu raison d'espérer.

*
* *

Attention! Gros yeux de Raymonde! Après le deuxième pastis, je me lève pour un troisième. Elle gronde. Je me les fais très noyés et je la rassure. Le soleil doit batifoler derrière notre 208 du côté de la rivière Ogunquit qui se vide et se remplit aux six heures. Beaucoup moins de monde sur la longue plage. Une Vanessa Paradis (notre jeu des sosies) debout, en bikini violet, tourne lentement, petite chèvre de monsieur Séguin, autour d'un beau garçon étendu sur son tatami. Vieux jeu. De toute éternité. Quoi. L'éternité? Oui, oui, Arthur, c'est vraiment «la mer en allée, ou emmêlée, au soleil». Quand j'étais plongé dans mes recherches et études rimbaldiennes du temps de mon petit livre *Rimbaud, mon beau salaud*, en 1968-1969, j'avais appris les deux versions: «en allée et emmêlée avec le soleil». Je préfère «en allée». Car il y a dans la fusion de la lumière avec l'immensité aquatique et remuante de la mer, un mouvement. Emmêlée fait plus statique qu'en allée. Foin de ces querelles académiques. J'aime la mer. Nous décidons, soyons terre à terre, qu'il nous faut de la viande, de la viande rouge et nous irons «à la soupe» chez Vincent's, à deux, trois minutes de la plage sur la route 1. Raymonde choisit une tranche rose de rôti de bœuf dans le deux centimètres d'épais, moi, un simple petit steak New York. Il y a un buffet. Pour une douzaine de piastres, un fameux de bon petit rouge Beaujolais qui nous coûterait autrement plus cher dans un restaurant de chez nous.

Le Vincent's est un de ces immenses restaurants à la mode des années cinquante. C'est sans style, aucun cachet particulier. Un mobilier ultra-solide, un service efficace et impersonnel. On s'en fout parfois. Nous parlons de tout et de rien. Des gens en vacances comme nous, mais un peu pressés, vont ou reviennent du buffet pour l'assiette préalable toute de crudités. J'ai avalé trop de pastis avant de partir, et avec tout ce «rouge», je devrai avaler encore deux ou trois comprimés de Riopan.

Une fois bien nourris, nous voilà revenus au célèbre rond-point du village où une foule de promeneurs se frôlent devant une série de boutiques, la série classique, et qu'on retrouve un peu plus au sud de ce centre-petite-ville dans l'anse, au bout de Shore Road, le Perkins Cove. Des cris, des rires, des appels. Des couples enlacés, des vieilles dames endimanchées, indigènes d'Ogunquit peut-être, que l'excitation saisonnière ravit? Des petits vieux qui trottinent craignant les silhouettes furtives des jeunes en patins dits «alignés», une grouillante faune, celle des vendredis et des samedis soir. On achète *La Presse* dans un magasin du coin, on rentre, légers, heureux, amoureux toujours. J'ai toujours aimé cette ambiance estivale. C'est toujours le Pointe-Calumet de mes étés d'adolescent quand il y avait dans l'air des vendredis soir des promesses confuses de bonheur imprécis!

J'ai en effet eu du mal à digérer cette nuit. J'ai eu recours aux pastilles «sans sodium» de magnésie pour rééquilibrer le pH de ma pataugeuse stomacale. Je devrais peut-être abandonner le rituel des apéros? M'abonner aux *smart drinks* des jeunes? Que des vitamines, pas d'alcool? Aussi, me voilà réveillé dès cinq heures et quarante ce matin et je sors sur la galerie du motel. Le gros ballon rouge est là. La beauté tout autour. Le ciel de ce samedi matin, le dernier de juillet, est une sorte de fête de l'aube. Clandestine! Tout le monde dort. Le superbe ballon, tomate géante, s'élève plutôt rapidement. Spectacle toujours émouvant. Un autre jour s'installe. Avec éclat. La fierté de cette lumière. Le ciel est zébré, des rideaux s'ouvrent. Il y a devant moi la carte d'un ciel de festival. Des plages de bleu, de violet. Géographie irréelle. Baie de sang très rouge. Presqu'îles de déchirures, mouvance kaléidoscopique, j'ai la bouche ouverte. C'est beau mais un peu intimidant. C'est trop. On a pitié de moi, des montagnes de nuées sombres se raccommodent. On me cache le gros ballon, lanterne chinoise flamboyante. C'est déjà fini. Qu'une courtepointe sombre. Il est six heures. Je retourne dans mon lit. Fera-t-il beau temps?

Surprise. À neuf heures, ouvrant de nouveau la lourde tenture, c'est pleins feux sur la plage, sur la mer. Une chaleur humide est installée. Nous partons petit déjeuner chez le Capitaine Machin, à côté du motel Neptune. Un endroit qui joue pour rire la carte du marin. Tout est en bleu et blanc. La longue terrasse longe la rivière, ce bras de mer qui se vide et se remplit si régulièrement. Déjà, plein de piétons, les bras chargés de parasols, de chaises pliantes, de toutes ces babioles utiles, indispensables, aux plagistes. Tous marchent allègrement vers la plage à trois minutes.

*

* *

Un bel avant-midi. Baignades fréquentes. L'eau à soixante-cinq degrés Fahrenheit. Plaisirs. Le samedi, il y a toujours, à Ogunquit, davantage de baigneurs. Le sable se couvre de serviettes colorées, d'ombrelles, de mini-frigos, de balles et de ballons, avec les maillots, tout cela offre une vibrante cacophonie visuelle. C'est un gigantesque tableau ultra-vivant. Une Grande-Jatte au pointillisme dévergondé. L'air tremble! Sur l'océan, un bateau à voile classique, à l'ancienne, comme celui qu'on m'avait offert à douze ans, coque vernie, et que j'ai tant aimé. Et perdu! Perdu? Qui a donné mon petit voilier? Qui l'a jeté? Où est-il allé? Me voilà tombé en enfance? C'est le résultat quand on joue le gamin, ici, à soixante-trois ans!

Pas de *fast food* ce midi. Raymonde va acheter des *lobster rolls* à presque dix dollars le sandwich. Une fois n'est pas coutume! On se donne raison du moindre luxe: «Après tout, on aurait pu aller en Europe, en Italie, en Grèce, ça aurait coûté bien plus!» On se gargarise la conscience: «C'est peut-être la dernière fois!» On dit n'importe quoi: «On vient de si loin, de si modeste!» On niaise: «On a bien mérité ces petites folies passagères.» Et viendra, inévitablement, ma complainte. Je chantonne à la Guy Béart: «*Oui, ce sera encore un été trop court.*» Alors, profitons-en!

L'après-midi s'amène avec trop de nuages gris à notre goût. Une pluie bien fraîche se met à tomber sur cette tombola de couleurs vives, cette gigantesque foire aux couleurs saturées. Ça se lève. Ça s'en va. Ça replie les mini-chaises, les parasols, les petites ombrelles. Ça se sauve. Ça jacasse de déception. Les plus coriaces se laissent arroser. «Ça va passer!» «Regarde, au fond, là-bas, derrière ces masses noiraudes, il y a un peu de bleu.» Nous allons nous mettre à l'abri puisque notre chambre est à vingt pas de la plage.

En effet, une heure plus tard, c'est fini. Nous retournons nous installer dans nos chaises pliantes, écouter la mer d'une oreille pendant que Raymonde est plongée dans *Les Nouvelles orientales* de Marguerite Yourcenar et que moi, médusé, scandalisé même, je découvre que le suicidé Jean-Louis Bory, auteur d'une bonne culture, romancier malchanceux, fou de Balzac et d'Eugène Sue, sombra, avant de se donner la mort (la drôle d'expression) dans une profonde déprime, pris de toutes parts, par le fisc, par des échecs de carrière, par un rastaquouère, homosexuel comme lui, qui profita de sa folie vive de toujours vouloir jouer les Pygmalion. C'est une histoire sordide qui se termine lamentablement. Une fois de plus, je découvre qu'un adulte instruit, sur-instruit, dans le cas de Bory, peut n'être qu'une fragile proie. C'est une biographie instructive, elle fait voir cruellement que la notoriété n'est rien quand l'amour est absent ou bafoué comme avec son bel Italien, C. S., qui n'est qu'un gigolo, un profiteur. Pauvre ancien petit garçon doué de Méréville en Beauce, devenu vulgaire et facétieux. Pauvre Bory qui se donna la mort avec son revolver de jeunesse du temps de la libération de Paris quand il avait vingt ans, qu'il n'a pas voulu rendre aux «autorités», qu'il cachait sous des couvertures dans un placard d'une chambre de sa «Californie» chérie, gentilhommière pour rencontres «génitales» plus ou moins clandestines.

174

Avant de se tuer, le célèbre critique de cinéma des années soixante et soixante-dix avait déclaré: «Je suis devenu, par ma faute, le "gugusse" de la cause homosexuelle.» Depuis son livre d'aveux tarabiscotés: *Ma moitié d'orange*, et après un manifeste pour *Le Droit à l'indifférence*, Bory croyait bon d'accepter de débattre partout de la condition homosexuelle.

L'auteur de ce «Bory» n'est pas trop complaisant. Il parle du conservatisme des «zèbres», comme Bory nomme ceux de sa «confrérie», leur narcissisme, leur obsession de la beauté physique. Jean-Louis Bory, non sans raison il est vrai, se trouvait d'une laideur décourageante depuis ses miroirs de l'enfance.

*
* *

Nous décidons d'aller, un rituel ici, marcher le célèbre Marginal Way, un sentier coquet qui longe les rochers au sud du village tout le long de la mer. Ô, au ciel, un arc-en-ciel géant, pâlot. Juste au-dessus de l'océan, comme une banderole prometteuse d'un dimanche glorieux. Allons marcher et allons souper.

*
* *

Revenus. Il passe vingt-deux heures. On a raté les «mauvaises nouvelles», la SRC est au canal 19 par ici. À l'avenir, je dirai toujours «les mauvaises nouvelles» puisque aucun chef de pupitre au monde ne consent à diffuser aussi les bonnes. Il y en a. Davantage encore qu'on pense. Mais la névrose journalistique, connement judéo-chrétienne, fait que l'on ne choisit par paresse et par automatisme que ce qui va mal. Nous sommes revenus enchantés: ce Marginal Way, on l'avait un peu oublié, est vraiment l'atout des atouts, touristiquement parlant. Chemin tortillard charmant avec des vues ravissantes, criques aimables, fosses rocheuses impressionnantes, soudain une anse d'ocres et de rouilles, des bosquets touffus, un vieil arbre tordu, une baie où se débattent, entre d'immenses pierres comme taillées, comme ruines antiques, des courants contrariés. Vraiment un long sentier de belles surprises avec des haltes, des bancs pour respirer, admirer, se pâmer.

Au long de ce Marginal Way, on a croisé de tout, familles, célibataires, bambins lassés, gamins escaladeurs, et «ruines» humaines encore et toujours capables de s'émerveiller. On aboutit à Perkins Cove, au sud, avec ses restaurants à homards. Les célèbres Barnacle Billy's ont des files d'attente. On fonce vers Jackie's pour chacun deux homards du Maine et du bon maïs avec un vin blanc bien rafraîchi. Le régal. Gros travail, c'est sûr, pour sortir les chairs roses au fond des carapaces, mais délices en récompense.

Retour vers le Beach Road dans un des tramways du Shore Road, rouge avec bouquets d'impatientes roses sur le tableau de bord. Des voitures à la queue leu leu comme tous les samedis soir, du français ici et là dans l'air puisque plein des nôtres viennent ici une ou deux semaines chaque été.

Nous descendons au rond-point. Achat de *La Presse* d'hier, deux dollars. Raymonde veut lécher quelques vitrines. Je me retiens de m'acheter une glace. Ça suffit. Deux bestioles à pinces, ça suffit. Nous nous informons à l'office pour le dodo de demain, dimanche soir, car notre motel n'était libre que jusqu'à ce soir. «N'insiste pas, me dit ma brune, s'il mouille à grands seaux, on décampe, pas vrai?»

Je voudrais rester jusqu'à mardi midi. S'il pleut dimanche, peut-être fera-t-il beau lundi. J'aime la mer, je ne le dirai plus. Ce matin, faisant mon *body surf* dans une houle démontée, j'ai connu encore le bonheur parfait. Dans une vie antérieure, me diraient des Shirley MacLaine, j'ai été un dauphin, une baleine, un requin, ou quoi encore?

C'est la nuit. La vague au loin, car on est à marée baissante, fait son cantique lancinant d'eau brassée. Je suis si bien. J'ai dit à mon amour: «Être riches, très riches, nous passerions l'hiver dans le sud au bord de la mer et toute la belle saison quelque part dans un joli chalet sur un rivage océanique». Elle a souri. C'est tout. Souvent ainsi, je dis des folies, je fais des promesses, j'envisage un avenir très hypothétique, idéal, et Raymonde, tendre, ne me contredit pas. Elle me sourit. Lisant un horaire-télé, elle m'annonce: «Ce soir, Claude, à TQS, à vingt et une heures, on présentait le film *Mario* inspiré de ta chère *Sablière.*»

Tout est noir dehors. Je sors dans la nuit. Le cantique régulier des vagues qui râpent la grève. Le ciel est d'encre. Seule, au nord, l'étoile polaire qui m'a vu, me clignote des salutations empressées. Je finis par distinguer sur la plage quelques silhouettes. Pas loin du motel, un jeune couple. Elle part à courir dans la noirceur. Il marche vers elle. Il se penche. Elle lui grimpe sur le dos. Il galope quelques pas. Elle rit. Il tombe à genoux. Elle crie. Il se redresse et la prend dans ses bras. Ils s'embrassent dans cette nuit noire où le petit phare du Marginal Way fait ses appels lumineux mécaniques, où se découpent, sur la plage, les collets de dentelle bien blancs qui expirent en se dégonflant sur le sable.

L'amour. La nuit, l'amour. Deux inconnus. Une vie à deux qui commence peut-être. Je murmure à leur adresse: bonne chance, bonne chance.

Ça faisait, cette année, le 20 juin 1994, seize ans que nous vivons ensemble, jour après jour, saison après saison. Seize ans d'amour. Sans aucun gros nuage dans notre histoire. Chanceux? Sans doute. Nous faisons tout, l'un et l'autre, pour que cette barque à deux, sur cette mer qu'est la vie, nous soit un beau bateau. La chance existe-t-elle? Comme pour le hasard, j'arrive à en douter. Il y a la volonté. Le désir de rester amoureux, le désir du bonheur. Le désir, précieux et indispensable ingrédient de vie, le désir qu'il faut entretenir, nourrir, arroser, une plante fragile.

À la télé, avant le dodo, nous essayons de déchiffrer des tableaux complexes annonçant le temps qu'il fera demain et après-demain lundi. C'est fait de façon peu claire hélas. «Tant pis, Raymonde. On verra bien demain matin en ouvrant les yeux si le bonhomme Galarneau veut nous tenir compagnie ou non.» Au dodo!

Avant de quitter la plage, un dimanche merveilleux, on a vu des jeunes christs, miracle, marcher sur l'eau. Glisser sur l'eau? Chaque soir, quand les gardiens de plage quittent leurs hauts escabeaux à dix-sept heures, c'est la liberté rendue aux amateurs de surfing. Ils s'amènent, alors que le soleil baisse à l'horizon, dans les terres, avec leurs combinaisons de caoutchouc et leurs planches vernies, ils se livrent au sport, à leur plaisir, de «surfer» sur les vagues frisées, écumantes, déchaînées. Oui, des Jésus sur l'eau, évangéliques. Flotteurs insolites, les bras en croix, on dirait, de loin, des miraculés. Vision insolite s'il en est chaque fin d'après-midi.

Autre vision féerique?

Ce matin, il devait être quoi, près de sept heures, j'ai ouvert les yeux, et par la portière à moustiquaire, j'ai vu un tapis de métal en fusion, lave d'or, qu'on a déroulé jusqu'au pied de mon lit du motel 208 du Norseman Motor Inn. La beauté encore. Aurore dorée fascinante à l'est sur l'Atlantique, allée de «mer en allée», aurifère, absolument sortie de la lampe magique d'un conte de fées. On se dépêche d'aller manger des *french toasts* au sirop de maïs au Blue Water Inn, sur la terrasse donnant sur la rivière où de gras pêcheurs, penchés sur le ponceau de madriers, guettent des proies.

Nous allons à l'office du motel par la suite, étant sur leur *waiting list* pour le dodo de ce dimanche soir. Eh bien oui, une unité se libère, ce sera dans un bloc voisin, juste au sud, le 338. Faisons notre grosse valise unique, remplissons nos deux sacs de voyage et déménageons à ce 338, vue sur l'océan toujours. Au bout de la galerie, vue sur le vaste parking, sur les trams décoratifs, sur les bancs publics où, à toute heure du jour, des voyeurs paisibles sucent des glaces de toutes les couleurs.

Au large, encore un voilier ancien, classique, encore mon interrogation: «Qui a jeté mon joli voilier, cadeau de mémère Prud'homme?» Mon frère cadet, Raynald, héritier obligé, a dû le perdre au-delà de son île Mouk-Mouk, à Pointe-Calumet.

Toute une belle journée, la troisième, sur la plage avec sauce numéro 12 sur la peau pour nous protéger du cancer. Je m'adonne à mon sport préféré, le surfing, sans aucune planche, aucun appareil flotteur, la peau du ventre sur la vague épuisante qui court, folle, vers le sable mouillé. Mon grand plaisir! Raymonde: «Tu m'épates! Tu réussis vraiment de longues glissades sur ces vagues. Chapeau!» Elle est épatée? Alors je recommence sans cesse. Il y faut de l'astuce. D'abord bien choisir la bonne vague. Il y faut du discernement. Certaines vagues apparemment vigoureuses tournent vite en queue de poisson. Il faut, une fois repéré le vrai monstre, savoir à quel moment précis se retourner et se laisser porter. Juste avant qu'elle se métamorphose de dos de baleine en crachat de Goliath! Oui, oui, un art. Raymonde fait des essais. Timides. Surtout, ne pas se mouiller les cheveux; pauvres femmes!

Nous mangeons, à midi, du crabe. Dans l'eau, justement, plusieurs mini-crabes. Un père en ramasse deux, les fait voir à ses deux enfants qui grimacent. C'est que cela remue beaucoup. Raymonde lit la Marie Cardinal aux souvenirs d'Algérie et est scandalisée de découvrir la mère de celle-ci, dépourvue de toute sensibilité, qui raconte ses tentatives pour s'avorter... de

Marie Cardinal. Nous en sommes horrifiés. Quelle cruauté. Quel manque absolu de pédagogie, de psychologie, pauvre petite Marie de dix ans à Alger. Quel manque total, incompréhensible, de maternage minimum. Quelle époque! Quel temps fou! Moi, je suis plongé dans d'autres souvenirs. Ceux de Paul Toupin, écrivain néo-classique d'ici, méconnu, et qui me parle de lui enfant, l'été, chez une grand-mère recevante. Qui me parle de lui amoureux d'un autre jeune homme. Qui me parle de la mort de son papa cancéreux, médecin agonisant noyé de morphine, qui me parle du drôle d'ivrogne cultivé, Berthelot Brunet, misanthrope et réactionnaire, laid comme un Jean-Louis Bory et aussi désespéré d'être laid, petit. Notaire pour plaire à ses parents, le Berthelot, comme Toupin, entreprendra «médecine» pour plaire aussi aux parents bourgeois! Oh oui, quelle époque pénible!

Je retournerai plusieurs fois pratiquer mon cher *body surfing*. L'eau est toujours aussi bonne. De plus, ces jours-ci, c'est la marée basse l'après-midi, alors la plage d'Ogunquit est d'une immense largeur, toute en sable tapé et c'est merveille de s'y promener. Le bonheur! Je réussis à convaincre ma brune qu'on devrait rester encore demain, lundi. On remontera la 93, mardi. On est libres. On a des sous. L'été sera si court. Bon, ça me revient l'anxiété? Raymonde: «Moi, il y a longtemps que j'ai pas vraiment profité de l'été. Il y avait le boulot dès le mois d'août, mes découpages des textes à préparer. Les retards toujours. Depuis longtemps, oui, c'est mon vrai premier été!»

Nous allons au *Special Prime Rib* du coin de la rue. Belle viande saignante. Bouteille de Beaujolais. Nuit d'une grande douceur comme depuis vendredi dernier, cela nous fait un dimanche de rêve. Durant le repas, j'en profite pour annoncer à mon amour mes plans de vie à deux pour 1995. «Je nous vois travaillant face à face dans notre bureau commun de l'étage, rue Querbes. On installera le petit vivoir dans ton petit bureau actuel. On pourra abattre le mur qui sépare ce vivoir de mon bureau. Ainsi, pourrait naître "la machine" des machines, la manufacture inédite. On préparera lentement un premier scénario pour un téléfilm modeste, sans prétention, ni commerciale ni esthétique. Un bon petit récit bien ficelé. Une histoire bien faite sans plus. Ensuite, on préparera un peu la production, toi la mise en images. Ce sera un premier essai du couple Raymonde et Claude, et si cela a du succès populaire, on en fera un deuxième et qui sait, un cinquième, un dixième!»

Raymonde, je la connais, je le savais, pose des objections, fait voir des difficultés, les embûches d'une telle coopération et puis elle finit par avoir le regard brillant. À la fin du repas, je crois qu'elle est bien embarquée dans ce projet plausible, faisable. Je lui dis: «Ce serait alors, si on le faisait, le couple dans son apothéose, la vie à finir dans la joie!»

La nuit de ce dernier dimanche de juillet est vraiment d'une douceur qui caresse. Le vent du soir me rend tout doux, tout mou, tout fou. Nous marchons vers le rond-point. Nous achetons *La Presse* avec le *Journal de Montréal* du dimanche. Nous rentrons en nous tenant par le cou. Des silhouettes nous croisent sans qu'on les voie vraiment. Des voix murmurent. Une chanson sort d'un chalet. Un lampadaire se cache dans le feuillage d'un arbre et fait trembler ses lueurs. On est bien. Si bien.

Revenus au 338 du Norseman, c'est une brise plus forte, chanson rauque, celle de la mer à nos pieds, le «rap» des vagues. Pas une étoile au ciel, plus de cette lune d'hier et d'avant-hier au profil d'un masque de cuivre translucide. Est-ce mauvais signe pour le temps de lundi, demain?

Je m'installe dans un transat de plastique zébré pour rédiger tout ceci. Et je pense à Paul Toupin, à sa solitude. Je demande: «Raymonde, Paul Toupin n'est-il pas mort l'an dernier?» «Je ne sais pas!» Je pense au nabot-notaire Berthelot Brunet. Jeune, j'étais fier et heureux d'apprendre qu'il y avait eu avant nous, jeunes contestataires de 1960, dissidents enragés de l'ère cléricale, des Olivar Asselin, des Jules Fournier, un Arthur Buies, et ce bohémien pathétique, esprit libre rare, Berthelot Brunet. Je n'aurais pas aimé savoir qu'avant nos coups de gueule, il n'y eut ici qu'un désert, que d'amers conservateurs vendus à l'Établissement.

Raymonde est restée devant la télé pour ses indispensables mauvaises nouvelles de vingt-deux heures, avec *La Presse* du dimanche (où Daniel et moi apparaîtrons dans un mois) ouverte sur le lit du 338. Je vais rentrer et je me retiendrai de lui demander: «Pis, demain, lundi, quelle sorte de temps annonce-t-on?»

Non, on ne rentre pas en ville. Pas si vite. Pas aujourd'hui, demain mardi! Il fait beau quand j'ouvre les yeux vers sept heures. Le tapis solaire n'est pas doré comme hier entre ma porte de motel et le soleil en érection; le tapis déroulé sur l'océan est d'un orangé franc. Une couleur très chinoise quand, comme moi, on voit toujours la Chine des fêtes, du carnaval, en noir et en rouge avec beaucoup d'orangé dans les «pendrioches». Nous l'avions décidé hier: s'il fait mauvais temps, on rentre, s'il fait beau, on reste.

Après le petit déjeuner, *french toasts* et *scrambled eggs*, on va au bureau du Norseman. Deuxième déménagement, notre troisième unité de motel. Ici, il y a une cour intérieure, et le Norseman forme quatre blocs. Nous voilà au 215 pour ce lundi ensoleillé, d'un soleil comme affadi par des brumes. *Hazy*, comme dit ma brune.

Au moment où je note tout ceci, nous sommes revenus d'une autre longue journée de plage avec ses trois postures: la marche, la baignade (et mon cher *body surf*) et l'étendage des corps. En fait, nous avons nos chaises pliantes à hauts dossiers, si confortables pour les voraces lecteurs que nous devenons. Nous aimons pourtant interrompre fréquemment nos lectures pour faire partager à l'autre les meilleurs passages de nos bouquins. Et il y a les haltes pour notre jeu favori, celui des sosies qui circulent dans cette marée humaine, de ceux qui se rendent au nord de la plage, vers Moody, de ceux qui en reviennent. Aujourd'hui, sur nos broches à griller, un Denis Lazure et un Camille Laurin, deux Céline Dion et trois Roch Voisine. Un Pierre Nadeau aux

184

dents plus longues, un Jacques Fauteux avec les oreilles de Charles – le futur roi des Anglais? –, un étonnant Churchill qui n'a pas son cigare, un Michael Jackson moins efféminé que le vrai. Ma sœur Nicole soudain, un peu plus jeune, avec quatre garçons. Au loin, mon frère Raynald, mais rendu tout proche c'est plutôt un Jean Lapointe. Des défilés qui nous divertissent grandement. Un jeu fou.

Lunch sur la plage de deux *crab rolls*, comme hier, délicieux. Quel spectacle cocasse de voir tout ce monde sur le sable. Je n'arrive pas à me souvenir de deux vers du génie de Charleville, Rimbaud, quand il «peint» ces foules en joie, «sur les plages blanches». Tant pis. Règne un silence relatif vu les centaines et les centaines de personnes couchées, assises, debout, marchant en couple, en famille, en solitaire le long du rivage trempé. Un silence vraiment étonnant. Ici, Dieu merci, aucune radio bruyante baptisée *ghetto blaster*. C'est bien.

Comme toujours, à dix-sept heures pile, une voix tonne, venue du magasin des locations, matelas, chaises, parasols, nous priant de rapporter les objets loués. Vu l'hypocrisie de ce soleil embrumé, on avait loué un grand parasol rouge et blanc. Que je rapporte.

Au milieu de l'après-midi, soudain, un vent fort souffle du sud-ouest, les parasols se déterrent et se transforment en lances de combats médiévaux. De la galerie, plus tard, j'observe un Toulouse-Lautrec, un peu Albert Jacquard, qui fait grimper un cerf-volant semblable aux avertisseurs des aérogares. Ce voisin a un accent de France. Avec lui, il y a deux femmes, quatre enfants, or, le nabot chauve ne les laisse pas approcher de son cerf-volant. Lui seul y voit, le fait monter davantage ou redescendre. «Je l'envie, Raymonde!» «Va t'en acheter un, mon amour!» «Bah, ça fait un peu gaga, gâteux, non?» «Pas du tout, je trouve pas,» me dit Raymonde. Je ne bouge pas. Elle me tend peut-être un piège.

Hier, près de notre zone, sur la plage, quatre jeunes semblent s'ennuyer et commencent le «tiraillage» des enfants désœuvrés. Je me lève, les rassemble et leur offre de leur dessiner dans le sable tapé une sculpture à modeler. Ils acceptent aussitôt. Je leur explique ma recette pour réussir, sous le four solaire, une jolie sirène à large chevelure et à queue retroussée. Ils obéissent docilement et bientôt, le long modelage en ronde-bosse surgit du néant et attire les badauds. «Désormais, vous en ferez d'autres? C'est facile, non?» Ils promettent. Un a déniché des herbages noircis séchés pour former la chevelure de la naïade, un autre, des coquillages pour les dents, un autre encore, des cailloux pour les yeux, des plumes de goéland en guise de collier et de bracelets. Et leur papa fait des photos. Fin de ma récréation. Raymonde: «Que tu as le tour avec les jeunes! Je t'ai observé, tu sais. Ça a pris deux minutes et tu pouvais distribuer les rôles, les tâches, et ces enfants-là t'auraient aidé à construire la tour de Babel!» Bof, on parle si peu aux enfants, on s'occupe si peu des enfants, il est assez facile alors de capter leur intérêt. L'enfant d'aujourd'hui est condamné à vivre dans une certaine solitude, un manque de contact avec la vraie vie, le monde des adultes, des réalités, des faits. Les adultes d'aujourd'hui, pour la plupart restés infantiles, égoïstes, ne mêlent pas les vrais enfants à leurs égocentriques chimères d'enfants attardés.

*

* *

186

Mon dernier pastis! Je viens de jeter la fiole de Pernod, Raymonde sirote son Cinzano blanc et rouge. Devant nous un merveilleux paysage. Depuis notre arrivée jeudi après-midi sous la pluie battante, c'est beau soleil. Une proue, ce 215, côté dunes, qui permet une vue panoramique sur le soleil couchant à l'ouest au-dessus du village, au-delà de la rivière Ogunquit, et, à l'est, l'océan à perte de vue avec «ses reflets d'argent» et «ses moutons blancs» chanté par Charles Trenet. Au beau milieu, entre les plans d'eau si différents, la longue presqu'île avec ses herbes protégées, grande langue de verdure se prélassant vers le nord jusqu'à Wells Beach dirait-on. C'est le meilleur site, de ce côté-ci du Norseman. Vive le 215 et si vous y venez, demandez une unité à l'étage du bloc nommé «dunes», vous serez enchanté par une si belle vue. «Demain, on rend la clé à onze heures mais, si le beau temps persiste, on pourra luncher sur la plage, nous attarder jusqu'à quatorze ou quinze heures.» Raymonde m'écoute calculer et puis grimace. Toujours de tempérament espagnol, de Garcia «par sa mère acadienne», elle n'aime pas les voyages serrés: «Il pourrait nous arriver des pépins, un retard imprévu. On filera chez nous vers midi, non?» Soudain, c'était prévu, le ciel se laisse découvrir de ses nuées traînardes et ça va être le deuxième *show* quotidien, le crépuscule. Ah, c'est gâché! D'autres lambris nuageux nous arrivent. J'entends le génial Claude Monet: «Taisez-vous et admirez davantage. C'est cela, brume, fumée, brouillard, que j'ai tenté, par mes tableaux, de vous apprendre à mieux voir!» Ma foi, il a raison. C'est moins banal.

Il y a des lueurs roses maintenant, les dunes en sont mauves et le sable d'un gris argenté passe au violet clair, les bosquets des dunes sous le vent agitent des verts plus tendres. Que c'est beau l'été! même si c'est trop court.

Ce matin, rêvassant en attendant Raymonde près du rivage aux gros collets de dentelle mauves, je me surprends à échafauder le plan, très sommaire encore, d'un guide. D'un petit livre où, pour une fois, j'établirais ce qui fait l'essentiel de ma petite philosophie de vivre. Une folie? Une bêtise. Le ferai-je, ce simple et modeste bouquin qui offrirait, à qui en voudrait, les critères de mes valeurs? L'essentiel de mon modeste système? L'estime de soi. Très jeune, j'y tenais. C'est le refus obstiné de devoir avoir honte de soi. Bien se tenir, quoi. Très jeune, j'ai tourné le dos à des invitations grossières où j'aurais pu perdre cette estime de moi. Bref, j'ai ce plan de livre «utile» (?) dans la tête et, pour mes petits-enfants, ma foi, oui, il se pourrait bien que je le rédige. Cent pages, pas beaucoup plus, sur une manière éprouvée de vivre comme du monde, debout, sans puritanisme, comme sans dévergondage abêtissant. Je sais d'avance que mon petit essai fera ricaner les déboussolés dans leurs repaires d'obsédés névrosés, mais je m'en fous pas mal.

*

* *

Autour de nous, touristes, ça grouille. Tout un monde de valets, formé sans doute de collégiennes et de collégiens. Une jeunesse au travail. Une main-d'œuvre pas trop ruineuse sans doute. Je tente sans cesse de percer l'identité de ces agréables automates enrôlés pour la belle saison par toutes les entreprises concernées, restaurants de tous ordres, auberges en tous genres et boutiques.

*
  *   *

    Les souvenirs de Paul Toupin, à deux reprises (la mort du père et la maladie du fils) nous font pleurer. Je dis à ma compagne au bord des sanglots: «Diable, est-ce la vieillesse? On pleure de plus en plus fréquemment.» Elle rit. Devenons-nous séniles, trop tendres? Non. Nous sommes d'accord, c'est que Toupin sait bien décrire «le naufrage de toute vie» et c'est aussi qu'avec les années qui s'accumulent, on aime de plus en plus la vie.

Je l'avoue, ce matin, premier mardi d'août, j'espérais découvrir un affreux ciel gris ou blanc, fermé, couvert, bouché, puisqu'on s'en va, c'est fini, on quitte ma chère mer. Nenni. J'ouvre la tenture et c'est beau soleil. Quand Raymonde sort des toilettes, je lui dis: «T'es pas tannée de ce sacré soleil depuis quatre jours, et qui remet ça. Je suis content de rentrer à la maison. Ça devient assommant, le bruit des vagues, tout ce sable à perte de vue et cette lumière aveuglante, cette chaleur harassante, tu es d'accord? Ça suffit. Bien heureux de grimper au nord.» On rit.

On rit un peu moins, installés à la terrasse du Blue Water Inn, où nous sommes caressés par une chaude brise venue de l'ouest. À l'horizon, l'océan scintille de myriades de lumignons d'or et d'argent. À nos pieds, la marée fait disparaître îlots et rochers. Les mouettes se sauvent. Plein de passants en maillots éclatants se pressent vers la plage, souriant d'anticipation joyeuse.

«Les cloches! Non mais regarde-les se précipiter. Pour y faire quoi? Je te le demande. S'avachir sur des serviettes de bain sous des parasols. Rester là des heures à regarder toujours le même paysage. On s'en va!» On rit à peine. Inutile de crâner, c'est beau l'été, au soleil au bord de l'Atlantique.

«Sérieusement, Claude, je préfère rentrer. Je me connais, un ou deux jours de plus et ça aurait été la peau qui fend, des malaises, une sorte de fièvre...» Je lui parle de ma lèvre qui gerce, l'inférieure à gauche, de la peau des jambes qui fait voir d'étranges petits boutons... pauvres de nous.

D'un commun accord, nous décidons de quitter dès maintenant, il est neuf heures et demie, et de rentrer au pays sans jamais utiliser l'autoroute, de prendre des petits chemins. Nous nous achetons une carte détaillée du Maine et Raymonde, avec un stylo, souligne tous les bourgs, les villages et les hameaux qui seront croisés de Saco-Biddeford jusqu'au magnifique Grafton Park le long de la frontière du Maine et du New Hampshire.

Quel beau voyage, tout doucement, au soleil avec des paysages jamais vus, des villages inconnus, des détours, de si belles vieilles maisons. Parfois des taudis aussi. Un grand lac, Segamo. Un petit lac, Long Lake. Des forêts de pins. D'autres, d'érables. Des routes en courbes douces ou raides. On a lunché à Bethel vers treize heures chez Mother's où le menu affiche des ragoûts, des fricassées, où le décor est celui d'une modeste maison familiale. On a laissé dans les pièces, les bibelots, les tableaux, la machine à coudre, les bibliothèques de chêne avec leurs vieux bouquins. Amusant. Faux sans doute. En 1930 ou en 1940, il n'y avait peut-être pas un seul livre dans cette demeure de Bethel.

Hélas, la pluie fait sa plate apparition. Il est presque seize heures. C'est la fin de notre beau voyage de gens pas pressés. Cet itinéraire rappelait à Raymonde, me raconte-t-elle, sa jeunesse. Avec une amie de sa paroisse, en bus, lentement, elle descendait à Hampton Beach. À moi, ce long chemin, par ses cent détours, me rappelle le temps d'avant les autoroutes, il y a trente ans, quand nous allions à Old Orchard, dans ces maisons meublées que les gens de la place louaient pendant qu'ils allaient vivre à Saco, délaissant tout l'été leur beau rivage maritime pour un petit mille dollars «canadiens», valeur des années 1955-1965.

Hier soir, bonne bouffe encore chez Juliana. Ensuite nos adieux au petit carrefour quand la 1 et la 1-A rencontrent la Shore Road et la Beach Road. On y passe vraiment par «quatre chemins», avec courtoisie, sans l'aide d'aucun feu de circulation. Rentrés au 215, rien dans le ciel, noirceur totale, pas un reflet de cette demi-lune en masque jaune. Rien. Deuil? Oui, un pincement au cœur: je n'entendrai plus ce cantique, mais fascinant cantique, des vagues «toujours recommencées» même quand la nuit totale est le témoin aveugle de l'ouvrage têtu et hallucinant des marées.

On rentre par Magog, puis par Granby. Raymonde au volant a raté une sortie. On se retrouve à Verdun, puis à Pointe-Saint-Charles et leurs sinistres zones aux allures de décors abandonnés. Je pense, en passant, à maman née rue Ropery. Rue Nazareth, je pense à un jeune homme pauvre, moi, moulant et démoulant des bustes de papier mâché, rue Nazareth justement, chez Desaulniers Window Display. J'ai vingt ans. Je ne sais pas du tout qu'un jour, le quêteux sans avenir que je suis alors aura les moyens d'aller en vacances dans un chic complexe de motels au bord de l'océan!

Rue Querbes, le plancher du portique est jonché de publicités «circulaires» criardes. Deux cartes postales: la première, message joyeux de ma quasi-jumelle de sœur rendue à Poitiers, la ville de la Vienne d'où est parti le premier colon Jasmin, jeune soldat prénommé Aubin; en 1715, à qui on va offrir un bout de forêt au nord de

Ville-Marie, zone qui un jour sera marquée entre le boulevard Décarie, la rivière des Prairies où il y a le sanatorium Prévost, et, au sud, la Côte-Vertu. L'autre carte nous arrive aussi de doulce France, elle est d'un bon camarade-réalisateur de Raymonde qui vient de s'acheter un petit vignoble dans son pays natal, l'Hérault, près d'Albi. Jean Salvy possède aussi une terre à maïs, ici, à Henriville, et est tout heureux de nous faire savoir qu'il peut boire de son propre vin, cuvée Salvy 1994!

*
* *

Nous allons, tard, chercher deux excellentes pizzas, tomates, fromage, à la Pizzaiolla de la rue Durocher. Puis, c'est le rituel du retour de voyage, replacer les bouteilles, les articles de toilette, les vêtements, et quoi encore? Nous écoutons les mauvaises nouvelles à la SRC et à TVA, les mêmes! On veut aller vite dormir. Rue Querbes, fin du cantique lancinant du bord de mer, pas de brise océane, juste le ronron chétif de l'appareil à climatiser chez les Gotlieb, nos voisins.

Avant de ranger mon stylo, je me rappelle une Raymonde sidérée, insultée, révoltée, mais en silence, quand une courte et basse douanière s'avisait, vers dix-sept heures, d'ouvrir ses bagages, de fouiller sous ses piles de linge. Moi qui ai à peine le droit de regarder les choses rangées! Raymonde fulminait. Je jure qu'il me semble avoir vu des fumées sortir de ses oreilles à la douane canadienne! J'ai ri en secret!

Pauvres devins des conditions météorologiques! Annonce d'un beau jour radieux et c'est un mercredi matin très nuageux. Pourtant, vers midi, le firmament se dégage et, les nuages chassés, c'est mieux. La jeune producteure déléguée de la station montréalaise de Radio-Mutuel avait souhaité que l'animateur populaire Marcotte (émule de Pauline Martin, fausse vieille à *Samedi PM*) et moi puissions nous rencontrer avant le début de nos débats du matin, lundi prochain à neuf heures et demie. Ce sera une rencontre amusante au magnifique restaurant qu'il gère au cœur de l'île Sainte-Hélène. Bonne bouffe, échange de facéties, exercices et promesses de méchancetés et de vacheries tempérées; entrés à midi et demie, nous sortirons à quinze heures. Marguerite Arsenault semble toute rassurée, le nouveau tandem, Pierre et moi, va déployer énergie, esprit et vigueur polémique dans les quatre-vingt-dix minutes de tous les matins de la semaine. *La Moutarde me monte au nez*, elle en est certaine, va marquer la radio populaire commerciale. On verra. Je tente de la convaincre de me laisser préenregistrer les deux ou trois brefs topos que je dois aussi fournir, avant *La Moutarde,* à Paul Arcand pour son *Montréal, ce matin.* Elle est très réticente. Ça ne sera pas facile. C'est qu'à partir du 8 août, je veux petit déjeuner tranquille en tête à tête avec la plus belle des préretraitées de Radio-Canada, une certaine Raymonde Robichaud-Boucher que j'aime toujours comme un fou. Fou à lier.

Après la bouffe du Hélène de Champlain, arrêt rue Garnier. Daniel a pondu un nouveau «papier» pour notre future chronique d'invectives contrôlées. Je devrai y répondre. Le sujet: le réel et l'irréel. Les dangers des sectes, des thérapies, etc. J'ai déjà hâte d'y rétorquer. Lynn, ma bru, s'épanouit davantage, il me semble, depuis leur récente installation sur le Plateau Mont-Royal. J'ai remarqué, sur leur table à café, trois bouquins: chroniques du Plateau Mont-Royal de Michel Tremblay. Y a-t-il des miens sur une table à café d'un jeune couple du quartier Villeray?

À seize heures trente, Simon et Thomas Jasmin reviennent de leur «camp de jour». Ils sont en forme, contents d'être allés à une sorte de musée de sciences naturelles où il y avait de l'«interactif», et ils ont pu voir le film à la mode ces temps-ci, *Le Masque*. Ils sont allés à la piscine, ont joué au badminton. Pour cinquante dollars, ainsi, on offre cinq journées d'excursions diverses. Fini le vrai amour maternel depuis que les mamans sont mamans de dix-huit heures à vingt heures chaque soir. Mais Lynn, ma bru, qui ne fera probablement son neuf métier d'institutrice qu'en septembre, me fait comprendre que trois ou quatre semaines de ces «camps de jour», sur la douzaine de semaines de vacances, sont une sorte d'alternative bienfaisante pour les deux galopins.

Il y a un tout petit magasin «de magie» qui vient d'ouvrir près de chez eux, rue Marie-Anne, de biais avec le beau bâtiment de l'un de mes éditeurs, Leméac. J'y suis entré. Un truc de gobelets et billes pour l'aîné, deux trucs de «farces et attrapes» pour le cadet Thomas. Et marchent, heureux, sur le trottoir, deux futurs «grand Robert», les «pocus-tocus» et les «abracadabra» se marmonnent. Aussitôt arrivés, vite, démonstrations des deux mini-Houdini!

Je rentre rue Querbes. Raymonde pas très joyeuse. La maman ne va pas bien. «Elle pleure, pousse des cris de mort si on la touche le moindrement. Elle a crié, à un moment donné, deux fois: "Quand est-ce qu'on va venir pour me sortir d'ici?" et j'ai vu qu'elle plongeait son regard dans le mien.» Ma brune en est accablée: «Elle n'a pas pu, cette fois, jouer ses morceaux de piano. Elle est toute mêlée!»

On décide d'aller souper dans nos collines. Bouffe légère, moi à cause du plantureux repas du midi, elle, Raymonde, à cause du «chagrin» classique de ses mercredis à Marie-Rollet.

Bref arrêt donc au Saint-Hubert du boulevard Labelle. Ça n'est pas long, ayant rangé nos effets de voyage, qu'il est vingt-deux heures. Alors, ce sont les mauvaises nouvelles télévisées. Parizeau tente de corriger les tirs libres de ses candidats vedettes. J'ai connu cela intimement, en candidat surveillé en 1989, la peur et le P.Q. Johnson Junior patauge dans les façades et les parades; les promesses, quoi! Les étrennes de dernière minute. Il y a dans l'air du Québec, il me semble, une léthargie politique évidente. Pourtant c'est un premier pas, ce scrutin du début septembre, qui fait avancer la cause sacrée d'une patrie pour les nôtres. Qui ou quoi donc au juste a pu réussir cette besogne odieuse de rendre cette «marche» vers un pays, si banale? Si plate? Un mystère québécois. Le mystère d'un cheminement qui aurait été trop lent? Ou trop tardif? Ou bien le fait, moins mystérieux qu'on croit, qu'ici, voisin d'une puissance économique et culturelle si forte, il ne peut y avoir cette joie, cette ferveur, cette trépidation qui, ailleurs, au cours de l'histoire des décolonisations, tournait en une fête appréhendée gigantesque. Il est vrai qu'il y a eu aussi, en 1991, tous ces pays sortant calmement de la sordide fédération nommée URSS.

Épouvantable! Une tornade. Tout le terrain transformé en fleuve d'eau boueuse, c'est la deuxième inondation cet été. Ce matin, grasse matinée, notre première nuit au chalet depuis cette petite semaine dans le Maine. À onze heures, un ciel tout blanc, uni, vaste abat-jour lacté, une lumière d'opale, quoi. Bon. On a l'habitude, été misérable, mais cet orage soudainement en plein après-midi. Quelle surprise! La grêle avec sa mitraillette cogne dans toutes les fenêtres. En même temps, un vent d'ouest d'une violence rare. Les stores de bambou qui volent, les chaises de la galerie qui valsent, on a peur. Vraiment, on a peur, des branches d'arbres percutent les portes patio, la moustiquaire en est déchirée. J'ai couru refermer toutes les fenêtres à l'étage, il y a déjà de l'eau partout. L'horreur. Quand je regarde dehors, allant d'une chambre à l'autre, c'est un cauchemar, c'est un film d'épouvante, la nature en folie, déchaînée. Des torrents sortent des bouches d'égout dans la rue, un Niagara d'eau sale se déverse du stationnement jusqu'en bas, au lac. Nous sommes très énervés. Je descends à la cave et je tente d'éponger une eau dégoûtante qui entre à deux endroits, là où nous avons mal bouché deux soupiraux anciens. Le vent se calme. Plus tard la pluie diminue. On respire!

*
* *

Peut-être inspiré par cette nature démontée, j'ai enfin pris une décision. Depuis longtemps, je souhaitais cesser de devoir me lever tôt – j'en ai parlé – pour aller chroniquer sur le monde des arts et spectacles à CJMS, sous Paul Arcand. J'ai décidé. Je balançais. J'aime tant

197

jacasser en public. Cette fois, c'est irrévocable. Je m'installerai aux micros de CJMS, mais pas avant neuf heures et demie pour *La Moutarde*. Adieu donc lecture obligée, et en trop peu de temps, de tous les quotidiens. Adieu de devoir sans cesse commenter les nouvelles du domaine artistique. Adieu surtout au devoir, pénible souvent, de surveiller la télé.

La producteure Arsenault, j'en étais conscient, hérite du petit problème de me trouver un successeur en deux jours. Je me console du désagrément que je lui cause en me convaincant qu'il y a tant de chômage qu'il ne sera pas si ardu de dénicher un nouveau critique de télévision. Quel débarras. Maintenant que j'ai fini par me brancher, déjà je ressens un soulagement important.

*

*   *

Paix climatique dehors vers dix-sept heures. La pluie revenue a cessé de nouveau. Une de mes deux planches à voile dérive au milieu du lac Rond. Avec le parapluie déchiré de Raymonde, je descends au rivage pour vider le pédalo et je pars récupérer la planche à la dérive. Je vois mieux, sur les terrains des alentours, les branches arrachées par la tornade. Nos chaises de jardin en sont enterrées. Notre vieux, très vieux pommier a encore perdu des branches; ici et là, de jeunes cerisiers ont été comme déterrés. C'est sinistre mais moi je me sens bien, tellement plus léger sachant que j'ai su enfin trancher: le matin, cet automne, cet hiver surtout, de huit à neuf, je serai attablé chez moi avec du bon café, de la confiture sur mes rôties et devant moi, mon amour! J'ai vu, qui pend du haut du vieux saule, un long câble avec des nœuds. On a joué à Tarzan ici pendant notre séjour à la mer! Au téléphone, de nouveau je résiste à

198

l'appel: «Claude, c'est Margot, je suis mal prise, lundi tu vas venir à *Montréal, ce matin*, on discutera. On va te donner davantage de minutes...» Je reste ferme. Je ne bronche pas malgré le charme vocal (qui est grand) de la belle Marguerite. Un roc. Un Gibraltar! Je tente de rigoler. «Écoute bien, je suis trop vieux pour participer à deux émissions par matin, beaucoup trop vieux, tu crois pas?» Elle ne rigole pas: «Arrête ça. Ne me fais pas parler pour rien, Claude Jasmin!» N'empêche, si Margot savait, c'est parce que je suis conscient qu'il ne me reste pas tellement de temps que j'ai décidé de ne pas gaspiller mes matins sans elle, ma brune.

Je repense à une certaine Didi. Dans le *Au commencement était le souvenir* de Paul Toupin, lu là-bas, il y a cette Didi. Une servante. Savait-elle, cette Didi, qu'un jour d'été 1994, sur une plage de la côte est des États-Unis, elle allait revivre? Je la vois. Je la revois avec son regard bleu de Gaspésienne, je l'ai vu vivre, revivre, cette bonniche de la famille du docteur Toupin, père de Paul. Ce dernier a fait un émouvant portrait de cette domestique toute dévouée quand il était un enfant bourgeois du carré Saint-Louis. Cette Didi aura été une deuxième mère, jeune fille exilée de sa propre vie, qui va s'attacher, toute son existence, aux enfants de sa patronne, dont Paul. L'écrivain, un jour, lui consacrera tout un chapitre d'un livre de souvenirs. Un portrait qui m'a bouleversé.

C'est cela aussi, la littérature.

Didi n'est pas morte. Elle vit. Elle survit dans ce merveilleux récit d'une femme de cœur, analphabète, au cœur plus grand que tout. Didi ne mourra jamais, enfin récompensée pour toute cette vie de service fidèle. Loyale Didi, venue de la Gaspésie comme tant d'autres, tu vis, tu vis.

Quoi? On gèle ce matin! Est-ce déjà l'automne? On n'a même pas eu d'été. Aussitôt levé – mon Dieu, dix heures! – regard par la fenêtre de l'étage: vue imprenable sur une rive dévastée, on y voit une sorte de grosse mare d'eau, il y a ces branches cassées qui jonchent le terrain un peu partout et donne au lieu un air post-tempête sinistre.

Bof! Il n'y a que la vie. La santé. On a ça tous les deux. Alors, pas de jérémiades et en avant. Raymonde souhaite recevoir de sa famille ce week-end. Elle a fait des téléphones. Il est bien fini le temps où les gens s'amenaient sans prévenir, tout guillerets, et que l'on accueillait tout simplement, heureux de voir du monde, «d'avoir de la belle visite» comme on disait. Il en va ainsi désormais, que l'on soit invité ou que l'on invite. C'est toujours: «Euh! Je te rappelle. Je vais voir. Laisse-moi y penser.»

Hier soir, retour au rituel-club-vidéo. On a regardé les acteurs américains, Harris et le célèbre Duvall, dans un récit un peu trop lentement «montré». C'était «la petite vie», celle de deux veufs esseulés dans un quartier banal de Miami. Encore une histoire de deux vieux? Oui. Ce film, sans être mauvais, n'est pas fort. Le titre: *Wrestling Hemingway*. Le grand Ernest n'est qu'un prétexte. Il y a eu deux séquences fabuleuses entre l'ancien marin qui a peur et sa logeuse jouée par Shirley MacLaine. Fabuleuses.

*
* *

Quand midi sonne au clocher de la rue Lesage, le soleil s'installe. Ça met dans l'air une allure d'été repris, enfin. En allant aux journaux j'ai vu, ici et là, des arbres déracinés par la trombe de vent d'hier. Chez Grignon, un gros s'est abattu, l'énorme souche-motte en l'air. Peut-être un arbre planté par le petit garçon «buissonnier» du gros docteur, un enfant prénommé Claude-Henri. Au resto Luau, un autre. Plus loin, encore un, un long sapin les racines déterrées. À Aylmer, ce fut encore bien pis, paraît-il.

On va faire un tour du lac en pédalo. Tournée d'inspection. Tout autour, chez plusieurs riverains, des saules tombés, bien des grosses branches arrachées. Tout cela déprime Raymonde qui «adore» les arbres.

Paul Arcand, après la producteure, me joint par téléphone. Il insiste pour me voir revenir à son micro. Je suis malheureux. Je me suis vraiment attaché à cet animateur des matins-radio. Toujours en forme, s'il n'est pas du type gai luron, il n'en est pas moins un jeune gaillard d'un enthousiasme qui ne se dément jamais. De plus, il est d'une intelligence vive que voile parfois un orgueil qui n'est qu'une vanité facilement chatouilleuse, comme presque toujours chez les surdoués que je connais. «Il y a tant de chômage, Paul, dans le milieu média. Tu as l'embarras du choix pour trouver rapidement mon successeur.» Sa réponse habile? «Oui, oui, mais quelqu'un de talentueux, c'est rare.» Ô l'animal! Je chancelle un instant savez-vous? Le flatteur! Le corbeau de la fable ouvrira-t-il le bec? Non, le renard-Arcand ne me fera pas changer d'idée. Je veux être avec Raymonde tous les matins du reste de ma vie. «Et puis, ajoute Arcand, il me faut quelqu'un de vache comme tu savais l'être à l'occasion.» Nous tombons d'accord sur le caricaturiste Serge Chapleau. Mais, lui, voudra-t-il se lever à six heures et demie tous les matins?

*

*   *

On a tant nettoyé, raclé, gratté, ramassé, que dès les mauvaises nouvelles vues et entendues, nous grimpons au dodo avec des soupirs de forçats dans un bagne cruel.

«Je t'en prie, chou, masse-moi les reins!» Voilà les premiers mots de ma dulcinée au réveil. Je lève les stores des fenêtres de la chambre. Un ciel bleu. On en est assez ragaillardis tous les deux. Je ne sais rien de l'art de masser adéquatement. Alors mon traitement est de fantaisie et le tout tourne en folie au lit. Malgré tout, à force de folies avec les doigts, les poignets, les bras, les claques, les coups calculés, les caresses viriles, Raymonde me dit que je lui ai fait du bien.

*
* *

Vieilles habitudes de radioman? Je découpe des pages dans les journaux quand les sujets me semblent riches à commenter. Je fourre ces coupures dans ma fidèle sacoche de cuir noir. Je me demande pourquoi puisque lundi, avec *La Moutarde*, c'est le public qui, seul, parle, se confie, fustige, se plaint, ironise parfois, quand l'auditeur a de l'esprit. Nous faisons, en somme, «de l'écoute active» dirait la Janette Bertrand.

J'ai toujours aimé le samedi matin pour les «cahiers» arts et spectacles des quotidiens. La plupart du temps, les ayant traversés, je suis plutôt déçu. Je voudrais y découvrir chaque semaine des nouvelles stimulantes, y lire des articles captivants. C'est rare. En fin de compte, je trouve un plus grand plaisir à lire les magazines français que j'achète parfois ou qui me sont offerts par un employé de l'aérogare de Dorval, Albert, qui me les ramasse, simplement parce qu'il est le cher beau-frère du collectionneur. Je résiste à l'achat de ces belles revues de Paris car la matière principale des articles concerne souvent des faits politiques, ou des faits divers qui ne nous intéressent pas du tout de ce côté-ci de l'Atlantique. Enfin, je prends conscience qu'au bout du compte, un seul domaine me fascine et c'est celui des arts, des créateurs, du monde des spectacles, théâtre, cinéma, des livres et des arts plastiques.

J'ai dit à Daniel, au téléphone, qu'il y avait trop de sujets dans un seul article projeté pour nos dimanches dans *La Presse*. En effet, voulant aborder le thème des réalistes versus les rêveurs illusionnés, mon fils parle des sectes religieuses, des granolas, des amateurs de parapsychologie et quoi encore? Au début de mes reproches, il semble un peu décontenancé et puis il tombe d'accord pour refaire son billet polémique.

«Vas-y plus fort, lui dis-je. Tu sembles hésiter à condamner les abusés naïfs des sectes!» Il m'explique qu'il n'est plus du genre à conspuer avec frénésie, qu'il a étudié à l'Université du Québec le domaine des symboles, des croyances, des mythes, et qu'il est vain de juger un besoin éternel venu du fond des âges et qui existera jusqu'à la fin des temps... Je l'écoute un peu médusé. Je lui fais comprendre qu'un quotidien populaire n'est pas une revue spécialisée. Il me téléphone à nouveau pour me dire: «Bon. Tu es toujours féru des ovnis, des phénomènes extra-terrestres, oui?» «Euh! Oui. Oui.» «Bien, prépare-toi, je fonce là-dessus. Tu vas avoir à t'expliquer!» Je suis ravi. J'ai cru comprendre, plus tôt, que Daniel est un peu embarrassé. D'abord, il craint de faire paraître de la hargne à mon endroit, qu'on le juge, en lisant ses propos, comme un qui en a gros sur la patate contre son père, les idées de son père. Ensuite, il me répète qu'il n'est pas du tout friand de parler trop, c'est-à-dire, de faire connaître son intimité, des pans de sa vie privée. Nous sommes différents. Je

204

peux être dur, à l'occasion ultra-sévère avec ceux que j'aime. Surtout avec ceux que j'aime. Et bien sûr, avec ceux que je hais profondément aussi. Les premiers, par respect pour eux et pour moi qui les aime. Les autres, pour les écraser. Quant à ce qui se nomme «la vie privée», mes pensées intimes, eh bien, on sait que je manque parfois de pudeur. Raymonde me le dit assez souvent.

*

* *

Tard en soirée, très tard, à PBS, en zappant, m'apparaît soudain le visage de mon grand voisin d'enfance, rue Saint-Denis, le fils du juge Dupuis, Paul. C'est un film du temps de la guerre, tourné en 1944, et c'est une comédie titrée *Passport to Pimlico*. Sait-on que cet acteur aurait pu devenir une fabuleuse vedette internationale? Si... Si quoi donc? C'est si bête ce genre d'échec. En tout cas, maints témoignages affirmaient que Paul Dupuis avait l'étoffe d'une star de cinéma. Qu'arriva-t-il? Il rentra au Québec après la guerre, en 1949. Ici, la télé battait déjà son plein. Je l'ai vu chez «Les Compagnons», vers 1950, en un extraordinaire roi Henri de Pirandello. À la télé, il personnifia longtemps le Arthur Buies de Grignon, quand le journaliste polémiste eut compris, vieilli, qu'il ferait mieux de se ranger et de suivre «le goupillon» peu commun du gros curé Labelle, défricheur en soutane.

Lui, Paul Dupuis, jamais il ne se rangea vraiment. On a parlé d'un «vice de caractère». Il ne l'avait pas facile. Souffrait-il de la maladie dite maniaco-dépressive? Comment savoir? Au début des années quatre-vingt, un temps, un peu avant sa mort, Dupuis soliloquait, tard le soir à la radio de Verdun, CKVL. Il avait ses *aficionados*.

Avant ses monologues de grand buveur mal repenti, le public put le voir faire le clown grognard à la télé populiste de TVA-TM. Lunettes noires, il tentait de mettre en boîte, avec peu de succès, la grosse madame merveilleuse, Françoise Gaudet-Smet, qui en avait vu d'autres et s'amusait des piques et des ronchonnements de son témoin malveillant.

Quelle tristesse.

À la série *Propos et confidences* de la SRC, que réalisait mon ami Jean Faucher, le comédien décida de sortir une fable folle, a-t-on dit, une légende sur sa naissance qui semblait secrète, clandestine. Lui en bâtard clandestin et trompé. C'était pathétique. À sa mort dans une petite chambre de l'hôtel Nymark de Saint-Sauveur, on trouva beaucoup, beaucoup de médicaments sur sa table de nuit. Rideau.

Avant ce *Passeport to Pimlico*, il y avait à voir, à R -Q, un film de Jacques Doïllon. Plein de jeunes filles qui se réunissent dans une maison de Normandie pour une fête. Le babillage très «parisien» des demoiselles en quête de romance nous a vite lassés. Raymonde a repris *L'Effet Summerhill*, un autre roman du Gravel d'*Ostende*, et c'est là que, zappeur féroce, j'ai attrapé le beau Paul Dupuis de ma jeunesse. S'il y a à condamner un aspect amorphe de notre jeunesse d'ici, nord-américaine et peu habile à verbaliser, il y a, pas moins emmerdant, ces diarrhées verbales des jeunes français. Surtout de la capitale, gageons-le. Entre le mutisme souvent affligeant de nos jeunes, et cette vaine agitation des mandibules à la parisienne, il devrait y avoir un bon milieu, non?

Raymonde est morte! On a passé des heures sur le terrain à ramasser les débris de la tempête. On a fait un feu de camp gigantesque. Vers vingt et une heures, il ne restait plus aucune branche cassée sur le terrain. Tout avait brûlé. Aussi nous sommes éreintés. Le feu nous a aidés au nettoyage. Il ne reste plus que les gros troncs tombés. Seigneur, que l'eau montée sur le terrain finisse par redescendre!

En après-midi, à la décharge du lac, rue du Chantecler, où il y a un ruisseau qui court au pied des côtes de ski 40-80, c'était l'obstruction. Rien ne coulait. Le tuyau sous la rue est-il bouché par des déchets? On ne sait. Il faudra, dès lundi, en alerter les «travaux publics». On monte à la chambre fourbus mais heureux de nous être débarrassés si vite de ces montagnes de branchages ici et là, et qui faisaient de notre bord de l'eau un «terrain d'après désastre» qui nous déprimait. Demain, la visite estivale des deux frères, Jacques et Pierre: deux profs. Je vais encore en entendre des belles sur notre fabuleux système d'enseignement, je le crains.

Comme hier, un temps mélangé, ciel beau et gros nuages blancs en circulation lente. Après le déjeuner du matin, je vais voir le tas de cendre du feu d'hier soir. Un tas prodigieux, d'un blanc total. Je brasse cela un peu. Une chaude fumée s'en dégage encore. Plus tard, je répandrai ces cendres qui seraient un engrais naturel (phosphate, chaux). Chaque fois, j'en jette tout le long des haies de bosquets chaque côté du terrain. Je lis les mauvaises nouvelles du *Journal de Montréal* et puis celles de *La Presse*. Je pense à notre future collaboration à cette «presse» dominicale, à Daniel et à moi. Je croise les doigts mentalement. Aurons-nous un bon succès? Je l'espère sans savoir. Dans notre métier, on ne sait jamais. Jamais on ne peut être certain du succès ou de l'insuccès.

En après-midi, en attendant les frères Boucher, il y a plus de nuages que de ciel bleu mais quand le soleil frappe, il cogne dur, tant que, déjà, l'eau montée est redescendue pas mal vers son lit normal. L'eau stagnante pue tout autour du vieux saule déchiqueté.

*
* *

Excellent souper à l'agneau, avec patates, fèves, bonne entrée au jambon italien avec melon, bonne sortie avec laitue et fromages. Le tout trop arrosé. J'aime trop le rouge. Je dois modérer. Pas quatre ou cinq verres par banquet, un. Un et pas plus. Je voudrais tenir parole. Respecter la promesse que je me suis faite. C'est très difficile. Aussi, j'ai pas pu trouver le sommeil avant deux heures du matin. Tortillage. Ballonnements. Et aucun comprimé de mes chers Riopan dans la pharmacie. De nouveau, cette nuit, promesse de l'insomniaque de ne pas dépasser un verre de rouge par repas.

J'ai mis le réveille-matin pour sept heures, histoire d'évaluer le temps à prendre pour me rendre en ville à la station-radio. Première journée depuis la fin juin. C'est ce long congé de radio qui m'avait décidé à rédiger ce journal d'été.

*
* *

Raymonde et ses frères, à un moment donné, entre deux apéros, se sont plongés dans les souvenirs de jeunesse. C'est classique. Il y a eu une grosse bouffée de rétro bien sentimentale sur la galerie. Je comprends une fois de plus que l'enfance est le ciment de tout. La base des existences. Et on voudrait souvent que j'accorde moins d'importance à ce que vivent les petits-fils. Toute leur vie, ils vont se nourrir à partir de ces impressions, celles des premières années.

*
* *

Au dessert, splendide tarte aux framboises du valeureux et compétent Lemoine, nous parlons de la maman hospitalisée. C'est la litanie des observations d'usage, ses faiblesses, ses efforts, ses lubies, ses manies folles, le récit classique de qui s'en va lentement, inexorablement vers la dernière sortie.

*
* *

Apprenant que je reprenais mon journal pour publication, Jacques, le benjamin, réplique: «Pas grave! Claude sait bien qu'on ne le lit pas!» Il rigole franchement. Quand je lui dis: «Voilà pourquoi tu ne m'en veux pas malgré les horreurs déballées sur toi dans mes deux tomes précédents», il semble un peu songeur! Pierre, premier cadet de Raymonde, n'a pas trop hâte de recommencer ses cours de physique au collège Saint-Laurent car il s'est déjà épuisé à aider sa Colette, son épouse, à l'installation de sa nouvelle boutique de vêtements à Duvernay. Gros travail de décoration et tout. Je blague: «Vous n'avez pas retenu les services d'un décorateur? J'en suis toujours un!» «Trop cher» dit Colette.

Fernande, épouse du benjamin, a un tempérament léger, rit souvent et sourit sans cesse. Elle m'empêche de me prendre au sérieux quand je tente de sortir les grandes urgences de la campagne électorale actuelle. Pourtant...

Je reste médusé de constater l'apathie générale des nôtres, alors qu'en 1995, dans un an, il faudra que nous décidions collectivement si nous voulons demeurer une simple province parmi les neuf autres de l'autre nation de la fédération canadienne ou si nous souhaitons devenir, très démocratiquement, un pays, une patrie parmi toutes les autres de l'ONU.

Je constate l'inconscience de trop des miens et il m'arrive d'être envahi alors d'une tristesse inouïe. Notre peuple a été majoritairement chloroformé.

Ça y est. Par un si joli lundi matin, je roule vers le boulot après un mois et quinze jours de vacances. Quel beau soleil sur l'autoroute 15! Mais en arrivant à Laval-des-Rapides, c'est le bouchon des bouchons à cause des travaux de voirie de cette zone. Comme tant d'autres, j'abandonne alors cet horizon de tôles luisantes en prenant la sortie Salaberry. À huit heures et dix, une heure exactement après mon départ, je ramasse le courrier dans le portique, rue Querbes. Je dépose l'aspirateur électrique défectueux chez Laflamme, rue Amherst, je laisse la Jetta de Raymonde chez le réparateur de silencieux, le temps d'aller faire mon quatre-vingt-dix minutes de coanimation à CJMS.

Coût du silencieux réparé: tout près de quatre cents dollars. Raymonde va rouspéter. Garantie à vie, dit la facture. Pour la partie arrière dudit silencieux. Bon, j'ai le temps d'aller au mini-comptoir Van Houtte dans une partie de la cafétéria de Radio-Canada. CJMS est à un coin de rue. Bonnes brioches et excellent café! Rencontres d'ex-camarades, le bricoleur Claude Lafortune, mon quasi-sosie, le Montagnais fidèle au site, Edward Kurtness venu de Pointe-Bleue au Lac-Saint-Jean. D'autres. L'an prochain, ça fera déjà dix ans que j'ai voulu rompre avec, comme disait Paul Dupuis, l'«auguste Société». Dupuis, sous sa défroque d'aristocrate de façade, ironisait sans cesse sur la «corporation» culturelle d'antan devenue une usine de divertissement souvent semblable aux chaînes privées de télévision.

*
* *

Eh bien, première émission pour cette année scolaire. Tout a bien été. Marcotte, mon compagnon, semble satisfait lui aussi de notre première collaboration. J'éprouve un malaise avec lui. Très léger. Marcotte a été, depuis longtemps, le gentilhomme emblématique des ondes populaires. Alors que moi, je me suis installé dans cette confrérie des amuseurs des ondes plutôt comme un franc-tireur assez fréquemment insolent, à l'occasion bête et méchant.

Ce mélange de nos deux... profils peut s'avérer captivant si nous en arrivons à bien doser nos effets, cela, certes, avec naturel. À la radio, le naturel, le vrai, le sincère, c'est un *sine qua non*. Je l'ai toujours su d'instinct depuis mon... intrusion dans le monde des ondes hertziennes. Être différent un de l'autre est un atout, c'est probable. À nous deux désormais d'avoir le talent de transformer notre émission quotidienne en un amusant jeu de société, une agora remplie de pétillantes protestations publiques. Déjà, ce matin, je m'amuse souvent ferme. Il y a des appelants pleins de verve, d'esprit taquin. Ils sont rares mais, chaque fois, ils apportent sur nos ondes un vent merveilleux de liberté. Je joue, avec une bonne dose de sincérité, le bonhomme qui tolère de plus en plus mal la plupart des femmes au volant. Cela fait boule de neige et il y a des réparties juteuses. Il faut que les ultra-brefs griefs exprimés en ondes soient des propos légers pour la plupart. Quelques grises mines nous font savoir que l'ensemble n'est qu'assemblée de râleurs et... râlent. Non, c'est une thérapie de groupe et gratuite. Un bon défouloir.

*

* *

L'équipe qui est venue passer au rasoir (lire scie mécanique à chaîne) nos arbres fouettés par l'ouragan m'a étonné. De fameux singes. Jeunes, ils grimpent dans les fourches les plus hautes et, s'agrippant tant bien que mal, ainsi figés au milieu des troncs divers, ils tranchent de façon alerte les pièces pendantes. Ça revolait! Me voici de nouveau avec des tas de branchages à faire brûler un de ces soirs. Corvée que j'aime bien. On sait que le feu fascine l'homme, de l'enfant au vieillard.

*

*   *

Hier, Lynn, ma belle bru, m'a dit: «On nous avait dit: "recyclez-vous en éducation, il va y avoir beaucoup de place". Mensonge, ou bien on l'a confié à trop de monde, ce fabuleux secret. J'ai envoyé partout mon nouveau C.V. et rien. Pas de job en vue pour septembre qui vient!» Elle en est découragée et me déclare qu'elle accepterait n'importe quoi dans un autre domaine. Que cela m'attriste de voir tant de jeunes gens à qui on a dit de s'instruire et qui ne trouvent aucun emploi le moindrement convenable, un peu en accord avec leurs longues d'études. Satanée récession? Sinon c'est quoi? J'avais dit à mes deux enfants, encore des ados aux études collégiales, que dès les années soixante-dix et quatre-vingt, il allait y avoir des tas de places à prendre dans le monde des communications. Je me suis trompé. Candide, et victime de mes lectures d'anticipation positivistes, j'avais imaginé que le vaste domaine allait s'agrandir sans cesse, qu'il y aurait nos départs à nous, les retraités. Faux. Cela ne s'est pas du tout passé comme ça. Il y a eu charcuterie. Cures d'amaigrissement partout, il n'y a pas eu tous ces postes à combler que j'avais imaginés.

Une jeunesse instruite a de la chance quand elle peut, au moins, dénicher du précaire. C'est scandaleux.

C'est sinistre même. On trouvait curieux, dans les années cinquante, d'apprendre qu'en France il y avait des universitaires obligés de conduire des taxis. Ça y est? Ça va être semblable en Amérique du Nord? Quel désolant paysage social au temps du produit à sortir vite et à meilleur marché possible, et comme nous avons eu de la chance, nous, à la fin des années cinquante et au début des années soixante quand tout débutait, dont la télé, quand le Québec sortait de sa torpeur pour s'ouvrir en grande vitesse aux modes des médias modernes.

*
* *

Hier soir, on a regardé *La Totale*, un film de Zidi, avec Miou Miou, L'Hermite et Boujenah. (Hollywood vient d'en faire son adaptation avec le musclé Schwarzenegger, *True Lies*.) Ça prend plus de soixante minutes avant que s'enclenche le vrai bon nœud de cette comédie fantaisiste où une maman tranquille se prend pour une collaboratrice d'agent secret, en ignorant que, justement, son mari (L'Hermite) n'est pas qu'un réparateur du téléphone mais un important agent secret de Paris. On peut imaginer les amusants quiproquos de cette situation.

Ensuite, on a écouté les mauvaises nouvelles de vingt-deux heures à la SRC où la propagande des stipendiés du fédéralisme se dispute aux faits réels que la télé d'État est bien obligée d'emmêler à sa sauce subtile des zélotes du *statu quo* ottawaïen!!! Une farce. Une duperie. Une mascarade sous de grands airs d'objectivité. Les intelligents décèlent les astuces des valets du *one nation, one country*.

Plus grave peut-être, ceci: la plupart des reporters, et cela dans tous les médias, ont de leur métier une conception proche parente des producteurs de cascades pour des vaudevilles à bon marché. Ils guettent et ils souhaitent sans cesse, dans tous les partis, des pelures de banane. S'ils pouvaient les provoquer sans se faire prendre, ils le feraient. Ils vont et viennent entre tous les *hustings*, caméras, micros et calepins ouverts, en espérant la chamaille, les faux pas. N'importe quoi pour alimenter, comme aux sports, les «manchettes». Cela fait qu'au moment même, en 1994, où une patrie pourrait commencer à naître, le patriotisme devient une banalité. Le Parti des patriotes?, juste une autre bonne poire de plus pour y sucer des anecdotes, des conflits, petits, moyens et grands. Si vous alertez là-dessus un de ces sbires en quête de disputes, il va vous traiter de censeur. Expliquer à ces névrosés «du fait divers politique» que la campagne actuelle concerne l'avenir d'une nation, la nôtre, c'est, à leurs yeux, commettre une tentative d'influence honteuse. Ces journalistes, de tous les horizons, saltimbanques suiveurs de foires à empoignes – le savent-ils – sont des aveugles. Ils jouent les méfiants, les sceptiques et sont devenus des blasés, des déracinés, des pions qui, au nom de leur métier, servent en fin de compte d'équarrisseurs dégueulasses. Ils ne cessent de rendre tout et tous égaux. Ainsi, celui qui lutte pour qu'enfin notre petit peuple francophone puisse avoir sa patrie, est mis dans la même mire que l'aventurier du parti des anglos, ou que n'importe quel mégalomane qui se présente, lui, par intérêt mesquin, par un pathologique besoin de jouer à «monsieur-le-député» pour épater sa belle-mère et faire l'important avec des rubans à couper.

Le journalisme politique au Québec, en 1994, est constitué d'une bande d'égocentriques innocents faisant le jeu des assimilés cocus contents. Misère!

Hier, donc, Éliane gardait rue Chambord, pour deux jours, les enfants de son frère, mon fils Daniel. La semaine prochaine, rue Garnier, ce sera l'inverse. Daniel devra garder le Gabriel de sa sœur puisque les deux «grands» partiront pour leur semaine de camping scout. Par la suite, Raymonde a accepté de garder le même Gabriel, elle aussi pour deux jours. Une première, et j'ai comme hâte de voir mon amour, la «vieille fille», aux prises avec un gamin de sept ans, je me promets d'être «bas profil» pour mieux la voir se débrouiller. Je voudrais tant qu'elle s'attache à mes petits-fils, ma belle célibataire de jadis. Elle verrait enfin comment on est ficelé avec ceux qu'on apprivoise. Mon gendre Marco cherche déjà où aller avec ma fille durant ce congé de cinq ou six jours. Ils parlent de... la mer!

Je songe fréquemment au bonheur. Quoi? Le bonheur? C'est la mer déferlée qui m'emporte. On peut me voir sourire seul, ces temps-ci. Je pense encore au *body surf*. Quoi? Le plaisir? C'est la mer déroulée qui va me jeter sur la plage. Quoi? La joie? C'est la mer épouvantée qui me roule sur la grève. Salut, Rimbe, Salut!

*

* *

Aujourd'hui, fin des jours de nuages jouant à cache-cache avec le soleil. Un mardi matin tout laiteux. J'ai livré une deuxième journée de match-radio avec mon compère Marcotte, aussi restaurateur à ses heures. Il m'a dit: «Ton père vendait du Kik dans son petit restaurant de la rue Saint-Denis, eh bien, sans mon papa à moi, pas de Kik chez ton papa.» Il m'apprend qu'il était le fils d'un embouteilleur et distributeur d'eaux gazeuses à Joliette. Tout se tient dans la vie québécoise, «tricotée serré», répétait le sociologue Rioux. On a fait un bon boulot divertissant avec quatre douzaines, ou plus, de téléphoneurs. Il y a eu quelques sommets d'humour volontaire et aussi... involontaire. Je prends de plus en plus conscience que j'aime le populo, que j'aime la gouaille populaire, le bon sens du peuple de la rue, l'humour sain de plusieurs, je suis vraiment le fils de Germaine Lefèbvre, ma mère, qui aimait jaser avec tout le monde sur le balcon-trône de la rue Saint-Denis.

Le directeur Brière me sommait de comparaître à son bureau dès onze heures ce matin. Il y a du «petit juge» chez Raynald Brière. J'y vais à reculons, craignant une certaine insistance et, patatra, comme de fait, Brière me demande de revenir, au moins un peu, à l'émission matinale, trop matinale pour moi, de Paul Arcand. Je dois me débattre. Je dois ré-expliquer que je veux mes réveils avec ma brune. Je dis des folies: «Raynald, j'en n'ai pas pour longtemps encore. Je dois songer désormais à la qualité de ma vie. Je suis trop âgé pour participer à deux émissions.» Peine perdue, il finit par me faire accepter de préenregistrer, à onze heures tous les matins, un billet parlé avec mon cher Paul. «Tu diras ce que tu voudras. Tu feras de tes improvisations facétieuses dont s'ennuie déjà notre public!» Je suis flatté au fond. Me voilà bien installé dans cette grouillante galère de la radio commerciale populaire. Pas si facile qu'on le croit, chers méchants contempteurs. Être écrivain et pouvoir jaser en écrivain à la radio d'État, c'est facile, mais les écrivains, même populaires dans mon genre, ne sont pas nombreux dans les médias privés. Pas facile d'y rester longtemps. Je me flatte un peu, ça fait tant de bien. Comme disait un vieux professeur, Jean Hudon de l'institut Laroche, rue Saint-Denis: «Ne comptez jamais sur les autres pour emboucher votre trompette.»

Hon!

*
* *

Quittant le directeur des programmes, je grimpe vers l'autoroute des Laurentides espérant pouvoir luncher avec «l'amour de ma vie». Diable! en dix minutes, passant par l'autoroute creusée sous le centre-ville, et par l'autre autoroute longeant le «Chemin Upper Lachine», par une bretelle de l'échangeur éléphantesque nommé Turcot, via le boulevard-tranchée nommé Décarie, filant sur le Métropolitain vers le rond-point de l'Acadie (oui, tout cela, en dix minutes), j'aboutis au bord du pont de la rivière des Prairies, et en avant! Il est loin, bonhomme Cartier, sieur de Champlain, gouverneur Maisonneuve, le temps du Montréal d'*Envoyons de l'avant nos gens!* et de *C'est l'aviron qui nous mène et qui nous mène....* Je pense à mon cher cultivateur et pomiculteur Ubald Proulx de Saint-Joseph-du-Lac qui me racontait: «Quand on descendait au marché à Montréal pour vendre nos légumes, il fallait deux bonnes journées de charrette à cheval. On couchait souvent à Saint-Martin, l'actuel Chomedey à Laval!» C'est pas beau, c'est stressant tout ce filet de routes ultra-rapides, mais quelle bénédiction pour don Quichotte chevauchant vers le moulin «adélois» de sa «dulcinée», oh oui!

*
* *

Jean Salvy, le collègue de Raymonde, vous savez, le viticulteur-amateur, voisin du Saint-Armand de Pierre Foglia, eh bien, il va venir re-goûter à mon fameux macaroni et nous irons voir la comédie qui se joue au théâtre d'été de Sainte-Agathe. Sainte-Agathe, d'où vient mon archiviste-généalogiste amateur, Yves Gagnon, le chum de ma sœur la benjamine, Marie-Reine. Je l'ai nommé mon secrétaire perpétuel. Il en rit. Je l'ai nommé président à vie de mon fan club dont il est l'unique membre. Il en a ri encore davantage. Sainte-Agathe, petite patrie de l'aspirant frère-enseignant Gaston Miron, défroqué pour jouer les poètes-patriotes. Miron qui m'a raconté, à une austère réunion d'écrivains au Chantecler: «Tu parles souvent de ton cher Pointe-Calumet, sais-tu que l'honorable poète Ouellette y passa de ses étés de jeunesse, voisin du gros chalet du "Roi de l'habit"»? Je le savais. Il ajouta: «Sais-tu que j'ai été, moi-même en personne, celui qui allait collecter les recettes des week-ends au célèbre dancing super-kitsch nommé le Mont-Éléphant?» Les bras m'en tombèrent. Et Miron, tout heureux de ma surprise, ponctua: «Oui, mon vieux, j'étais l'homme de confiance du bonhomme qui m'employait, début des années cinquante!» Oui, Marcel Rioux, très serré, le tricot de la québécitude! Oh oui! Le soir donc, avec Salvy, avons vu la comédie populiste de Michel-Marc Bouchard à Sainte-Agathe. Avons ri beaucoup en deuxième partie. Le lendemain, tous les trois nous descendons en ville. Jean un peu triste. Sa solitude. Est-ce que notre couple emblématique attise sa tristesse? J'espère que non. Souvent nous retenons nos élans amoureux, nous voulons éviter l'insolence involontaire des chanceux en amour.

Un beau mercredi brillant, luisant, chaud et humide!

Troisième *Moutarde*. Mon camarade Marcotte tente, je crois, de s'ajuster à moi et j'en fais autant. Il y aura, ou pas, de cette chimie, sauce liante ou, hélas, réfractaire, qui fait qu'un duo fonctionne dans n'importe quelle sphère d'activité. J'imagine que son côté gentil, aimable, coulant parfois, amène même, devrait faire un contrepoids à mon côté plutôt rêche, parfois bête, méchant un peu à l'occasion. On verra. On se chevauche trop, on nous le reproche. Avec raison. C'est que l'on se veut vifs, pétaradants si possible. On est guetteurs du moindre mot accrocheur de nos téléphoneurs qui se défoulent. Enfin, au printemps dernier, l'émission avait le vent dans les voiles, alors nous tâchons que se continue ce bon succès populaire, c'est si difficile avec tant de stations en compétition, trop, beaucoup trop pour si peu de population. Gilles Proulx vient nous relancer, enfourchant sa vieille «picouille» défaitiste: «Nous parlons plus mal que jamais au Québec!» Il n'a pas bonne mémoire. Dans son Verdun de 1950, comme dans mon Villeray de 1940, le français était bien plus malmené et les anglicismes fleurissaient. J'ai protesté mais, rien à faire, Gilles fait profession de «Cassandre» et s'y complaît. Je sais, moi, d'où lui vient ce pessimisme d'angoissé, mais il n'a pas voulu que je publie mon diagnostic psychologique dans *Le Tirailleur tiraillé* qui vient de paraître chez Stanké, et qu'il a fait censurer, ce qui était son droit. Droit écrit, hélas, dans un contrat.

Pendant que Raymonde allait manger à la cafétéria (très jolie) de sa maman hospitalisée, je suis allé garder et faire luncher mon quatuor de garnements frétillants. Il ne manquait que David que nous sommes allés accueillir, au début de l'après-midi si bellement ensoleillé, à la porte de son prochain et nouveau collège dit du Mont-Saint-Louis. Il revient d'une semaine dans un camp de cette institution, grave, sérieux, vieilli. C'en est comique. Je joue le jeu. Fini les farces. Nous allons tous les six voir le film *Le Masque* que Simon et Thomas avaient déjà vu. Étonnante machine aux effets visuels dits d'«infographie» électronique. Hélas, l'histoire à illustrer par ces habiles manipulateurs est surannée, cousue de fil blanc, convenue, répétitive, aux ressorts usés. Pas grave, les jeunes sont contents grâce aux cascades folichonnes qui surviennent exactement toutes les quinze minutes.

Avec le soleil qui sombre dans le ciel filamenteux au bout de notre rue Querbes, je retrouve une Raymonde un peu accablée, comme chaque fois qu'elle revient de ses après-midi au centre de la rue Saint-Zotique. Yvonne Robichaud-Boucher pleure, se lamente toujours et proteste de son enfermement. On prend un apéro, moi, mon Cynar aux artichauts, elle, le Cinzano rouge et blanc. Les grands vieux arbres, partout dans les rues et les ruelles d'Outremont, sont beaux pour leurs ombrages en résilles, mais empêchent hélas de voir le grand disque rouge enflammeur de firmament. Alors, on va vers lui. On marche vers l'ouest que l'on nomme à tort «le nord» de Montréal. Les frondaisons ornent les rues où nous marchons et nous allons nous attabler, une fois de plus, pour nos chères moules «sauce roquefort», rue Bernard. Des personnages publics passent le long de la terrasse, des inconnus aux contours variés, grand échalas, grosse madone frisée dur, ex-ministre bedonnant, homosexuel aux allures de tante folle (il y en a), grande prétentieuse et courte pimbêche, une faune qui nous distrait et, ici, nous ne jouons pas aux sosies comme dans le Maine. Souvent, ceux qui passent à Outremont sont justement les modèles évoqués au bord de la mer.

Plus tard, on m'apprendra que pendant ce temps à la télé, en reprise, je faisais le coq face à cinq mijaurées. Pour *Croque-Monsieur* au réseau TQS! Série qui n'était pas une pâle copie de *Frou-Frou*, si franchouillard et si parisianiste où une animatrice mécanique, la Bravo, riait à tort et à travers. *Croque-Monsieur*, sauce Pauline Martin, était un plagiat mais amélioré.

*
* *

En rentrant, mauvaise manie avant le dodo, on veut entendre les mauvaises nouvelles de Derome et, ô rareté, une bonne nouvelle: un sirop aux essences de plantes et d'arbres divers, concocté par un «pharmacien du dimanche», retarderait les ravages du sida! Au Québec, oui, une sorte de M. Jourdain et son sirop, un certain monsieur Poirier, pourrait donc contribuer à la lutte contre «la peste sinistre» de cette fin du siècle?

J'ai téléphoné chez mon frère. Il est revenu de sa délicate opération à son œil droit. Il va bien. Je lui dis que demain midi, jeudi, je l'amène avec sa Monique au meilleur restaurant du nord de Montréal.

Un jeudi radieux, clair et net, stimulant même.

Quatrième jour «d'écoute active» à la radio, moi qui n'écoute pas bien étant si distrait, si sollicité par mes démons imaginaires, je dois faire des efforts méritoires. Pourtant j'arriverai à m'améliorer. Je le veux. Plein d'auditrices, les unes vraiment en colère, les autres pour rire, qui rétorquent à mes vicieuses facéties anti-féministes. Raymonde craint pour mon image. «Mon amour, prends garde, tu veux faire le comique et tu finiras par t'engluer dans une image de macho irrécupérable.» J'ai peur? Un peu. J'ai fait un pari risqué sur le bon sens et l'humour des gens. Si je me trompe, tant pis! J'aurai été trop confiant. C'est ma nature. Pas comme Gilles Proulx qui surgit en studio, invité par Marcotte, et qui «tempête» encore. Cette fois, sa cible favorite, moi, un intellectuel sans honneur, un écrivain sans fierté. En somme, il vocifère que je devrais avoir honte de participer activement à ce jeu de *La Moutarde me monte au nez*. J'en reste muet. Qu'il est contradictoire, le Proulx! Lui, à son *Journal*, utilise des effets sonores comiques, offre une «Tharèse» rieuse stupide, présente un chien fou du nom de Kiki et quoi encore? D'autre part, sa charge imbécile illustre parfaitement un stupide préjugé: l'écrivain et l'intellectuel doivent être moroses, sérieux toujours, graves et cuistres le plus souvent possible. Je n'ai jamais mangé de ce pain-là. Ce préjugé est né par la faute de tous ces écrivains apprentis-idéologues prétentieux qui pontifiaient jadis quand rimaient «écrivain» et «se prendre au sérieux».

*

* *

J'ai roulé en vitesse vers Ahuntsic et la rue Tolhurst. J'y ai retrouvé mon frère Raynald, un peu chambranlant, la vue cachée par d'énormes lunettes noires. Il m'a raconté son accident oculaire, le séjour à Notre-Dame, l'avant et l'après opération chirurgicale. De temps à autre, une lourde larme glisse sur sa joue droite. Je revois le petit frère de ma jeunesse quand il avait un énorme chagrin d'enfant, et j'ai le cœur serré. Mais tout va mieux. Il va guérir. Monique refusait évidemment le resto et avait préparé un excellent gueuleton du midi. Elle a l'art des bons potages. Feu mon papa raffolait de sa soupe que, souvent, elle allait lui porter, dans ses derniers temps, rue Saint-Denis. Son beau gros poivron fourré d'une solide farce de hachis de bœuf... Yum! Le soleil baigne la terrasse sur le toit de leur condo. Monique me dit que la ministre de la Culture, Lisa Frulla, habite un pied-à-terre voisin. En 1960, trente ans déjà, au bord de la rivière, à deux pas, j'avais voulu acheter un grosse maison à tourelle, à pignons, à longues galeries. C'était trop cher pour le jeune décorateur de télé et c'est l'acteur-pianiste Roger Joubert qui en fit plus tard l'acquisition. Il l'a maintenant remis en vente. Trop tard pour moi, devenu riche enfin! Hum! Riche? Bon. Tout est relatif, je suis un «tout nu» par rapport à un joueur de base-ball populaire et je suis un très grand bourgeois par rapport au Cubain ou à l'Haïtien qui cherche à fuir son malheureux pays sur une barque de fortune.

Nous en jasons parfois, Raymonde et moi: devenus vraiment vieux, disons dans une dizaine ou une quinzaine d'années, où allons-nous vouloir habiter? Un condo, comme c'est la mode dans notre milieu? J'en doute. On en vient souvent à la conclusion qu'il faudra tenter de garder une maison de type classique, notre petit cottage, quoi, quitte à payer des aides pour ces corvées qu'amène cette sorte de logement dit familial. J'aime le sol pas loin. J'aime «marcher» mon terrain même s'il est grand comme deux draps de lit.

Vieil atavisme? Héritage de la paysannerie qui n'est jamais bien loin chez la plupart des nôtres? Non, puisqu'il y a tant d'amateurs pour ces luxueuses boîtes carrées de béton entassées avec goût en «sanctuaires». Ou en «verrières» quand de grands pans de murs sont de verre.

Les parents de la chanteuse Renée Claude sont nos voisins au sud, rue Querbes et, âgés, ils semblent fort bien se débrouiller «en cottage». Pourquoi pas nous? Cette question: «Devenus vieux, qu'allons-nous devenir, comment allons-nous vivre?» nous hante trois ou quatre fois chaque année. Et alors, soucieux, un peu anxieux même, nous tirons des plans. Une chose est décidée, nous ne choisirons pas la maison laurentienne. Pour plusieurs raisons. Par exemple, devenus vieux et être incapables désormais de conduire le soir? À Montréal, il y a les transports publics. Plus facile en ville d'aller au resto, au ciné, au théâtre et chez nos rares amis! Daniel ou Marc, devenus bons bourgeois, pourront alors (en l'an 2015?) acheter le chalet et ce sera notre tour d'y aller nous tremper la couenne par les jours chauds de juillet. Certes, je parle d'un été normal, pas du genre de celui qui s'achève.

Au fait, bientôt ce sera la mi-août. Vous avez vu? C'était hier il me semble, la mi-juillet, quand nous sommes revenus du Lac-Saint-Jean. Ô hypocrite saison qu'on nomme «belle», même quand tu n'es pas trop belle, salope, tu files, tu fuis, et bientôt ce sera le 30 août. Puis, ce sera le 12 septembre, l'élection, de nouveau, d'un parti de l'indépendance et l'espoir donc, de nouveau, comme en 1976. Je fermerai mes cahiers. Je noterai le résultat, prévisible aujourd'hui, de ce 12 août et j'irai porter le manuscrit d'*Un été trop court* chez l'éditeur.

Ensuite, jusqu'au mois de juin de l'année prochaine, jusqu'à cette fameuse deuxième chance offerte aux nôtres, je vais tenter, avec tous les autres militants de la cause sacrée, d'être utile, exemplaire, communicatif, entraîneur, contagieux. J'ai peur. Tous ceux qui travaillent contre l'indépendance de leur pays sont des chiens. Salut Jean-Paul Sartre! Mais il y a deux sortes de chiens par ici. Ne l'oublions jamais. D'une part les chiens-chiens, vendus, traîtres, mépriseurs, déracinés, masochistes, les collabos stipendiés par les officines diverses, bref, les vrais salauds, les assimilés et contents de l'être. Et il y a tous les autres, les chiens-toutous, peureux, trembleurs, ceux qui ne se font pas confiance, les désespérés, les abusés, les résistants au moindre changement. Je les plains, il faut les aider, les rassurer, ce sont nos frères fragilisés. Ce ne sont pas des chiens méchants. Ce sont de pauvres caniches qui courent se cacher sous n'importe quel drapeau étranger quand ils entendent le mot: libération, ou souveraineté, ou patrie. Des toutous timorés.

Visite surprise, visite éclair ce soir, nous sommes en train de souper: les Faucher, nos voisins du lac Marois, arrivent. Le couple va voir *Nina* de Roussin, en face, au Chantecler. Nous n'avons pas envie de... théâtre d'été, cette sorte de théâtre va devoir évoluer. On nous dit qu'ils sont de moins en moins fréquentés. C'est qu'un peu partout, durant vingt ans, en a affiché tout le répertoire des comédies dites légères. Or ces pièces sont à peu près toutes construites sur le même modèle. Cocu, couchette, cachette, placard, ciel ma femme! ciel, mon mari! Non, depuis quelques années, Raymonde et moi ne sommes plus du tout attirés par ce style de théâtre bébête et, à la longue, carrément abrutissant. Il y a eu quelques exceptions. Des textes de Beaulieu à Trois-Pistoles, un bon *Dindon* de Feydeau à Terrebonne, monté par Luc Durand, les Pagnol de Denise Filiatrault. Et j'en oublie, mais pas beaucoup.

Samedi, on fera une autre tentative, *Les Nonnes II*, au pied de la côte Morin avec l'ex-scripte et amie de Raymonde, celle que j'appelle «la nièce du maire» (de Saint-Laurent), Marie-Josée; elle arrivera demain soir, vendredi. C'est une joyeuse luronne, toujours de bonne humeur. Célibataire heureuse. J'ai essayé de la «matcher» inutilement avec deux riches et beaux jeunes vieillards de mes connaissances. Rien à faire, mamzelle veut des jeunes gens! Quelles mœurs, Seigneur!

Les Faucher, avant de traverser le lac pour voir *Nina*, voudraient bien qu'on les accompagne en voyage. Ô la belle tentation! Quinze jours. Un voyage bien organisé, pas trop cher. Voir trois villes que, justement, j'ai rêvé souvent de visiter: Vienne, Prague et Budapest. On ne dit pas non. On y réfléchit activement. Françoise Faucher a des origines tchèques. Sa grand-mère maternelle est née à Marienbad, oui, là, dans cette ville d'eau qui était le décor du film-culte d'Alain Resnais, *L'Année dernière à Marienbad*. Nous irions y faire une visite. Ça nous tente beaucoup. Plus ou moins sérieux, je propose à mon amie Françoise de commencer à songer à devenir guide de voyages organisés en nous associant à une société de tourisme déjà bien implantée. Je dis: «Jean, Raymonde, Françoise, nous irions plusieurs fois à travers l'Europe. Ce serait la belle vie, non?» Je vois déjà l'annonce-placard: «Oyez! Oyez! Voyagez avec deux guides-animateurs de bonne renommée, l'ex-critique d'art Claude Jasmin et la grande comédienne Françoise Faucher. Les châteaux, les cathédrales, les sites historiques les plus fameux de l'Europe...» Je ris. Je ris pas. Ça se peut bien que ça se fasse. Pourquoi pas?

*

*   *

Après les mauvaises nouvelles, dodo! Nous apprenons que la potion verte anti-sida du petit père Poirier n'a pas été vraiment testée! Va-t-on se dépêcher? Il paraît que ces protocoles médicaux nécessitent des sommes folles! Quelle misère!

Voyage au bout de la 15 une fois de plus, tôt, par un vendredi plein de lumière. Routine routière. Tous ceux qui habitent en dehors de la métropole québécoise doivent, davantage que moi, être plutôt assommés de devoir tous les jours suivre le même parcours. Bizarre, je découvre que les soixante-dix kilomètres, séparant le chalet de ma station-radio, raccourcissent, rapetissent. Ça va plus vite. C'est toujours comme un peu moins loin à mesure des jours d'été qui passent, moins loin, mais pas moins monotone. Je peux même affirmer que pour tous ceux-là qui font sans cesse le même voyage, il est permis de s'absenter, de rêvasser! Et il n'arrive pas d'accident. Tout à coup, je me quitte! Je pars, en pensée, soit dans un projet à soupeser, ou dans le passé, proche ou lointain, et quand je me retrouve, je suis surpris d'être à la hauteur de Mirabel ou de Saint-Jérôme, voire à la sortie Sainte-Adèle. La monotonie fait cela. Le corps veille à tout, je suppose. L'esprit lui dit «à plus tard» et quitte ce chauffeur robotique. Ça m'arrange, moi, le perpétuel tireur de plans sur la comète.

Une première semaine de coanimation, d'«écoute active» du malentendant, s'achevait ce matin. J'y prends déjà beaucoup de plaisir chaque fois qu'un appelant fait montre d'ironie, de sarcasme et, ça arrive parfois, d'un esprit vraiment brillant. Il y a aussi quelques têtes de linotte, plusieurs râleurs sur banalités et, assez souvent, de ces gens éprouvés, malchanceux graves et qui se font du bien en déversant dans nos oreilles compatissantes leurs griefs, leurs déceptions de la veille, leurs chagrins profonds ou légers. Thérapeutes-du-dimanche, psychologues naïfs, conseillers primitifs, Marcotte et moi jouons les derviches, riant aux apostrophes de libération, nous attristant volontiers avec les victimes de mauvais sort.

Il se peut bien toutefois qu'à la fin de l'année, avant Noël 1994, j'abandonne ce rôle amusant qui m'amusera peut-être moins. Si Raymonde ne s'est pas encore pris les doigts et les pieds dans une quelconque production pour pigiste, je l'inviterai à un départ pour quelque «Cithère» de notre choix. Peut-être Cuba ou la Martinique, le Venezuela ou le Mexique, ou bien la Floride, *my dear*! Y séjourner tout un mois, peut-être deux ou trois, pourquoi pas? Nous avons réussi à nous rendre, elle à cinquante-six ans, moi à soixante-trois ans. Nous mériterions bien un abri pour l'hiver d'ici, arctique.

Paul Arcand me fait croire, depuis lundi, que ses auditeurs lui téléphonent nombreux pour lui manifester leurs vifs regrets de ne plus m'entendre raconter mes anecdotes vécues à *Montréal, ce matin*. Oui, pauvre corbeau à fromage, j'ai fini par le croire et par accepter de revenir à son micro. Ainsi lundi prochain, son public – ravi n'est-ce pas? – pourra m'écouter narrer notre sortie en bateau sur le Saguenay, direction cap Éternité quand je frissonnai d'entendre un *Ave Maria* chanté dans le haut-parleur du navire. De voir cette statue géante, juchée sur un cap, je l'ai dit, fut un moment parfait de grâce. Du genre sans doute de celui qui secoua le poète baroque Paul Claudel derrière un pilier de Notre-Dame de Paris en un certain Noël. Dès l'anecdote mystique enregistrée, je file reprendre l'aspirateur réparé chez Laflamme, rue Amherst, et je me jette sous la ville, dans son long tunnel, puis, une fois de plus dans l'horrible tranchée-Décarie. À midi et demi, je suis avec elle! L'été lui va bien, la retraite anticipée lui va à ravir. Je ne l'ai jamais vue si bien dans sa peau, tout épanouie. Quand je la questionne pour vérifier si je m'illusionne, elle me redira encore: «C'est mon premier vrai été de vacances depuis que j'ai été nommée réalisatrice. Il y a bien longtemps, comme tu sais.» Je suis fou de joie de la savoir si heureuse.

Nous mangeons un sandwich fromage-jambon comme on fait le plus souvent ici, le midi. Nous allons au rivage. Je répare ensuite le fossé creusé par les deux tempêtes shakespeariennes de fin juillet et début août. Je sème le sac à «gazon-ombre» en entier. La cicatrice est plus ou moins bien refermée. Il n'y a plus qu'à attendre, ô Germinal, la pousse de cette jeune pelouse. La petite Boudrias s'amène, on a voulu l'amener voir *Les Nonnes II*, mais pas de billets libres le samedi soir. Nous prenons un long dîner aux chandelles anti-moustiques, dehors, sur la longue galerie. Trop de rouge, encore une fois. J'aurai du mal à m'endormir. Il faut que j'arrive, devenu vieux, à me modérer là-dessus. Je me jure: «Un verre de vin rouge, pas plus!» mais je ne m'obéis jamais hélas!

Jasettes! Potins! Nouvelles vraies de la SRC où Josée est toujours scripte. Fausses rumeurs pour rigoler. Rumeurs consistantes pour nous faire nous esclaffer. Il est tard. Le lac, sous la lumière lunaire, se pose un manteau d'écailles luisantes. Ça coule. Ça bavasse là-haut. On refait le monde... des médias. Des chauves-souris font de furtifs dessins griffés entre sapins et érables-à-giguère. Il fait bon!

Encore une journée typique de cet été sournois et énervant. Des nuages coursent sans cesse, matin, midi et soir. Le soleil, coquin, fait des apparitions pleines de suspense. On s'installe au rivage, journaux, livres, magazines, limonades, huiles de protection et hop, on remonte vers le chalet. Un peu de pluie. Beaucoup de vent.

En après-midi, c'est vraiment le mystère. Un temps lourd, un ciel d'une lumière blafarde, un firmament de mercure, catafalques noirs ici, et là, vallées célestes aveuglantes. Un samedi matin inquiétant et qui finira par montrer son vrai visage, passé minuit, quand le vent va encore tout renverser. La pluie violente, des cordes. Puis, encore le mitraillement de la grêle. Raymonde va voir la cave, l'électricité nous lâche, elle trébuche dans l'escalier de la cave, je cours fermer toutes les fenêtres, me faisant doucher copieusement. Marie-Josée m'aide. Raymonde nous rejoint, précédée par un chandelier dont la lumière jaune la transforme en un radieux tableau. Un de La Tour ma foi!

*
* *

Ce matin, j'ai rebroché tous les bardeaux de cèdre du cabanon à bois qu'un orage précédent avait fait voler en l'air. J'ai vieilli. Je suis moins vite. Je suis moins brave. Je replace sans cesse l'escabeau sur le rebord du toit du cabanon. Je crains que ce toit, improvisé par mes soins, ne s'effondre. Mais pas question d'engager un étudiant ou qui que ce soit. J'aime exécuter moi-même ces travaux. Je serais millionnaire et il me semble que je me débrouillerais pour faire ces réparations de ma «blanche main». Depuis toujours et malgré mon peu de compétence, j'ai voulu me charger de ces menus travaux. C'est un besoin qui doit venir de loin. Des ancêtres-colons obligés d'être autosuffisants? D'avoir admiré papa qui, pas plus habile que moi là-dedans, s'échinait à réparer tout ce qui cassait dans un logis où neuf personnes se démenaient? Je ne sais pas. Raymonde me regarde aller dans ces travaux de loisirs en souriant. Elle a deviné depuis longtemps que «son homme» prend bien du plaisir à s'imaginer menuiser, plombier, plâtrier, électricien, peintre, recolleur, repriseur, recouseur, remodeleur... elle rit même parfois, et avec raison, en voyant certains résultats de l'homme à tout faire, du *Jack of all trades*.

Raymonde est en train de lire *Soho*, de mon ancien petit camarade des combats sociaux divers, des unions d'écrivains naissantes, François Piazza. Je patauge avec Josée, dans tous les cahiers de tous les quotidiens du jour. Le temps se couvre peu à peu.

Le lac se compose une allure de fleuve infernal. Achéron? Styx? À l'horizon de l'ouest, tableau romantique, des radeaux de grisaille foncent vers nous. Un modelage de brume charbonneuse. L'apocalypse pour rire, ma foi! Raymonde, faute de théâtre, est allée louer le film *Philadelphia*. Vers vingt et une heures, on ne sait pas qu'une tornade est en salle de répétition pour nous écœurer, on quitte à regret l'excellent gâteau et le bon café chaud pour aller au cinéma chez soi.

Philadelphia est une bonne histoire d'avocasseries. On a congédié, sous un faux prétexte, un brillant jeune associé dans un prestigieux cabinet d'experts-plaideurs. On a peur du sida. De la contagion. Le chômeur va se défendre avec l'aide d'un confrère noir, courageux à l'usage, et rompant avec la «langue de bois» de l'injustice triomphaliste. C'est bien mené. C'est sensible. C'est un film modeste et, dans ce genre de récit populaire, il y a une excellente propagande progressiste. De tels films, sans prétendre au documentaire bien scientifique, font énormément pour abattre les préjugés idiots auprès de vastes auditoires. Bien davantage, dans le cas du sida, que des montagnes de pétitions, de marches, de déclarations pompeuses. La force du septième art, passé dans la moulinette du huitième art. La télé, un art? Hum! Oui! Parfois. Une heure toutes les cent heures? Davantage?

Philadelphia se termine avec la mort du héros et les premiers grondements du tonnerre, les premières zébrures de feu dans la nuit laurentienne. Alors nous grimpons tous les trois aux chambres, et je badine: «Éclairs de chaleur, il va faire beau demain.»

Quinze minutes plus tard, éclate l'orage qui fera vibrer toute la maison de Raymonde.

Un beau dimanche s'annonçait dès potron-minet et puis, avec les heures qui avancent, c'est un autre jour de cet été 1994 aux ciels toujours menacés de nuages. «Ciel variable» répètent les perroquets en météo de tous les médias. Josée décide qu'elle ferait mieux de rentrer chez elle, à Saint-Laurent, en bonne petite nièce du maire qui doit achever au plus tôt son grand ménage, en finir avec son «barda». Raymonde et moi allons nous installer, pachas paresseux, dans nos fragiles transats de bois trop mûr, sur les mœlleux coussins jaune canari. La belle vie. Elle ne dit plus, comme les étés passés: «Encore un été trop court», ma compagne de vie, puisqu'elle n'a plus à retourner à son boulot de réalisation. Aux recenseurs en listes électorales, rue Querbes, mercredi dernier, je l'ai entendue déclarer sur un ton de défi: «Mettez retraitée, messieurs!» Aussitôt, je lui ai recommandé de faire inscrire: «Réalisateure pigiste». Elle accepte en maugréant un peu! Ma surprise! Diantre, elle ne veut plus jamais travailler!

L'orage, bref mais pas moins violent, samedi soir, a arraché encore quelques bardeaux de cèdre du cabanon! Je ressors l'échelle d'aluminium et repose les planchettes. Je me demande si ma semence de pelouse-à-l'ombre n'en est pas bousillée! J'ai ramassé aussi branches et feuillage arrachés, je ferai un feu s'il n'y a pas de vent ce dimanche soir. Voilà qu'à quinze heures, soudainement, des ondées nous font grimper sur la galerie. Averses-surprises. Il pleut au soleil. C'est joli à voir. Raymonde toute heureuse téléphone aux Faucher pour leur confirmer – c'est décidé – que nous ferons avec eux ce premier «voyage organisé» comme on dit. Si nous n'aimons pas ça, ce sera le dernier, mais il nous semble que la formule doit avoir plus d'avantages que d'inconvénients pour visiter des pays étrangers à la francophonie. On verra bien!

J'aime bien relire, en tranches, *Occasions de bonheur*, ce feuilleton d'Alain Stanké dans *La Presse*. Il est cruel pour certains écrivains qu'il a fréquentés, Lemelin, Thériault, par exemple. À un moment donné il parle des livres de moi qu'il a édités (*La Petite Patrie*, entre autres) comme d'une littérature «locale». Pour l'éditeur des mémoires de Nixon, la littérature nationale d'ici (on est une nation, oui?) devient, pire que régionale, locale. C'est du mépris, mais (je connais Alain) inconscient. Si on le lui fait remarquer, il se corrigera volontiers de ce genre de... méprise. Sous ses dehors «populistes», il y a beaucoup de snobisme chez ce fils de bourgeois lithuanien qui a connu une jeunesse massacrée qu'il raconte avec beaucoup de talent dans un de ses bouquins auto-édités (*J'aime encore mieux le jus de betterave*).

*
* *

Dans quinze jours nous entrons à *La Presse*, Daniel et moi. En pigistes. Un retour au bercail pour moi qui y signais la page «Arts plastiques» de 1961 à 1967. Nous avons quatre «polémiques» prêtes à la publication. Je profite du mauvais temps pour répondre à un cinquième questionnement-critique de «Jasmin le Jeune» (comme on disait Pline l'Ancien!) qui s'attaque au grand-père-gâteau que je serais. Ses reproches, fondés, forment un nuage accablant au-dessus de ma tête. Je lui avoue carrément qu'il y a certainement, dans mes façons de faire, une sorte de compensation infantile. Nous avions si peu, si peu, jadis. C'est à soi-même sans doute qu'on offre tant de cadeaux! Il faudra que je corrige cette manie puérile le plus tôt possible. Il y a trente ans, quand je n'avais pas de petits-fils mais un fils, lui, Daniel, et que je lui achetais un jeu de meccano importé de Suède, ou un train électrique ou des voitures de course, déjà, c'était à moi qui n'avais eu que de si maigres étrennes, enfant, que j'achetais ces petites merveilles. Histoire classique.

En soupant, nous regardons, en reprise, des sketches de la série télévisée *Surprise sur prise*. Les scénaristes chez Pram, compagnie de Marcel Béliveau et Pierre Robert, ont fait montre de bon talent. Nous admirons les excellents tours joués aux Jean Cournoyer, Paolo Noël et surtout, Martine Saint-Clair. C'est excellemment fait, avec des effets techniques adéquats. Leur «moyenne au bâton», comme on dit au «base-ball», est forte!

*
* *

À propos de télé, l'ex-critique télé de Radio-Mutuel veut aussi louanger une longue et périlleuse entrevue avec le doué et sinistre ivrogne-chansonnier de Paris, Serge Gainsbourg. Le gaillard, toujours dans de joyeuses et vagues vapeurs, s'est laissé fouiller les entrailles par un Jean-Pierre Coallier en verve et en instance de franchise. Coallier qui, trop souvent, se contente d'une agitation ronronnante et paresseuse, a montré vendredi dernier (en reprise) qu'il peut, s'il en a le goût, mener un train de questions opportunes avec une rare mæstria. Chapeau! Pathétique dans son éthylisme à bafouillages et à cafouillages, Gainsbourg ne s'est nullement démonté des allusions et des vérifications délicieusement effrontées d'un Coallier inhabituel.

*

*   *

Plus tard, on a pu voir un spectacle des Franco-Folies de 1993. Demain, lundi, 15 août, ce sera la grosse fête acadienne à Chéticamp, dans l'Île-du-Cap-Breton, sorte de rallonge géographique de la Nouvelle-Écosse. Déjà, ce soir, on peut de nouveau constater que la bonne femme, géante blonde, nommée Édith Butler, malgré une parlure «défectueuse», un français approximatif à la syntaxe abâtardie, fait voir une sorte d'énergie qui fascine, qui entraîne, qui lui sort de partout et qui, soudain, au détour d'une chanson plus grave, émeut, bouleverse même. Cela se nomme du fort talent. Avec elle, il y avait ce curieux ex-prof venu de la Louisiane, Zachary Richard. Dans une interview samedi, Richard a avoué ingénument et avec une franchise totale qu'il ne représente rien, que, là-bas, c'est irrévocablement perdu, qu'il n'y a plus guère de traces de français vivant. Voilà notre destin à coup sûr, ici, si cinquante pour cent des nôtres continuent leur flirt fatal avec cette fausse confédération, celle du dix à un, celle qui nous provincialise. «Une amie d'enfance», dit la Butler (je le dis comme on dit la Bolduc) quand elle présente la chanteuse classique Landry. Ensemble et avec un entrain réjouissant, elles chanteront une sorte de «rap» paysan formidable, *J'ai du mil, du coton, du tabac, de la poudre à fusil... et de beaux oiseaux.* Grands moments à la télé.

*

*   *

Je regardais Robert Charlebois (reprise d'un spectacle de La Rochelle) et j'étais médusé de voir ce grand et un peu grassouillet vieux garçon (il doit avoir au moins cinquante ans!) se grouiller sur scène avec une énergie endiablée. C'est fabuleux. Sait-on bien, ici comme en Europe, que c'est grâce à des types comme Charlebois (le célèbre *Jaune* de Ferland aussi) que le français a pu échapper à la noyade complète de la chanson populaire? Presley, les Beatles, les groupes de rock anglo-saxons, avec leur talent mais surtout avec leurs moyens économiques prodigieux auraient pu effacer, et pour longtemps, la chanson populaire en français sans quelques solides talents comme celui, justement, de Charlebois. Ainsi, nous avons visionné le concert, à La Rochelle encore, consacré à l'énorme talent de parolier de Luc Plamondon et c'était une renversante preuve. Plamondon, lui aussi, est un efficace rempart contre l'ultra-puissante vague rock anglo-saxonne.

*
* *

Après les mauvaises nouvelles avec ce Bernard Derome fataliste au visage de Cassandre et ses regards d'ange annonciateur d'apocalypses appréhendées, je vais dormir. Raymonde peut veiller, elle, et regarde un des films du décalogue cinématographique connu. Ce soir: *Tu ne voleras pas*. Demain, deuxième semaine à faire avec ce Marcotte poli, homme du monde, ambassadeur courtois, diplomate aguerri, mon contraire. Cela m'amuse, quand je fais le méchant mal embouché, il me jette des regards amusés, surpris. Les contraires s'attirent? Je ne suis pas encore sûr que nous réussissions cette «chimie» mystérieuse qui fait que des duettistes font bonne équipe. Une sorte de gelée: «Du Jell-O qui pogne ou qui pogne pas.» On verra, verrat!

Brume partout dans les collines mais c'est fréquent. Le jour se lève et apporte sa chaleur sur les froideurs de la nuit laurentienne. Gros «mottons» blanchâtres ici et là. Sur les cimes, paquets mouvants de brouillard épais mais qui glissent en s'effilochant, coton évanescent, ouates filandreuses qui s'accrochent aux falaises des alentours. J'ai pris la Jetta 90 de Raymonde qui roule plus confortablement que mon pauvre Cabriolet 87. Que je garderai jusqu'à temps qu'un garagiste me menace d'une facture bien salée.

Un lundi matin de retour au boulot après vacances, pour plusieurs, car l'autoroute du Nord est bien garnie. Que de véhicules, doux Jésus, tant et si bien que ça bloque avant même la rivière des Prairies et que je sors, entre des «chicanes» posées par les cantonniers-réparateurs, à Salaberry. Je me promets de faire cela toute la semaine, je pique vers l'Acadie, je roule jusqu'à Sauvé, puis je tourne vers le sud sur Christophe-Colomb et hop! vers Rachel et Papineau, CJMS!

Pour deux «tomates», le retraité (trente ans de loyaux services, dit ma carte à photo) peut stationner à la SRC. J'y vais, je l'ai dit, pour l'excellent café du comptoir Van Houtte où il y a aussi de grosses brioches de bonne qualité. Je n'en reviens pas d'y voir tant de monde. Il y a eu tant de lamentations. On coupait tant, de façon si sauvage et, ma foi, y circule encore une foule imposante. Est-ce que tout ce monde-là, que de jeunes visages inconnus, n'a obtenu qu'un emploi précaire? Des travailleurs qu'on peut contrôler, donc menacer, déplacer, renvoyer et réengager selon les caprices des petits chefs et des cadres. Inamovibles, eux. Si c'est le cas, c'est d'une tristesse grave. Pauvres jeunesses manipulées, intimidées par ce système des «à contrats résiliables». Par contre, s'ils sont tous permanents (avec l'inconvénient de l'incompétence syndiquée, bois mort à traîner), eh bien, on nous a menti quand il y eut chorus de lamentations: «On veut assassiner la télé d'État.»

Coupures pas coupures, je reconnais encore quelques anciens visages. Je revois le réalisateur de variétés, bien connu de ses pairs, Bernard Picard, squelettique, lui jadis si gras boudin. «Salut! Oui, j'ai maigri. Le cancer. J'ai lâché les docteurs. Je me soigne seul. Je refuse leur diagnostic fatal. Je crois à la technique de la visualisation. Ils ne m'auront pas. Je me débats...» Bref, le langage typique des misérables pathétiques qui résistent. Demain, que je me dis, ça pourrait être moi. Ou Raymonde. Un parent proche. Un ami intime. Brr! Brr!

Le trajet de soixante-dix minutes sur la 15 me permet chaque fois de jongler à «de quoi sera fait mon topo avec Arcand pour ses matins montréalais». Hier, il a passé le coup du cap Éternité, demain, j'ai trouvé, ce sera «ma nuit chez Esther» à La Baie, où nous avons été hébergés, les hôtels de la baie des Ha! Ha! étant pleins comme je l'ai raconté déjà.

Ce midi, bref arrêt chez le cochroniqueur de *La Presse* du dimanche, Daniel. Les garçons sont partis. Cela se nomme le «camp de jour». J'en ai quelques mauvais souvenirs, il y a trois ans de cela, des monitrices débordées et hystériques, des enfants menés au pas militariste, des pique-niques sur de la boue humide, bref, je n'aime pas trop. J'espère que je fus malchanceux à cette époque. Les coups de sifflet incessants, les cris des malhabiles monitrices immatures, scènes douloureuses que je n'oublierai pas, ni le cri d'un fils d'Éliane: «On aimerait mieux rester à l'école tout l'été plutôt que d'aller à ces maudits camps de jour!» Raymonde me prévient, avec raison, que l'enfant peut aussi être manipulateur et menteur. Je souhaite que le camp de cette paroisse, cette année, soit mieux, bien mieux que le camp de Saint-Paul-Apôtre en 1990-1991.

Daniel me remet un nouvel article. Cette fois, il n'y va pas de main morte. Il me déclare, par écrit, et ce sera publié, qu'il est embarrassé par mon personnage public, celui de «la grande gueule» en médias. Bravo! J'aime bien le courage. Il y sera répondu. Je suis si content de voir tant de franchise que je lui donne le roman des années soixante vécues par ceux qui ont cinquante ans maintenant, le *Ostende* de Gravel. Je lui dis qu'il pourrait en faire un sur les années soixante-dix vécues par ceux qui, comme lui, auront bientôt quarante ans. Je lui offre une sorte de «coaching», ce que j'ai toujours refusé jusqu'ici à tous ceux qui m'écrivaient pour une telle aide. Si ça lui agrée, évidemment. Il sourit de mon enthousiasme: «Tu comprends, pour moi, le roman c'est fini probablement, lui dis-je. Tu pourrais essayer de me relayer, non?» Il ne me répond pas. Bêtement, je regarde sa chère Lynn: «À moins que toi, Lynn, tu t'y essaies? Non? Qui me continuera? Qui?» Je ne sais pas ce que j'ai. Est-ce que je sens venir ma mort? Je me trouve ridicule et je pars vers le Nord pour aller luncher au soleil, malgré quelques nuages, au bord de l'eau avec celle qui est le suc de ma vie, le suc et le sucre, le miel, le poivre, les épices, les herbes. Alléluia!

Je me baignerai brièvement. Il fait frais. On dirait la fin de septembre, octobre même. Nous aimerions recevoir Marielle revenue de France et de Navarre. Téléphone. «Je pourrai pas ce week-end-là, mon Albert travaille sur le *shift* de nuit à Air Canada.» Raynald y serait? Non. Il n'a pas rappelé, mon frère doit retourner à Notre-Dame. On utilisera cette fois la technologie de pointe, le laser. Au téléphone, je le sens un peu déprimé. Inquiet. Il est comme moi, pas du tout friand des hospitalisations. J'y suis allé une seule fois, en 1944, à Sainte-Justine, pour une appendicite aiguë, j'avais treize ans. Marielle me rappelle: «Écoute, voilà ce qu'on va faire. Un de ces mercredis, quand ta Raymonde quittera sa mère, je vous inviterai à souper. Je pourrai vous raconter mon voyage, vous montrer les photos.» Elle me répète que, comme moi, elle a trouvé Paris une ville splendide, envoûtante et elle souhaite vraiment y retourner!

*
* *

Avant de grimper, je me suis rendu, trois coins de rue à l'ouest de chez Daniel, chez Leméac. J'ai laissé un mot pour les dirigeants Lise Bergevin et Pierre Filion, absents. Je leur parle de ce journal d'été, et je leur demande s'ils peuvent publier avant la fin de l'année en cours. Pendant que je roule vers ma brune, Filion téléphonait au chalet pour expliquer que décembre 1994, c'est très bientôt, trop, que son calendrier des publications est «planifié» et plein. Il en a profité pour parler à Raymonde du sort fait à ma *Vie suspendue*. Par exemple, le Martel diffamateur de *La Presse* lui aurait confié être fort surpris de ma déception au sujet de son «torchon» me traitant de «chasseur invétéré des minorités sexuelles et religieuses». Qu'est-ce qu'il lui faut? Comment ne pas être déçu à lire que vous n'êtes «qu'un radoteur sans pudeur». Sacré Martel!

L'animateur-vedette des midis, Gilles Proulx, après s'être moqué de moi une fois de plus (je suppose que cette manie le soulage de quelque chose), vient me trouver et me dit: «J'ai appris depuis mon retour que ma biographie chez Stanké est un flop. Que sept mille copies de vendues! C'est un désastre, non?» Je ne sais trop quoi lui répondre. A-t-il oublié ses crises, son refus total du premier manuscrit, appuyé par la Louise-à-Stanké, directrice diplomatique énergique? A-t-il oublié qu'il a fallu recruter un deuxième biographe pour me censurer, m'expurger, pour ramener mon «roman de Proulx» en un quasi-livre de marketing? A-t-il oublié que ce corédacteur a travaillé à toute vitesse, à la dernière minute, pour effacer l'impressionnisme de mon manuscrit et son caractère romantique, échevelé et y fourrer la chronologie ordinaire et banale?

Pour ne pas nuire à la station qui avait grande hâte de voir paraître un livre sur leur «vedette», je me suis tu. Je me suis laissé faire. J'ai laissé travailler en paix ce corédacteur de la dernière minute. Il n'y a pas eu (là-dessus Proulx a raison) la grosse machine publicitaire promise par l'éditeur et la direction de CJMS. D'autre part, Proulx était parti en vacances quand sa biographie s'installait un peu dans les magasins. Tout à coup, Proulx n'existait plus sur les ondes populaires. Il avait le droit de prendre des vacances car je peux témoigner qu'il prépare avec énergie et imagination ses trois heures quotidiennes. Il était épuisé. Finissons-en: je suis incapable de défendre sérieusement ce livre tel qu'il a fallu qu'on le laisse à l'imprimeur. Est-ce assez clair? Après ma mort, quelqu'un, un jour, s'amusera peut-être à comparer les deux textes, mon manuscrit, qui avait ses défauts, et la mouture finale faite par le camarade dévoué Louis-Philippe Gingras. Point final.

*
* *

Avant-hier, le «Gilles», toujours d'humeur égale, en «sacrament», m'a crachoté: «C'est vraiment une honte, votre émission à *Moutarde*, je vais protester auprès du CRTC pour qu'on l'interdise sur les ondes!» Il s'est esquivé. Il aime la controverse. Bien. Je le laisse «pisser» sur tout ce qui bouge autour de lui. Proulx, avec sa mine de vieux chat futé, mi-figue, mi-raisin, me dévisageait encore hier matin: «C'est une vraie honte, vous attisez l'imbécillité des crétins qui vous téléphonent ou vous écoutent.» Je n'ai pas bronché. J'ai fini par percevoir, chez cet hurluberlu de commentateur, un aspect qui relève de la psychiatrie, il y a un côté de lui qui est un sujet des dictionnaires médicaux. Ça ne lui enlève pas ses dons. Il s'agit d'une bizarre mixture de paranoïa, de schizophrénie, avec zeste de sadisme et de masochisme simultanés.

Je m'apprête à lire la vie du grand barde William Shakespeare par Halliday chez Hachette dans la pimpante collection «Les écrivains par l'image». J'ai commencé par regarder toutes les images. Je suis un enfant, mes enfants. Je vais maintenant lire le texte. J'ai aussi à mon chevet une vie d'André Laurendeau par Denis Monière. Un souvenir du fameux journaliste du *Devoir*? Je suis à un lancement littéraire chez H.M.H. J'ai trente ans. Laurendeau, qui m'avait fait l'honneur de deux commentaires élogieux dans son bloc-notes du *Devoir*, échange quelques minutes avec le jeune «Turc» que je suis devenu, l'*angry young man* de 1960. Je lui résume les querelles idéologiques de l'heure que je commente brièvement. Il me prend le bras, me fait signe de me taire et me dit: «Arrêtez-vous, jeune homme. J'ai du mal à vous suivre. Vous discutez comme une femme!» Ça m'avait éberlué! Comme une femme?

Raymonde lit *Le Médianoche amoureux* de Tournier. Soudain, elle stoppe sa lecture et me dit:

«Est-ce que tu sais si ce Tournier est homosexuel?»
Comme je n'en sais rien, je lui dis: «Oui, ça doit, car il
fait partie de l'Académie!» Elle rit et ajoute: «Non mais
sans blague, est-il comme Matzneff, un pédophile avoué?»
«Je ne sais pas!» Curieux. Jamais Raymonde ne pose ce
genre de questions. Il a fallu que l'une des nouvelles soit
assez... spéciale!

*

* *

Après les mauvaises nouvelles dont une bonne
(on a enfin mis en prison le célèbre terroriste Carlos), je
monte me coucher. Demain, mardi, demain *La Moutarde*, déjà une certaine routine. Demain, je fais la
demande officielle pour m'absenter deux semaines afin
de voir Vienne, Prague et Budapest. Je croise les doigts.

Bon, inutile d'épiloguer, on a compris, ça va être le même spectacle météorologique d'ici la fin de l'été ma foi. En un résumé bête: ciel variable. Autrement dit: ciel nuageux. Parfait, n'en parlons plus. Je roule sur la 15. La radio de ma vieille Volks refuse de diffuser les stations AM, je n'écoute plus que le FM de la SRC. C'est reposant, pas de criée publicitaire. Je sais que nous formons un public, disons, confidentiel, et après?

J'ai essayé de bien plaider ma cause, ce projet de visiter Vienne, Prague et Budapest. Les hauts cris de plus belle! «Tu es malade ou fou, mon pauvre Claude, en octobre, en plein dans les sondages des indices d'écoute? Ce serait du sabotage de nous faire cela.» J'y ai mis une grosse croix définitive. Dire qu'il y a plein de pseudo-écrivains, poètes à gogo, professeurs de théories abstraites pour épivardés obsolètes, peigneurs de girafes, trieurs de cheveux coupés en huit, qui y sont allés et plusieurs fois dans toutes ces villes qui m'attirent. Ces ratés malins ont vite appris les petits jeux des coulisses à subventions, bourses et voyages aux frais des cochons-de-payeurs d'impôts. J'ai toujours cru plus honnête d'aller travailler même si, comme chante Zachary, *C'est trop dur.* Pour moi, demander la charité *çé quèque chose j'peux pas faire.* Et j'espère de vivre vieux, moi aussi, cher Cajun Richard!

Au téléphone, Françoise très déçue. Très. Nous avons, elle et moi, et même elle et Raymonde, des caractères différents. Des tempéraments à l'occasion opposés. Nous avons nos aimables engueulades à l'occasion, mais j'aime cette femme toujours capable ou d'indignation ou d'admiration. J'aime sa ferveur. Elle en a toujours à revendre. Je suis «son grand chien fou». Je crois qu'elle m'aime bien. Il faudrait lui demander pourquoi. Je sais qu'elle s'amuse beaucoup de nous voir nous taquiner, son Jean et moi. On joue à se lancer des piques. Des raides parfois. Le jeu de la lucidité. L'amitié réelle fait qu'on ne se fait pas mal.

Rue Garnier, plus tôt, dans la boîte aux lettres, j'ai déposé sans bruit, en vitesse, comme en cachette, deux répliques écrites aux attaques filiales de Daniel. Il y a que le benjamin de ma fille, Gabriel, s'y fait garder et je ne veux pas qu'il me voit. Ce qui est formidable: ce logis de la rue Garnier est en plein sur mon trajet, tous les jours, quand je me rends à CJMS.

Marcotte a un tempérament vraiment tout en douceur. Il ferait un bon diplomate. C'est un homme qui aime la joie, la bonne humeur, la douceur de vivre. Il n'est pas du genre à allumer les feux des vindictes ou à exciter les enflammés protestataires. J'ai connu, au monde des variétés, quand j'étais décorateur de télé, des gens de sa sorte. À leur contact, j'ai perdu pas mal d'aspérités. Je suis devenu, entre trente et trente-cinq ans, moins «noir», moins désespéré, moins «camusien», quoi. Ils m'ont fait du bien les Yoland Guérard, les Serge Laprade, et autres vedettes du temps. Ils souriaient aux gens des plateaux, en forme ou non. J'ai compris qu'il est bien plus agréable de détecter, comme on dit, «le bon côté des choses», « les bons côtés de la vie». Pierre ne se force pas, ça lui est naturel; il sourit à tout et à tous, tourne en blague les petits désagréments du quotidien. Ce matin, il m'entraîne au sous-sol chez la cantinière et, comme s'il était «aussi» propriétaire de ce restaurant-là, me fait une paire de rôties, y met la confiture et me prépare le café, tout cela en me taquinant sur mon retard.

C'est plus fort que moi, je ne reste pas très longtemps gentil et léger, ça n'est pas long que je songe aux horreurs des mensonges politiciens, aux égocentrismes des nôtres qui veulent tous des bienfaits en une campagne électorale pourtant cruciale pour notre avenir collectif. Je pense aux guerres atroces, au Rwanda, à la Bosnie et... au sida!

On ne se change pas, mais je sais vivre. Je me pose un masque. Et en avant la rigolade.

En vingt minutes, par les voies rapides, je suis soudain devant l'annonce: sortie Sainte-Rose. Je pense à l'oncle Léo et à sa Chevrolet 1940, rouge vin. Papa n'a jamais eu d'auto et l'oncle venait nous conduire au chalet le 23 juin de chaque année. Pour franchir cette distance, cela lui prenait presque deux heures. Aujourd'hui, les gens se rendent dans ce coin-là en trente minutes par la 640.

Le temps est resté frais. J'hésite longtemps, jusqu'à dix-sept heures, avant d'aller me jeter à l'eau. Je veux nager au moins une fois par jour. L'eau des trois orages ne s'évacue pas du bord de l'eau et, de ce petit marécage, émane une puanteur insupportable. Il va falloir que j'y jette de la terre. Où la prendre? Comment en faire venir? Ça m'ennuie.

Monique Miller, au téléphone, annonce à Raymonde qu'elle part pour la Grèce, une quinzaine, qu'elle y amène son fils, le musicien, fils aussi de François Gascon de la célèbre famille de gens de théâtre. Marcotte me disait l'autre jour: «Au Mont-Saint-Louis, il y avait trois élèves dont les pères étaient embouteilleurs et distributeurs d'eaux gazeuses, dont un fils Gascon des Liqueurs Christin. Musique? Robert

Bourassa a un fils «jazzman», Alain Stanké a aussi un fils musicien, mon ex-camarade de l'école du Meuble, le céramiste Gilles Derome, Jacques Languirand aussi. Monique ne m'a pas dit à quelle sorte de musique s'adonnait son grand garçon. Quand j'étais jeune, dans les années quarante, il me semble qu'il n'y avait aucun jeune musicien dans la nation. Exception rare, on entendait parler du jeune prodige André Mathieu, mal tourné, errant dans les tavernes du Plateau Mont-Royal, échangeant des bouts de sa composition pour deux bouteilles de Black Horse. Rumeur romantique? Non, le cinéaste Labrecque, qui a fait un film sur Mathieu, répétait tout cela à CBF-FM, l'autre matin.

*

* *

Aux mauvaises nouvelles de vingt-deux heures, vision sinistre du quartier de ma jeunesse: des marchands tentent d'empêcher le chef des souverainistes de faire sa campagne au marché Jean-Talon. Des cris. Une bousculade. Un enragé tente de frapper, il est retenu par la force. Cela se passe là même où papa, j'avais douze ans, m'avait amené écouter Henri Bourassa. L'auguste vieillard défendait les gens du Bloc populaire et y présentait André Laurendeau, candidat. Le temps a passé. Cinquante ans plus tard presque, la lutte pour une patrie se continue. La bataille s'achève peut-être enfin. Suis-je trop optimiste? Des immigrants! Les fils d'immigrants aussi refusent donc toujours de collaborer avec les patriotes. Ils vivent, ici, aux «États-Unis» agrandis. Ils se sont laissé complètement assimiler, non pas à nous, quatre-vingt-quatre pour cent de la population, mais au pays de cocagne dont ils rêvaient; ce pays, mythique pour eux, se nomme USA.

Au *Point*, horreur politicienne, les gens de Parizeau parlent du marasme économique comme le résultat de l'incurie des régimes libéraux. Mensonge et démagogie. Pourquoi ne pas parler clairement? La récession est occidentale. La crise économique a ses facteurs, connus des dirigeants péquistes. Cette mascarade illustre le mépris des gens. C'est une bêtise grave. De part et d'autre, c'est le défilé des désinformateurs. Mais le public n'est pas si bête et, un peu partout, on peut déceler du désintérêt et même du cynisme à cause, justement, de ces affirmations trompeuses d'un côté comme de l'autre.

*
* *

Plus tôt, un film curieux, du côté mélodrame bourgeois, avec une Glenn Close étonnante en belle «diva» d'opéra, maîtresse d'un chef d'orchestre stressé, fou de son métier. Ce *Meeting Venus*, assez bien postsynchronisé en français pour une fois, nous a donné un peu le cafard car on y voyait Budapest, Prague et Vienne. Et Paris dont je m'ennuie tant depuis 1981 quand nous y étions.

La joie de cette journée? Rue Saint-Denis, dans un bistro tout neuf, luncher avec le plus beau couple de jeunes nouveaux Montréalais, Lynn et Daniel. Bonne bouffe modeste, mais surtout captivant échange de propos entre jeunes et vieux. Mon fils, son perpétuel besoin de philosopher, se pose et me pose des questions. À un moment donné: «Franchement, est-ce qu'il t'arrivait pas d'être gravement encombré par nous, tes enfants?» Je suis franc: «Oh oui! Et souvent!» On rit. J'ajoute: «J'avais une bonne idée pour un livre ou pour une dramatique télé. J'avais, plus important, ce goût de m'y jeter, le *momentum*, la fameuse inspiration et, non! c'était jour du départ familial pour une quinzaine à Margate ou à Wells Beach!» J'ajoute aussi, puisque c'est la vérité: «Arrivé à la plage, ma frustration disparaissait vite. Il y avait ta joie, ton vif plaisir des châteaux, des tunnels, du cerf-volant. Le bonheur de vous voir si contents de me savoir enfin libre de vous amuser.»

C'est un mercredi tout ensoleillé. Enfin! Nous discutons beaucoup sur les joies et les empêchements liés à «l'élevage» des mômes. J'en profite encore pour élaborer sur ma théorie chérie: il faut choisir. La liberté ou l'amour. Nul ne peut avoir les deux. Il y aurait moins de ruptures de très jeunes ménages si chacun se branchait. Il est impossible d'obtenir et l'amour (le couple heureux mais où les partenaires sont liés un à l'autre), et une existence de célibataire.

Le serveur questionné nous informe que nous sommes dans l'édifice ancien, rénové, du Press Club comme il était inscrit sur le fronton du bâtiment. Alors je raconte que j'y étais entré dans l'immédiat après-guerre, espérant devenir journaliste après trois articles publiés, espérant aussi que je serais accepté en ce lieu. Or ce n'était plus qu'un modeste cabaret, davantage une taverne, le vrai *Press Club* nichait ailleurs dans un hôtel du centre-ville. Au Mont-Royal, je crois. C'était un temps pénible, 1952. J'étais chômeur diplômé (en céramique), j'étais découragé, ma mère aussi, je rêvassais tout le jour à des carrières hypothétiques dont celle de reporter-photographe. Je ne le savais pas, mais quelques mois plus tard, je serais présentateur-marionnettiste pour *Pierre et le Loup* monté par Buissonneau sur «La Roulotte», troubadour-saltimbanque dans les parcs de Montréal. Sauvé pour un été.

J'ai demandé à Lynn si elle voulait mettre au propre les cahiers de ce journal. Elle a accepté. Si jamais elle se décroche un poste d'enseignante, elle me dit qu'elle pourra embrigader sa sœur Carole qui a des temps libres malgré sa collaboration au magazine *Le Lundi* et un poste dans l'enseignement.

Demain matin, jeudi, je vais lui glisser dans sa porte de la rue Garnier, un premier cahier. Je dois aller d'abord photocopier les pages du premier cahier où le premier mot est: «Départ» quand nous avions décidé d'aller visiter le Saguenay – Lac-Saint-Jean.

*

* *

Une heure de lunch beaucoup moins agréable pour mon amour qui m'est revenue, comme tous les mercredis, un peu ratapla. Sa mère ne s'améliore pas. C'est décidé, on ne l'installera plus à la salle à manger avec la majorité des pensionnaires. Désormais, elle sera nourrie au vivoir de son troisième étage avec, me dit

Raymonde, les cas lourds. Le début de la fin? On ne sait trop. On ne sait pas. On ne sait jamais. En apparence, Yvonne semble avoir conservé une relative bonne santé. «Mais, tu sais, quand je la ramène à la salle de musique après la brève excursion au Glacier de la rue Beaubien en fauteuil roulant, elle se souvient moins bien des chansons de son répertoire. Souvent, il ne reste plus qu'un refrain. Adieu les couplets!»

Il fait toujours très doux. Ciel encore plein de lumière quand, apéros bus, on décide d'aller manger, rue Bernard, pas loin, à la terrasse d'un resto thaïlandais. Bon petit menu plein de machins exotiques et, pour distraire Raymonde, tout autour, l'habituel spectacle de la faune outremontaise ou des visiteurs curieux. Nous parlons, *ad lib*, de tout. Et aussi de rien! Je me redis que je serais curieux d'aller voir les premiers essais de tableaux à l'huile de mon frère Raynald, qu'une boutique d'encadrement de la rue Saint-Paul expose. J'irai demain matin ou après demain. Raynald, depuis qu'il est retraité de TVA-TM, a trouvé ce qui lui sembla d'abord un loisir et qui est devenu une passion.

Ce matin, c'est déjà avec une certaine lassitude que je me suis présenté aux micros de *La Moutarde*. J'aime bavarder, répliquer, commenter, me choquer ou me réjouir, et la formule de *La Moutarde* exige plutôt un certain silence des animateurs; les auditeurs, eux, peuvent déverser leurs griefs du jour. Moi? Écoute active seulement? Je n'en ai pas pour longtemps, je le jurerais. Marcotte pourrait bien animer en solitaire. Pourquoi pas?

Ciel gris. Encore ce matin, croissant frais, brioche et café, rue Querbes. Raymonde a rendez-vous chez sa coiffeuse. «S'il continue à faire si mauvais, on reste en ville aujourd'hui!» Je suis d'accord. Je pars, sans enthousiasme, pour les quatre-vingt-dix minutes d'écoute des «empêchés» de tout acabit. J'ai laissé quatre cahiers du journal rue Garnier, en passant; je suis allé, durant un peu plus d'une heure, hier, m'installer, avenue du Parc, devant une machine à photocopier. Je crains énormément une Lynn découragée qui démissionnera vu mon écriture d'apothicaire. Je touche du bois.

*
* *

Raymonde m'arrive pimpante. Elle craint toujours, au retour de chez la coiffeuse, d'avoir autorisé un désastre capillaire! Je la rassure tout de suite. Sa coupe «Jeanne d'Arc» lui va à ravir. Cela la rajeunit à mon avis. Elle garde toujours sa petite folle frange sur le front, son *trademark* depuis toujours. Elle va et revient du miroir du couloir. Je suppose que toutes les femmes sont ainsi. La peur d'avoir été trop loin. Elle me répète justement: «Trop court. C'est beaucoup trop court.» En ce domaine, vous avez beau protester, complimenter, multiplier les éloges, la femme vous fait vite sentir qu'elle seule peut juger adéquatement du résultat d'une séance au salon de coiffure. Elle s'éloigne et je l'entends marmonner en se «taponnant» ce qui lui reste de cheveux: «Oui! trop court. Bien trop court, mais ça repousse!»

J'écoute les messages du répondeur. Filion, chez Leméac, veut que l'on se voit pour parler de l'éventuelle publication de ce journal d'un été. Je suis paresseux. Je ne cesse pas de me le répéter. Leméac est un des éditeurs importants au Québec. Je sais bien que les dirigeants doivent planifier pas mal d'avance. Je me demande si une maison plus modeste, moins connue, peut-être moins prestigieuse puisque moins vieille, ne serait pas tout heureuse de me publier. Un genre de question à risque. Je sais. Les jeunes maisons d'édition souhaitent sans doute des auteurs jeunes. Eh!

Je rejoins un ex-camarade radio-canadien qui veut me parler. Le réalisateur des variétés, André Morin, me demande si je me sens assez libre pour m'impliquer comme auteur dans un projet de télé que sa toute neuve compagnie veut produire. Nous jasons de nos bons et mauvais coups de jadis. C'est un étrange personnage. Célibataire endurci. Il a des façons de chanoine. Un langage d'évêque à la retraite. Il aime rire. Ce qui m'arrange bien. Il est un genre quelque peu sibyllin et ne me découvre qu'à demi le contenu de son projet. Je lui dis: «J'ai toujours du temps libre quand un projet est stimulant.» Nous parlons d'André Mathieu, l'enfant prodige tombé qu'il a connu, enfant. Nous parlons aussi du «caractériel» Paul Dupuis, tombé lui aussi dans l'éthylisme. Il s'en était fait un ami. André Morin était aussi ami et confident de l'ex-maire Jean Drapeau. Aussi, Morin fut mis en congé en 1976 pour mettre en scène les cérémonies d'ouverture et de fermeture des Jeux olympiques de Montréal. Nous avons convenu de nous rencontrer, début septembre.

Suis-je paresseux? Une certaine frousse m'habite. La peur de me ré-embarquer dans des projets qui, si souvent, n'aboutissent pas. Depuis que j'ai une sorte de permanence à la radio de CJMS (tous les jours!), je suis devenu plus froid à l'égard des généreux initiateurs de projets flous.

Soudain, André me dit: «Es-tu en bons termes avec Téléfilm-Canada?» Il va à la pêche ou il sait? Je lui raconte, très vite, une certaine chicane avec le directeur «Lamerdière». Il me corrige mi-figue, mi-raisin: «Laverdière, Claude!» Lors d'un projet que j'ai oublié, il y a cinq ou six ans, on me traitait comme n'importe quel débutant amateur. C'est courant chez les bureaucrates, ce mépris, ce besoin de *power trip*. J'en avais contre les jurés anonymes qui jugent nos textes, eux, des ratés, des *has-been*, des coureurs de jetons, de cachets. Ces cliques de parasites indispensables ne sont nullement mes pairs et leurs rapports anonymes m'assomment. Ce directeur, forcément, tranchait en faveur de ses sbires-lecteurs. Orage. Je dis à Morin: «Mais moi, je ne suis pas rancunier. Lui, je ne sais pas. Tu lui demanderas!»

Ligne refermée, je prends encore conscience qu'avec la manne prise dans les poches des cochons-de-payeurs d'impôts, nous tous, il y a plein de compagnies bidon qui sortent de terre, et que si bon-papa-l'État fermait son tiroir-caisse à gaspillages éhontés, comme par magie, toutes ces fausses compagnies de quêteux-à-cheval à fausses facturations fermeraient immédiatement. J'espère que Morin fonde une vraie compagnie! Au fait, tiens, pourquoi est-ce que je ne forme pas ma maison de production? Non, je déteste trop magouilles et livres de dépenses truquées!

Hier soir, j'ai eu honte. J'ai dit: «C'est bien mon tour. Je prépare le souper!» Et j'ai encore fait ma «fameuse» sauce aux tomates italiennes avec beurre, bouillon de poulet et vin rouge. Il faudrait absolument et au plus vite que j'apprenne de nouvelles recettes! Je me le promets. Aujourd'hui, j'ai pris conscience des charmes de ma nouvelle belle vie depuis que j'ai eu le courage de quitter ce rôle de critique de télé à *Montréal, ce matin* que j'ai tenu durant deux ans. Plus de ces tête-à-tête du matin. Je l'ai dit, je quittais le foyer vers six heures et demie. Maintenant, je pars à neuf heures. Ce matin, encore brioches au sucre et à la cannelle, du «Pain doré», sur la petite galerie d'en arrière.

Raymonde montera seule, avec sa Jetta, dans nos collines. Moi, vers onze heures, midi. Je suis allé au boulot plus léger ce matin. Je me suis parlé. Au fond, j'aime bien cet ouvrage d'écoute. C'est un défilé si cocasse. Y viennent des crétins mais aussi des correspondants téléphoniques enjoués qui apportent un air de gaieté à l'émission. Je me suis parlé. Je me suis raisonné. Je me suis convaincu d'être un chanceux, payé pour m'amuser. Payé pour accepter tout simplement d'écouter des citoyens qui veulent manifester publiquement leurs désagréments quotidiens. Bref, je me suis amusé vraiment.

C'est important pour moi, à mon âge, de prendre plaisir à ce que je fais.

*
* *

Me voilà en Laurentie dès midi et demi. Raymonde a choisi du vin pour l'anniversaire de Jean Faucher, dimanche après-midi au lac Marois. Sophie, sa grande fille comédienne, lui prépare une surprise-party. Nous allons servir à le dérober des préparatifs, ici au chalet, à l'heure de l'apéro. Raymonde s'amuse à concocter un scénario en accord avec Sophie. Même Françoise ignore tout dudit «piège». Il fait beau soleil à l'heure du midi. Cloche de l'Angélus. Hélas, des motos cassent la paix du village. Trop souvent Sainte-Adèle devient une vraie ville. On construit beaucoup tout autour dans l'arrière-pays; ça amène, dans la rue Morin, des passages fréquents de camions lourds divers. Je me décide à essayer de couvrir de terre le petit marais d'eau puante sous le saule amaigri par ces orages de 1994. Je creuse une sorte de fossé dans la partie haute de terrain sous le pommier. Je sue. Je me rends vite compte que je manque d'entraînement. Après une petite demi-heure me voilà à bout de souffle, les jambes flageolantes. La brouette me semble bien pesante à trimbaler. Mais, j'y tiens, et je finis par répandre plusieurs «voyages» sur l'eau pourrie. Des nuées d'insectes ont levé et, je l'espère, sont allés se reproduire ailleurs. Je réinstalle un gros madrier totem décoratif qui était tombé dans les herbes folles du long de la clôture ouest. J'y suspendrai cette fleur métallique de cuivre qu'Yvonne m'a léguée quand elle a «cassé maison» au Village olympique. Je l'ai peinte avec du blanc. Raymonde observe son forçat du haut de la galerie. Je l'imagine froncer les sourcils quand elle m'a vu enfoncer le poteau-socle qui soutiendra la fleur de métal! A-t-elle accepté ma manie d'exposer des «cochonneries»? Je me souviens encore de ses cris quand j'avais ramassé une cuvette de toilette en belle porcelaine blanche dans laquelle j'avais mis de la terre et une gerbe de pâquerettes! Son scandale alors! Au début de mon installation surtout car, avec le temps,

Raymonde en riait et conduisait même des gens à mon reposoir de «marguerites»! J'ai fini par démolir l'urne immaculée une fois l'effet de surprise passé.

*
*   *

Quand Raymonde m'appelle pour souper, je cours d'abord à la douche, le cœur battant, la sueur me coulant dans le dos. J'ai le sentiment que de tels travaux de terrassement me font du bien et que je vais faire fondre, au moins un peu, ce satané «pneu» qui se gonfle depuis quelques mois! Lavé, séché, l'ouvrier ventru s'installe volontiers devant une chaude assiettée de rognons sauce... oui, sauce moutarde, elle y excelle. Dessert? Ô les belles framboises. Quelle tristesse que ces fraises, framboises et bleuets d'ici qui durent si peu de temps!

*
*   *

Après les mauvaises nouvelles et l'Acadie en fête, au *Point*, dodo! Le sommeil très vite est venu essayer de réparer les douleurs musculaires de ce fossoyeur improvisé qui manque tant d'exercice, moi. Raymonde lit à mes côtés, l'oreiller plié en deux sous ses épaules. Elle fait ainsi depuis plusieurs semaines. C'est nouveau. Elle, la libre, peut se lever à l'heure qu'elle veut désormais.

Comment, Dieu, arriver à me débarrasser du marais puant? Il a plu encore. Incroyable! Un été de père Noé. Toujours recommencer. Devoir remettre de la terre pour chasser l'eau stagnante, vider le pédalo, essuyer les meubles de jardin, rouvrir les fenêtres qu'on a couru fermer. J'en déprime quelque peu.

Pourtant, ce matin, ce samedi avait un bel air de doux été. Le soleil faisait briller ma grosse fleur de métal! L'eau du lac frissonnait en coulant vers sa décharge du nord-est. Cela s'est gâté bien vite et après l'heure du lunch, le vieux spectacle de l'été 1994 a recommencé, d'abord lointains grondements, brouillard qui s'épaissit, ciel qui se noircit à l'ouest, vent qui se lève, éclairs qui éclatent au faîte des collines, tonnerre qui se rapproche. On déménage de gros pianos au ciel. Soudain, le vent d'ouest devient violent et éclatent les gris nuages! La rue se transforme rapidement en une fougueuse rivière. Quelle horreur!

*
* *

Lecture, le matin, des épais quotidiens du samedi matin. Je ne m'attarde plus autant que lors de ces années récentes où je devais sans cesse me ramasser des nouvelles para-artistiques pour l'auditoire de CJMS. Quel débarras!

Raymonde rapporte de la biblio voisine *Testament* de l'abbé Pierre et *Le Journal de Zlata*. Hier soir, j'ai lu jusqu'à très tard le livre sur Laurendeau. Que de surprises! Monière a fait un lourd travail scolaire. C'est plutôt lent à parcourir. Il faut être passionné par le célèbre éditorialiste; on y déniche des anecdotes ici et là. J'ai fini par lire l'épaisse brique en diagonale. Je me suis jeté sur *Testament*. Cette fois, il s'agit d'un bref petit livre qui se veut modeste. Le fameux curé-chiffonnier se raconte sans fioritures. On y trouve, là aussi, quelques anecdotes captivantes. Le saint homme se dit «enfant», «innocent», un candide capable jadis de colères effrayantes. Il se meurt et il répète qu'il a hâte, qu'il en a par-dessus la tête de pousser sa charrette. Un livre édifiant au sens strict de ce mot. Il fait du bien. Il reçoit la visite du président de la France quand il tombe malade vers 1990. Ce dernier le questionne: «Avez-vous déjà vécu une passion? Savez-vous ce que c'est?» Réponse imprévisible du «saint homme»: «Oui. J'avais treize ans. J'ai éprouvé cela pour un jeune camarade qui chantait divinement lors d'une messe de Noël. Oui. J'ai appris alors que la passion est une sorte d'exaltation qui, à la fois, brûle et glace le cœur.» François Mitterand lui dit alors: «C'est bien, vous savez donc ce que c'est chez les autres.» Un secret de président?

Évidemment, le curé rare et exemplaire ne cesse de citer des passages évangéliques dont les fameuses «béatitudes» auxquelles j'ai tant de mal à m'adapter. Les «vive les pauvres, les innocents, les misérables, les fous...» hum! Trop bizarre pour le mauvais chrétien que je suis! Gilbert Cesbron m'avait confié que c'était pour lui l'essence des évangiles que ce fameux sermon sur la montagne.

*
* *

Un journal de la presse populaire annonce le mariage, en décembre, de la chanteuse Céline Dion avec son manager qui avait vingt-six ans déjà quand bébé-Céline naissait. Il faut de tout pour faire un monde. Pygmalion, ravi de sa «créature», l'épouse. Narcissisme? Pédérastie, à la lettre, sans le vice? Une pédagogie dévergondée? Des admirateurs de la star trouvent touchante cette union du vieux prof et de sa pupille. Relire *L'École des femmes de* Molière et souhaitons que dans une décennie cet Arnolphe ne soit pas rongé de jalousie. La cérémonie sera très publique. Oui, il faut de tout pour faire un monde!

*
* *

Jean-Marie Nadeau, Acadien, recommande que les descendants de l'ignoble et abominable déportation de 1755 cessent leurs attaques contre les Québécois patriotes qui désirent une patrie. Il a tellement raison. Il a dit: «Vous faites le jeu des francophobes du Canada.» Tellement vrai. Au fond des choses, il y a cette réalité, Acadiens ou Québécois, nous venons tous de la nation française, nous avons voulu une nouvelle France en Amérique du Nord. Nous sommes de même source, de même souche et ceux qui travaillent à nous diviser n'ont qu'un but, vieux comme l'histoire ancienne et connu sous l'adage classique: «Les diviser pour régner.»

Le sommet de ce dimanche a été cette fête-surprise au lac Marois en l'honneur de Jean Faucher, soixante-dix ans. Je l'ai dit, leur grande fille Sophie, avec bien des complices, dont ma brune, a su orchestrer cent détails de telle façon que lorsque je suis arrivé à midi et demi avec le fêté qui n'en savait rien, la surprise fut totale. Il en a été ému. Je le connais, je le sais, je l'ai senti. Il a essayé de bien camoufler son trouble en homme d'un type pudique et se méfiant de la sentimentalité complaisante.

Voyant ses enfants et ses petits-enfants l'accueillir en chantant, découvrant une quinzaine d'amis et de vieux camarades de route une fois entré dans la maison, je l'ai vu assez bouleversé. Sa Françoise (les femmes moins carapaçonnées ne craignent pas les émotions) éclatait en larmes. Hélas, la pluie a fait ses petits tours comme depuis le début de l'été. La longue galerie, chez les Faucher, fut un abri de bons rires, de gros rires, d'éclats de voix. Des acteurs-amis, trois ex-scriptes du temps que Jean réalisait ses dramatiques à la SRC, une bouffe composée d'une succulente choucroute (un de ses mets favoris), du vin en quantité, un accordéoniste désinvolte, le banquet fut un succès. Sophie a révélé que c'était la première fois de sa vie que son papa était vraiment fêté en grand! Cette fête d'anniversaire m'a permis aussi de jaser avec un François Cartier, acteur et ex-directeur du Conservatoire, avec sa compagne, une réalisatrice qui se spécialisait dans les émissions dites «féminines», Yvette Pard. Avec la femme de Georges Groulx, Lucille Cousineau, avec le comédien Guy Provost, toujours actif, lui, avec Madeleine Arbour, longtemps professeure de décoration à l'Institut des Arts appliqués.

Bref, un après-midi bruyant, chaud, où Jean s'est laissé chanter tous les cantiques d'usage, où il a supporté, sans trop ricaner pour une fois, mes adresses tonitruantes quand j'ai bu trop de rouge. Mes intimes savent ce que c'est, mais, voyant mon bonheur de discourir, debout, verre à la main, ils ont la charité de me laisser improviser mes laïus à piques emmêlés aux mots aimables. Une manie.

Dans ce plan élaboré pour recevoir d'abord les Faucher chez nous afin que, là-bas, tout puisse se mettre en place, il fallait voir ma Raymonde, pas habituée au mensonge, nerveuse, angoissée avant que le couple s'amène et pendant que nous les retenions avec des apéros. J'ai eu grand plaisir à entendre ma blonde raconter ses mensonges: nous devions aller à une auberge, pas loin, tenue par de vieux amis recyclés dans la restauration et qui avaient besoin de nous pour tester leur savoir-faire avant l'ouverture officielle... Oh! Je découvrais, très étonné, que Raymonde pouvait jouer la comédie et mentir bien. Ça me fait réfléchir.

À la fin de la fête, à dix-huit heures, Françoise m'a suggéré de composer un texte où un homme, tardivement, découvre que sa compagne «fidèle» est très bien capable de le tromper... J'ai ri un peu jaune.

*
* *

Ce dimanche matin brumeux, je lis dans *La Presse* qu'un cardinal catholique, en Argentine, suggère très officiellement qu'il faudrait fournir «généreusement» un territoire pour y installer tous les homosexuels des deux sexes. Et voilà! Lisant cela, Raymonde fait: «Il veut leur fin, sachant qu'il n'y aurait guère reproduction de l'espèce humaine en un tel lieu!» J'ajoute: «Il veut aussi, ce bon père haut gradé, stopper complètement le recrutement.»

Cette offre de ghetto pour les invertis, dit son éminence, s'accompagnerait de toutes les garanties sur le plan des libertés humaines. Quel grand cœur! Une sorte de camp nazi mais sans les fours à gaz, quoi. Il y a un cardinal qui va se faire parler dans le tuyau de la mitre, à moins qu'en haut de la pyramide, à Rome, ce soit la foire en matière d'opinions ou de solutions aux problèmes des sociétés. Ce qui ne me surprendrait pas trop quand on constate certaines directives venues du pape polonais si conservateur.

*

* *

Ces jours-ci un Carbonneau et un Charbonneau font la manchette, ce dernier, j'en ai parlé, est un ex-syndicaliste ultra-gauchiste qui lutte, non plus pour l'égalité des citoyens, mais pour... sa carrière grand-bourgeoise; l'autre est une star de hockey, grande gueule imprudente, aimé des amateurs et qu'on chasse du foyer de la «sainte flanelle tricolore» pour l'échanger avec un...? *nobody* de Saint-Louis. Les deux hommes font couler l'encre dans les journaux.

Il m'arrive de déraper parfois au micro du 1280! Ainsi, à une auditrice qui m'avait arrosé copieusement de ses injures primaires, j'ai cru bon de répliquer en déclinant à mon tour un chapelet d'insultes faciles. Raymonde a raison: «À la prochaine tordue qui t'attaquera grossièrement, sois fort, ne dis rien, dis seulement, on va passer à un autre appel, tu verras, le public appréciera.»

266

Ah si j'avais toujours la sagesse, le calme, le bon jugement, la pudeur, la mesure, la délicatesse de ma brune... Mais non, l'ancien demi-voyou de Villeray se pointe et se souvient du répertoire des chicanes laides des ruelles de sa jeunesse, hélas.

Ainsi, apprenant qu'enfin on avait jeté en prison «Carlos», ce terroriste international baptisé Le Chacal, j'ai osé parler de lui en ondes comme «du trou du cul de la planète!». Je sais bien que nous avons un devoir, nous, les gueulards des ondes populaires. Il ne faut pas se laisser entraîner trop souvent en dérapages divers. J'ai toujours trouvé lâches les terroristes, ceux d'ici ou de l'Irlande ou de n'importe où. Ils tuent des innocents. C'est injustifiable, quelle que soit la cause, de tuer des gens qui ont pris un autocar ou qui mangent à une terrasse, des gens qui ne sont responsables en aucune façon d'une situation politique par ailleurs condamnable. Dans le film *Au nom du père*, les auteurs font voir, dans une séquence où il y a projection d'un film en prison, un jeune Irlandais révolté qui découvre soudain qu'un leader de l'IRA est un tueur déboussolé, un esprit tordu. En effet, les causes les plus nobles peuvent être défendues par des fous pathétiques, enragés, obsédés, psychosés, qui tuent pour d'obscures raisons enfouies dans leurs génomes.

Enfin, comment ne jamais dérailler à la radio quand, à l'occasion, on a envie de se défouler. L'abbé Pierre, lui, pour un combat social autrement plus valable, laisse entendre dans *Testament* qu'il s'agit (il parle de ses colères de jadis), de mouvements d'humeur enfantins. Mais ce mot dans sa pensée est un trait louable. Il recommande même de rester des enfants coléreux.

*
* *

Revenus, repus et fatigués de la fête à Faucher, nous nous installons tout au bord du rivage. Le sol est complètement imbibé d'eau; en marchant, on entend des «spouiches» et des «sprouches»! C'est dégueulasse! N'empêche, une fois étendus dans nos chaises longues, c'est le jamais banalisé spectacle du soleil d'ici quand, lentement, il semble se glisser derrière les collines et puis derrière l'hôtel d'en face. La lumière sur le lac en devient aveuglante, la chaleur intense va aller en diminuant peu à peu, l'autre rive, côté ombre, devient plus noire que l'intérieur d'une caverne, on n'y distingue plus rien. Les rares canotiers deviennent des silhouettes chinoises dans un castelet gigantesque. Tout est feu ou noirceur. À nos pieds, c'est la flamme sur la surface de l'eau. Je me lève pour voir s'agiter les mini-perchaudes, les mini-crapets. J'ai toujours envie de me jeter à l'eau dans ce sentier du clair de soleil couchant, c'est si invitant. Aujourd'hui, non, je résiste. Une fraîcheur s'installe rapidement partout. Soudain, ça y est, entre deux paquets de têtes de sapins, la boule de lave a disparu, le rivage opposé réapparaît comme par magie, curieusement le soir qui monte chasse la noirceur de tout à l'heure. Nous mettons nos longs coussins dans un cabanon. Très silencieux, comme toujours quand on revient d'une telle joyeuse réunion ou fête, nous grimpons l'escalier.

Raymonde prend un des trois livres qu'elle lit selon son humeur. Je rédige du journal. De temps à autre, une phrase fuse, un peu insolite: «Un tel vieillit bien, non?» ou «La femme d'un tel semblait ailleurs, distraite» ou bien «La fillette d'une telle a des yeux d'un bleu merveilleux» ou encore «Une telle a changé, elle a souri souvent, elle a ri même, elle va mieux!».

Je me vois ainsi pour longtemps: vieillir en paix auprès de ma brune. Échanger des phrases à propos de tout, de nos amis, d'un film, d'un livre, d'une visite d'un jeune enfant.

J'aime cette paix, certains soirs. On n'a plus d'âge alors. On n'est ni jeunes ni vieux, on est d'abord et avant tout un homme et une femme qui sont bien ensemble. On est simplement un couple qui n'exige plus rien de la vie, juste que ce bonheur tout simple dure, dure, dure...

*

* *

Le téléphone. David, l'aîné de ma troupe. Lui et son frère Laurent sont revenus hier en fin d'après-midi de leur camp de scoutisme. Toujours avares de détails, les enfants. Je ne saurai rien de bien précis une fois de plus. Les enfants ne sont jamais intéressés à raconter le passé, même le passé immédiat. Avec eux, seul compte l'avenir, ce qu'ils feront demain, après-demain. Je m'efforce tout de même de les faire parler. Ils résistent au début mais si on les pousse, si on persiste à les faire raconter, ils finissent par ramasser un bon bouquet de souvenirs agréables ou non. Je le fais car je crois qu'il est important qu'ils sachent que le temps qui passe a une valeur, qu'ils ne sont pas des animaux sans âme, qu'ils doivent donner une sorte d'importance à leurs moindres gestes et faits. Je peux me tromper, mais il me semble qu'à les forcer à mettre en ordre la mémoire de ce qu'ils ont vécu, ils découvrent... quoi donc? Comment nommer cela? Disons de la consistance à l'existence. But d'un journal intime, au fait.

Éliane prend le téléphone pour me raconter qu'en revenant de leur plage du New Jersey, la remorque de leur tente a eu «une fracture de joints» d'une des deux roues, si j'ai bien compris. Marc a dû aller d'un garage à l'autre pour dénicher et les pièces neuves et quelqu'un pouvant faire la réparation. Bref, des heures de retard. Arrivée du couple rue Chambord. David, la gardienne partie, en brave petit gardien de douze ans, avait allumé partout dans la maison. Les trois enfants étaient extrêmement heureux de retrouver papa-maman après sept jours de séparation. C'est une vie si différente de la mienne quand j'avais douze ans. Ma mère ne quittait pas une seule heure le chalet bancal de Pointe-Calumet. Je passais le temps entre les escalades dans la sablière, les baignades dans le lac, les jeux dans le bois de bouleaux de Pointe-Demers... et la chasse aux grenouilles. Nous allions les vendre, bien disséquées et bien lavées, chez madame la chanteuse Michèle Sandry et chez monsieur Mollet, cabaretier. Ces Français bras-saient comiquement des laitues, ils jouaient avec des boules de fer, ils portaient des maillots de bain si indécents! Enfin, ils raffolaient des cuisses de gre-nouille», vendues par nous quinze cents la paire! «C'est du monde pas comme nous autres, ces gens-là? disait maman, médusée et plutôt scandalisée.

Dans une vingtaine de jours, fin de ce récit de vie. J'éprouve un grand plaisir à tout noter. Tant d'amusement, que je vois venir l'échéance du lundi 12 septembre, jour d'élections, comme un désagrément. Alors je me dis qu'il n'y aura qu'à publier ensuite *Un automne sang et or*, puis *Un hiver trop long*, ensuite *Un printemps stimulant*. À n'en plus finir, quoi. Avouer aussi, ça paraît facile, qu'il y a des jours où, emporté par les soucis et les petits bonheurs, on n'a pas du tout envie, le soir venu, de sortir un cahier et d'écrire. Oui, je l'avoue, il y a un effort à faire à l'occasion. Essayez, ceux qui ne l'ont jamais fait, vous comprendrez.

Un lundi de toute beauté aujourd'hui. Où allons-nous mettre la croix? À Dorval-météo? À midi, pourtant, beaucoup de nuages quand je me suis enfoncé dans le tunnel Ville-Marie. Rendu à la hauteur de Saint-Jérome, plus aucun nuage au ciel, qui est comme un ciel de studio de ciné, presque faux! Je me remets donc à recouvrir de terre, enlevée d'une talus à mi-terrain, la partie maréca-geuse près du vieux saule «estropié». À plusieurs repri-ses, je me sens tout étourdi. Non seulement je suis tout en sueur en peu de temps mais ce n'est pas long que le cœur me palpite. J'espère que c'est exceptionnel. Que ce n'est pas le début d'un... affaissement physique permanent et graduel. Je n'en parle pas à Raymonde qui ne me voit pas, lisant le journal de cette fillette de Sarajevo, *Zlata*, tournée vers le lac. Elle s'énerverait sans bon sens. Je devrais mettre ces malaises sur le dos des deux épais et succulents hamburgers que Raymonde a fait rôtir tantôt et que, affamé, j'ai englouti beaucoup, beaucoup trop vite.

271

Ce matin, je me suis souvenu très précisément d'un rêve étrange. Je découvrais, en ruines, une partie du centre-ville dans l'ouest entre Sainte-Catherine et Sherbrooke, pas loin de Peel. Partout des camions, des pelles mécaniques, des tracteurs-chargeurs, des grues ici et là. On était en train de démolir tout le secteur en question peu à peu. Or je m'y introduis, curieux, étonné de voir ce vaste chambardement immobilier. Une partie des ruines est «squatterisée». Dans un fond de cuisine, deux individus louches, ivres visiblement, m'invitent à regarder un être vivant qui vole dans leur taudis entre le frigo sale et la cuisinière déglinguée, entre un placard et un comptoir décloué. L'être est une sorte de monstre, un gros fœtus. On voit sa peau blême et jaunie striée de veines apparentes. C'est un avorton pitoyable. Il voltige et se fait lancer comme un ballon, à un moment donné, par les deux vagabonds mal rasés. L'horreur! Je veux fuir mais je reste là, pétrifié et fasciné. Cet embryon d'humain fait voir deux petits trous pour les yeux, une mince entaille comme bouche. Il lévite et arrive à se déplacer tout à fait comme un poulpe. Par saccades! Les deux misérables rient volontiers de voir ce drôle de petit personnage tenter de leur échapper. La chose est assez semblable à un personnage de *comic strip* américain des années cinquante et qui était nommé un *schmoo*, sorte de cône monté sur deux boules. J'avais oublié depuis longtemps ces b.d. de *schmoos*.

Ce rêve est de ceux que l'on pourrait dessiner clairement au réveil. Qui sont ces gens si réels que l'on rencontre en songe? D'où sortent-ils? De quoi sont-ils faits? Le cerveau, à l'état de sommeil, puise où, dans quoi, pour arriver à composer de tels portraits d'un réalisme renversant? Ce mystère sera-t-il un jour explicité? Rêver à un ami, à sa mère, à un voisin, ça va, mais ces rencontres de purs inconnus me laissent songeur et cela dans des décors d'une précision renversante.

*
* *

On a fait un tour de pédalo, Raymonde et moi, pour aller voir si on avait nettoyé, du côté de la chapelle protestante, le passage de la décharge du lac. On n'a rien fait, tout y est figé, des saletés bloquent l'embouchure d'un ruisseau qui court sans doute vers la rivière du Nord. L'eau du lac reste donc très haute et on voit rougir, jaunir, mourir les plantes des rives un peu partout. Un été trempé!

C'est rare, le vent souffle de l'est, vaguelettes qui roulent vers l'ouest donc, vers la lumière solaire, alors, à la surface du lac c'est un milliard de papillons aux ailes d'argent qui volètent, ailes battantes aveuglantes; c'est une vision fantastique qui me laisse bouche bée.

*
* *

Il fait frais. Octobre en août? On mange à l'intérieur. Il est vingt heures, le ciel s'est assombri, des nuées d'un violet dense voyagent lentement. Soudain, dans ce pourpre magnifique, une mouche à feu! On découvre vite que la luciole du firmament est un petit avion au feu clignotant.

À Radio-Québec, *La Route des vacances*. Amusant pour nous deux de regarder un reportage sur le Saguenay – Lac-Saint-Jean où nous étions il y a un peu plus d'un mois. Soudain ce qu'on n'a pas vu; le Saguenay, mais vu d'un avion assez haut perché pour qu'il apparaisse tel un gros boa bleu-noir, se tortillant en méandres, allant se noyer dans le fleuve Saint-Laurent.

Mauvaise bonne idée que ces cheveux rougis pour Patrick Masbourian qui anime une émission d'informations culturelles. Cet aspect demi-punk est une distraction puérile qui indique bien le désarroi des concepteurs-producteurs de ce genre d'émissions. C'est niais et faux-ado. On a invité l'auteur-cinéaste de l'ONF, Godbout. Me voilà captivé, car il annonce qu'il vient de réaliser un documentaire sur un certain Québécois exilé, du nom de Maltais. Ce fumiste, cet imposteur, que sais-je, avait piqué ma curiosité quand, de Bruxelles, il y a deux ou trois ans, nous apprenions qu'il était accusé et recherché pour fraudes graves! J'ai très hâte de voir le film de mon camarade sur ce «personnage» qui, dit-on, se terre, fuit, apparaît, qui se ferait «gourou» au sein d'une secte..? À Masbourian, à la fin, Godbout dit que ce Maltais alias William est quelqu'un d'extraordinaire, je suppose qu'il entend ce mot «à la lettre». Il a ajouté qu'il ne sait plus trop quoi penser de son drôle de héros qui dénonce tout et tout le monde et a adopté la culture amérindienne des Micmacs, tribu de la région gaspésienne, je crois.

On a pu voir cet Indien emprunté et, franchement, le bref extrait montré donne l'impression d'un mauvais comédien se prenant au sérieux, d'un vrai fumiste. Mais on verra bientôt.

Godbout, soit dit en passant, m'a paru un peu dépassé, nerveux, comme angoissé. Est-il en bonne santé? Il a cherché ses mots en trois occasions, a même bafouillé, bref, sans être médecin, le cinéaste m'a paru en mauvaise forme. J'espère me tromper.

On vient d'annoncer la mort d'un autre cinéaste devenu vite impuissant, Gilles Groulx. Il avait pourtant une personnalité à ses débuts. Je l'avais connu durant un an quand il est venu, en 1950, étudier la céramique à l'étage du 42 de l'avenue des Pins. Un grand garçon doux aux cheveux blonds bouclés, à la voix toute douce. Que Dieu le reçoive dans le grand paradis promis aux cœurs doux.

Partout sur les rives, nos plantations d'arbustes semi-aquatiques jaunissent à vue d'œil depuis quelques jours. Trop de pluies. L'eau du lac trop haute. Noyades fatales. Il fait toujours ce soleil menacé. Je quitte le chalet, comme d'habitude, vers sept heures et demie et, soixante minutes plus tard, j'arrive immanquablement près du pont sur la rivière des Prairies. Blocus par les travaux publics, à la hauteur de Laval-des-Rapides. Spectacle affligeant de tout ce monde des banlieues obligé de traverser sur l'Île-de-Montréal pour y gagner leur pain quotidien. Autre routine matinale, je quitte la 15 par la sortie Salaberry. Je roule vers l'Acadie, puis Henri-Bourassa, puis Christophe-Colomb. Combien sommes-nous ainsi, à refaire les mêmes choses matin après matin? Joyeux condamnés de la vie laborieuse, les uns vraiment accablés, les autres, comme moi, forçats quasi volontaires, incapables de dire: «Assez!» De dire: «Stop! Ça suffit, je ne joue plus.» J'en éprouve une honte diffuse. Je me répète sans vraiment y croire: «Aux fêtes de fin d'année, j'arrête le tout!»

Avant-dernier mardi d'août. Hier après-midi, un appel du directeur littéraire Filion: «Alors, Claude, ta Raymonde te l'a dit? Impossible pour nous de publier ton journal d'été pour la fin de cette année.» J'admets qu'en effet, un récit de mes vacances 1994 pourrait bien paraître au début de l'an prochain. Filion, sans doute libéré, me parle d'avril ou de mai. Avant de raccrocher: «Dis donc, Raymonde m'a averti, mi-figue, mi-raisin, qu'elle se réservait le droit de relire et de censurer ton texte d'ici là!» Je réplique: «Mais oui, elle pourra le relire et rouspéter et vouloir couper ceci et cela, mais je reste le décideur final, tu verras!» Il rit de plus belle: «Bon. Je l'espère, j'y compte!»

276

La vérité c'est que je connais Raymonde, son courage habituel face à mes besoins de confidences publiques. Je sais aussi son bon jugement, et si jamais elle me suggère de couper un passage, ce ne sera pas par vaine coquetterie mais pour me protéger ou pour éviter une cruauté inutile.

Encore un petit «caucus» avec la producteure Arsenault avant l'émission et, comme toujours, les mêmes observations. Les «pas de chevauchement», «pas trop de parlotte», «pas trop de politique», «*La Moutarde* n'existe pas pour cela», «coupez les interlocuteurs vraiment grossiers», fusent. Je me rends compte que depuis trois ans de ce métier, je ne me corrige pas vraiment. Je suppose que ces défauts sont ancrés dans mes façons d'être. Je suis pourtant tout disposé à promettre des améliorations. Par politesse et par bonne volonté aussi. Je sens qu'il est tard. Trop tard pour changer mes comportements. En fin de compte, il reste un fait têtu. À ces radios popularistes, tu attires assez de public. Ou non. Si «non», c'est «la porte». Et c'est très bien comme ça. J'aime bien cette loi toute simple, logique, elle est juste. Je suppose qu'il y a des siècles, un forain, ainsi, se hissait sur un tréteau et s'il ennuyait, il voyait fuir les badauds! Il se congédiait et devait changer le répertoire de ses jaspinades!

*
* *

Raymonde a quitté, aussi, ce matin. Elle a accepté d'aller à un lunch regroupant de ses anciens équipiers sur la terrasse arrière de la SRC. Elle y va avec plaisir tant elle a gardé de bons souvenirs de ses compagnons de travail à la télé publique. Ce sera donc deux jours en ville! Elle a pris sa voiture pour pouvoir remonter jeudi matin, tôt. Ce sera donc deux petits déjeuners en tête-à-tête, rue Querbes, ma joie.

À l'heure du lunch, Éliane m'apprend que ses garçons passent la semaine à Laval-des-Rapides, boulevard Laval, pour participer à des activités récréatives au sein de leur église protestante. Vendredi soir, au bout de cette semaine de préparatifs, il y aura un spectacle enfantin qui sera le concret résultat de leurs loisirs à l'église. Les ayant prévenus, je décide d'une visite chez mon fils, rue Garnier, et c'est une belle grosse salade César qui nous régale tous avec, en entrée, le superbe maïs de la saison, qui abonde partout. Je me plais de plus en plus dans leur joli petit jardin aménagé dans la cour arrière. On y connaît la fraîcheur, un calme surprenant en plein centre du Plateau Mont-Royal, et il y a la beauté des vieux arbres, des bosquets et des fleurs, le tout en un lieu plutôt minuscule somme toute.

En arrivant, Simon et Thomas, une fois de plus, m'offrent un cadeau, quelques galets trouvés ici et là au cours de leurs déplacements. En retournant vers Raymonde, qui est revenue enchantée d'avoir revu ses camarades quittés depuis déjà quatre mois, je lui reparle de «mon» trésor. Je lui dis que chacune de ces pierres banales est pour moi une image d'amour, une preuve d'attachement, un signe tangible. J'ai commencé à en coller tout autour d'une fenêtre du sous-sol du chalet. J'y donnerai une couche de vernis, et ainsi ces simples «cailloux» de mes cinq «Petit Poucet» brilleront dans la lumière.

Nous profitons du doux temps pour souper dehors une fois de plus. Nous savons qu'il y aura bientôt un tas de neige sur ce balcon. Nous savons bien que le froid va revenir dans quelques semaines et qu'il faudra ranger les chaises de jardin dans le garage de la cour. Nous savons enfin que l'été nous paraît la plus courte des saisons parce qu'elle est la plus belle des quatre.

*

*   *

Promenade après le souper. Course triviale chez le dépanneur. Une nuit quasi magique. Des étoiles au firmament. Un temps d'une douceur enivrante. On est bien. On s'embrasse furtivement, on déteste l'exhibitionnisme. Les passants, rue Bernard, au parc Saint-Viateur, sont sous le charme, apparemment, de ce «songe» d'une nuit d'été. Nous nous aimons! Je venais de lire: *Facile de conquérir, difficile de faire durer un amour.* Vieille vérité. Nous avons cette chance. On n'en parle pas trop. On s'arrange même pour que ça ne paraisse pas trop. L'amour qui dure, j'y reviens, semble une insolence accablante pour tant de malchanceux. Et surtout, ne pas plastronner, pas de triomphalisme, car chaque nouveau jour est un risque. Chaque matin, il faut recommencer à entretenir cette si rare flamme.

Nous rentrons ravis. Nous revenons de chez Marielle et son Albert, rue Chatelain dans le Nouveau-Rosemont. Quel plaisir de constater que ma sœur, à soixante-deux ans, est revenue enchantée de son premier voyage en France. On craint toujours les séances de diapos ou de cassettes vidéo des parents, des amis, mais cette fois ce furent trois heures vite passées à revoir Paris que Raymonde et moi aimons tant, à revoir la Normandie, la Bretagne, les cloîtres, les châteaux, les jolis vieux villages multicentenaires, le mont Saint-Michel... et à voir tous les lieux que nous n'avons jamais visités: Nantes, La Rochelle, Angoulême, Brouage (lieu de naissance de Champlain), Bordeaux, le Massif central, le Périgord et où encore?

On a mangé et bu d'abord. Albert est un bon chef de cuisine à ses heures. Marielle a dépensé plusieurs milliers de dollars en trois semaines et elle ne le regrette pas. Il y a un risque à adopter ce style de voyage. «Organisé.» Mais elle a eu de la chance. Aucun pépin, aucun désagrément. Tout s'est déroulé dans l'harmonie totale avec les trois dizaines de voyageurs. Nous étions si contents de son contentement!

J'étais heureux aussi de voir que ma petite sœur entrait volontiers dans le club des «fous de Paris». De la France aussi. C'est si triste de constater qu'il y a des foules de Québécois qui méprisent la France et les Français. Il y a ici, dans cette drôle de patrie jamais constituée, des paquets de francophobes. Je ne parle pas du vieux racisme anti-français des anglophones, non, je parle de cette haine faite d'un sentiment d'infériorité incontrôlable, de cette bizarre détestation des Français et de la France. Cela vient de loin! Du long prêche des curés d'antan qui se méfiaient de la liberté française et entretenaient chez leurs ouailles soumises cette haine de la mère patrie. Cela vient aussi de nos assimilés, anglophiles aveuglés et volontiers colporteurs de mille diffamations imbéciles sur la France. Enfin, ce masochiste mépris de la France vient d'une autosatisfaction qui confine au crétinisme des bornés et de la totale soumission de ces déracinés face à l'efficace rouleau compresseur de la culture populiste USA, par la musique rock, le cinéma et la télé de nos riches et puissants voisins; oui, voisins hélas. Situé entre la Finlande et la Norvège, le Québec ne serait pas aussi fragile bien entendu. Et moins suiveur du riche gros voisin.

*

*   *

À l'heure du lunch, Raymonde, c'est mercredi, va manger avec sa maman hospitalisée. Je suis encore allé rue Garnier comme hier. Daniel a fait des hamburgers sur son rôtisseur extérieur. Lynn rentre en pleurant d'un rendez-vous! Je la console un peu. C'est qu'un directeur d'école gréco-québécoise, à Laval, lui avait présenté comme chose faite l'obtention d'un poste d'enseignante pour ses élèves de cinquième année. Or une fois devant lui, ce matin, il lui a expliqué qu'il n'avait pas prévu les clauses syndicales, que d'autres candidats, qu'il favorisait moins pourtant, devaient passer avant elle. Immense déception pour ma bru! Elle m'a semblé très abattue, au bord du découragement pour ce qui est de se dénicher un emploi d'institutrice, métier pour lequel, comme Daniel, elle venait tout juste de se recycler par des mois et des mois de cours à l'UdeM et puis à l'UQAM, en 1992 et en 1993.

J'enrage de constater que des «orienteurs» professionnels savent mal conseiller. Je m'attriste de voir que ceux à qui on dit et répète que «s'instruire, c'est s'enrichir», que «s'instruire, c'est éviter le chômage» se sentent, avec raison, trompés. Enfin, j'enrage aussi de mon impuissance.

Après le lunch au beau soleil, et qui persiste pour une fois, j'amène les enfants rue Mont-Royal pour qu'ils choisissent un cadeau d'anniversaire car il y aura une fête dimanche midi pour le benjamin d'Éliane, Gabriel. Simon, après de longues hésitations, a choisi une boîte de Playmobile. Thomas, lui, a choisi avec grande réflexion des séries de «collants», une mini-toupie qui joue *Bon anniversaire.* J'en profite pour leur procurer, jouet on ne peut plus éducatif, des pots de gouache, des pinceaux et des albums de papier à gouacher.

Je dois aller chercher David et Laurent au «camp» de leur église du boulevard Laval pour quinze heures pile. Mais avant de m'y rendre, sous un soleil éclatant, capote ouverte, j'annonce aux enfants de la rue Garnier que nous allons rouler sur la montagne. Ils aiment le mont Royal. Une fois là-haut, je traverse le chemin de la Côte-des-Neiges pour leur montrer la ville vue du belvédère de Westmount, là même où Raymonde a filmé si souvent, en 1993, les amours de madame Félix et du chef de police de *Montréal P.Q.* C'est bête, mais énervé peut-être de voir que le réservoir d'essence marque «vide», je ne trouve plus le fameux belvédère. Je tourne en rond. J'aboutis sans cesse dans des impasses.

Je me moque de moi et Simon s'en amuse. Thomas, plus jeune, veut me conseiller avec des «tourne ici, papi, non, là ». Enfin, je vais en vitesse reprendre le chemin Camillien-Houde et puis la rue Mont-Royal en promettant que nous reviendrons et puis je filerai vers Laval et l'église des Frères Mémonites ayant ramené les deux futurs gouachistes rue Garnier.

Rue Chambord. Éliane revient de courses. La maison est plutôt à l'envers. Une lampe a été cassée. C'est un peu le bordel. Je tente de l'aider. Je la sens débordée mais d'excellente humeur. Marco arrive de son travail à quelques rues de là. Il est en vélo. Il fait toujours un soleil resplendissant. Je cours me tremper dans leur gigantesque pataugeuse hors-terre. Je me sèche. On cause. Éliane est démontée par les frais qu'entraîne cette entrée du plus vieux au collège privé, le Mont-Saint-Louis, heureusement pas bien loin de la maison. Marc me raconte un peu plus les difficultés de son nouveau poste de «chef» à son ministère.

Les deux parents, un peu ébranlés, me confient que le rapport du moniteur du «camp» de Laval n'est pas, mais pas du tout, un éloge des enfants. Ils seraient désobéissants, moqueurs, insoumis, un peu effrontés, très difficiles à contrôler, etc. Je demande à Éliane: «Mais est-ce que tu as questionné au sujet des autres enfants de ton église?» «Non! On me faisait un bilan des miens, pas des enfants des autres.» C'est que j'ai l'impression que tous les enfants de 1994 sont hyperactifs, incontrôlables, etc. J'aimerais savoir. Je ne saurai pas.

Durant tout le souper, Raymonde et moi avons une discussion animée au sujet de l'éducation des enfants de nos jours. Chaque fois, on en vient toujours à élever le ton, à discuter ferme, à ne pas être d'accord.

Je sais bien pourtant qu'un laxisme exagéré est fatal aux jeunes enfants. Mais je sais surtout que ce laisser-aller est inévitable car il a pris racine auprès des jeunes adultes d'aujourd'hui. Personne parmi eux ne veut de la rigueur, ni de la discipline et surtout pas des sacrifices des temps jadis. Cet esprit du plaisir, du facile, est partout et fait que les enfants sont souvent incontrôlables.

Nous revenons de *Broadway-Montréal*. Dès le début de l'été, j'avais voulu entraîner Raymonde à ce spectacle monté par le musicien, chanteur et acteur Robert Marien. On sait que ce dernier avait été choisi pour le rôle de Valjean parmi plusieurs candidats par les producteurs de la comédie musicale *Les Misérables*. À Saint-Sauveur, à la fin du «show», car c'est un «show» sauce américaine, Marien a chanté quatre ou cinq chansons de ce spectacle qu'il a joué jusqu'à Paris.

J'avais vu, à l'émission *Ad Lib* de Coallier à TVA, le même Marien, en promotion de ce show. Il avait chanté *Ô Dieu du ciel, notre père, écoute ma prière*: c'est l'ex-bagnard Jean Valjean implorant Dieu de ne pas laisser mourir le célèbre Gavroche révolutionnaire de Victor Hugo. Marien y avait été extrêmement émouvant alors. Eh bien, ce soir, sous la tente, ce fut le même émoi mais hélas, le seul. Tout le reste du spectacle m'a paru un peu quelconque. Rares exceptions, telle la chanson *Easy to be hard* extraite de *Hair*. Il y avait un peu de *Starmania*, très peu de *Gala* et de *Nelligan*, beaucoup de *Miss Saïgon*, de *Kiss of the spiderwoman* et autres grands succès. J'ai aimé aussi le *Don't cry for me Argentina*. Pour obtenir des billets, vu l'énorme succès du show, il nous a fallu payer pour un forfait souper-spectacle. Nous sommes donc allés manger à l'Auberge Saint-Denis. Nous avons découvert un hôtel inconnu de nous deux, vieillot, sympathique, et où la bouffe est excellente, vraiment excellente.

Il y a désormais au pays, de Tadoussac à... Hull, de Magog au... Mont-Tremblant, une restauration de qualité. Dans les années soixante, surtout dans les années cinquante, c'était très rare, un bon restaurant. Quelle satisfaction d'être conscient qu'en deux décennies, sur ce chapitre, le Québec a gagné. Aux USA, zéro sur dix. À part quelques restos dans les mégapoles et dans quelques places de villégiature huppées. Désormais, au Québec, dans un village minuscule, pas étonnant parfois d'y dénicher un diplômé doué de ce fameux Institut de l'hôtellerie, dont une filiale est située à Sainte-Adèle.

*
* *

Quand nous discutons culture nationale, nous arrivons toujours rapidement à la même conclusion. Pour le Québec, il n'y a aucun danger grave venant du Canada anglais. Pays indépendant ou non, la seule sérieuse menace vient du gros voisin, les USA. La France, qui en est bien plus éloignée que nous, succombe sans cesse à sa force d'attraction à cause de ses machines promotionnelles ultra-puissantes. C'est une sorte de miracle si on a su résister un peu mieux que la plupart des pays occidentaux. Est-ce que ça va durer longtemps? L'inconscience des gens est énorme. Des demi-assimilés disent: «Faut pas s'enfermer, faut s'ouvrir aux autres cultures.» Ces imbéciles, faux chantres de l'universel, ne connaissent à peu près rien en dehors des «produits culturels made in USA». Le vrai universel, ce serait d'avoir accès vraiment aux cultures étrangères, mais c'est impossible, l'impérialisme chauvin des Américains restant un marché fermé, le plus fermé du monde. Il n'y a pas moyen, face à leur «occupation» occidentale, de voir au moins deux films de l'Inde, du Mexique ou de l'Espagne dans toute une année. Jamais on ne peut voir et entendre une «star» de la Scandinavie, une chanson à succès triomphante de la Russie ou du monde latin en Amérique (Chili, Argentine, Brésil). À peu près aucune série ou téléfilm d'une télé autre que celle des USA ne nous parvient. Alors les pseudo-chantres de «l'international», fermez-la! La réalité c'est, absolument, le nivellement par une seule culture populaire, celle des Américains.

Quand vous vous exprimez de cette façon, quand vous plaidez pour une culture mise en contact avec celle des autres, ils se taisent, les moqueurs d'hier, ils n'osent plus sortir leurs vieux arguments genre: «Maudites tuques, satanées ceintures fléchées!» Non, ils font le gros dos et demain, bouchés et bornés, ils vont, de nouveau, n'admirer que télé, films, chansons à la sauce USA.

Les cons. Les dominés et contents de l'être.

Tout le monde par ici s'incline devant l'unique hégémonie. Il m'arrive de m'écrier: cessons de n'être que des demi-Américains, joignons-les, fermez vite ce minuscule deux pour cent français en Amérique et devenons le nouvel État USA. Vite, une petite étoile de plus sur leur drapeau!

*
* *

Il rôde tous les matins dans les couloirs, cherchant qui accrocher. Il marmonne des imprécations guère audibles. Il a ses yeux mauvais. Il ronchonne. Il cherche à qui s'en prendre. La lecture des journaux du jour l'a enragé et il attend, fébrile, son heure pour grogner en ondes. C'est Gilles Proulx, «l'imprécateur maison». Il me voit. Il contracte les mâchoires. Il a souhaité, depuis l'été 1990, m'avoir comme caution intellectuelle, que je le dédouane en milieu instruit. Or le pauvre homme, il ignorait que la «confrérie» des intellos ne me tenait nullement comme écrivain représentatif du milieu littéraire et, ainsi, il a perdu pas mal de temps à accrocher son impétueux char «poujadiste» derrière ma barouette d'auteur gauchiste. Gilles, ce matin encore, grommelle: «T'as pas honte de faire cette émission de débile, *La Moutarde*?» Ainsi, je sais encore mieux que le ti-coune de Verdun, non seulement est devenu un misanthrope à l'état sauvage mais aussi un communicateur qui, à demi-snob, méprise les «roturiers de basse extraction».

Édifiant!

Certes, à *La Moutarde*, il y a de tout. Ainsi, une pauvresse déboussolée laissera entendre que le chef du P.Q. a pris épouse «pour sauver les apparences». Qu'il est un ivrogne perdu. Ce n'est pas très grave puisqu'il est facile de détecter, par le vocabulaire et le ton, qu'on a, au téléphone, une mythomane. On peut aussi entendre les voix des concitoyens impatients qui trouvent une tribune facile, sans risque grave, pour leur nécessaire défoulement.

Plus jeune, j'avais rêvé de tenir un «courrier du cœur» dans un grand quotidien populaire. J'aimais lire, à quinze ans, la colonne de «Colette» à *La Presse*. Me voici, tous les matins, assis devant des téléphones qui clignotent, qui me font signe qu'il y a plein de gens qui ont besoin de crier, de protester, de s'indigner. Hélas, la formule m'interdit de conseiller, de répondre un peu longuement. Hélas! car j'aime tant, vieilli et plus sage, jouer les bons conseillers!

Hier, jeudi, il a fait beau temps. Il faut le souligner puisque l'été 1994 a été si moche!

Aujourd'hui, un vendredi plutôt ensoleillé. Ce matin, ça annonce mal, brume épaisse partout, et cela, des Laurentides jusqu'à Montréal inclus. Néanmoins c'est beau à voir. Ça fait cinéma, effet spécial, une lumière tamisée qui donne aux paysages un flou artistique très romantique allemand du folklore connu; japonais aussi. Vieilles gravures orientales. Tout autour, des vues dignes de Claude Monet quand Monet s'échinait à peindre le brouillard au-dessus de la Tamise, j'en ai parlé.

Encore les reproches, les mêmes, Marguerite les fait en souriant, l'air de bien savoir qu'elle conseille en vain, qu'on est des incorrigibles. «Claude, tu écoutes mal. Tu réponds trop vite. Laisse les intervenants terminer.» Et quoi encore? «Tu étais dans la lune à un moment donné, tu t'absentes soudainement.» Tout est vrai. Vrai que j'ai toujours envie d'intervenir. Vrai aussi qu'il m'arrive de m'envoler, de sortir du studio. On ne se refait pas? j'entends encore les profs du collège criant: «Jasmin, où êtes-vous rendu? Revenez avec nous dans cette classe, oui?»

J'entends un excédé qui vide son sac, il conspue le zèle des agents qui guettent le citoyen fautif avec leur carnet de contraventions... et moi je pars, je pense à cette policière aperçue hier midi qui avait une énorme tache de vin sur la joue, on aurait dit du sang, une femme battue... soudain, Marcotte me pose une question précise en rapport avec le grief énoncé et alors je bafouille

289

un commentaire guère adéquat. J'ai toujours rêvé. J'ai toujours pris prétexte de tout pour m'évader dans toutes les directions. Une bande dessinée, quand j'étais enfant, s'intitulait: *On ne change guère*. Des vignettes amusantes illustraient un adulte reproduisant une attitude qu'il avait déjà dans son enfance. Ça me faisait sourire, mais je ne croyais pas encore alors que c'était vrai. Je le sais maintenant.

*
* *

Le vendredi, dans toutes les stations de radio, c'est la distribution gratuite, en service de presse, quoi, des journaux et des magazines consacrés aux stars d'ici surtout, et un peu des USA ou de France. Cet amas de publications est le bon miroir des actualités artistiques mais aussi des humeurs du populo face aux faits et gestes de ses artistes qu'il épie, qu'il épaule. Ou qu'il condamne à l'occasion. Toute une petite industrie est greffée à ce monde du merveilleux, monde imaginaire, car la réalité des créateurs, des artistes, c'est souvent la pauvreté et parfois même la misère. Cet art «pop» se répand comme lierre en certaines saisons. Sans qu'on sache pourquoi le lierre s'étiole, sèche, il tombe soudainement. Un journal meurt. Un magazine disparaît subitement. Plus tard, un autre apparaît. C'est vraiment une foire étrange. Quand j'avais mes chroniques diverses du matin, je parcourais aussi cette presse et, le plus souvent, si j'y glanais des nouvelles pouvant captiver mon auditoire, je n'arrivais pas toujours à en sortir du solide. C'était comme manger de «la barbe à papa». Agréable à lire, à la fin, il n'y avait rien!

*
* *

Ce matin, entre les infos, la météo et les publicités, je ne sais plus à quel propos, nous nous questionnons, Marcotte et moi, sur les amours des gens connus. Des personnages publics. À savoir la difficulté pour une vedette de détecter si on l'aime pour elle-même ou, autrement dit, si elle est courtisée à cause de sa fonction (ça peut être un chef d'État, un politicien vedette) ou pour ses mérites personnels. Marcotte me dit qu'il s'exilerait un temps s'il voulait être sûr de trouver une nouvelle fiancée qu'il aurait séduite, pas par le charisme du vedettariat, mais par son vrai savoir-faire. Je dis comme lui qu'en effet, il faudrait que la personne connue, populaire, aille à l'étranger pour avoir la certitude qu'elle est aimée pour ce qu'elle est et non pour ce qu'elle représente.

Oh le débat sur l'être et l'avoir! Sur l'être et le paraître!

*

* *

Laurent Jasmin-Barrière, hier, a subi une fièvre de 102 ° Fahrenheit. J'en suis averti. Je m'énerve. «Il a avalé une cochonnerie?» Éliane: «Mais non. Il a été examiné, hier après-midi. Le médecin ne comprend pas.» Elle me parle d'une ration d'antibiotiques. Ô cette panacée, on l'a condamnée il y a peu de temps, danger d'abus! J'en parle à Éliane mais elle sait cela. N'y tenant plus, inquiet, je décide de passer à midi visiter mon cher petit malade. Surprise, Laurent est guéri et m'ouvre en gambadant et en riant! L'enfance!

Nous sommes allés, Raymonde et moi, voir le film qui inaugurait, avant-hier au cinéma Impérial, le Festival des films du monde. Il s'agit du plus récent Oliver Stone: *Le Meurtre dans le sang*. Stone y a mis le paquet: douze mois au montage. On en est sortis assommés. Tout est servi en coups de matraque. Images, sons aussi. Le sang gicle sans cesse. C'est encore pire que *Clockwork Orange* ou *Le Silence des agneaux*. Cette fois, le monstre, le Hannibal Lecter quoi, est un monstre à deux têtes. Un jeune couple d'aliénés. Deux jeunes sans aucune culture, c'est clair, sans grande instruction, mal éduqués par des parents incultes et barbares.

Le film de Stone, à coups de fusil incessants, veut nous asséner deux choses. La première partie fait voir deux jeunes frustrés qui tuent comme d'autres donnent des coups de pied. Il y aura plus de cinquante assassinats au bout de leur brève existence avant qu'on les coffre. La leçon, primaire, classique, pas toujours approuvée par les savants en la matière, proclame que des enfants maltraités, bousculés, abusés, feront des monstres endurcis capables de faire couler froidement le sang de tous ceux qu'ils trouveront en travers de leur chemin. Pourtant... deux frères, même famille de désaxés: l'un tourne mal, l'autre bien. Ah!

La deuxième partie de ce film «violent sur la violence» est une charge contre les médias à voyeurs. Oliver Stone fait voir un animateur collé à son cameraman, complaisamment installés au fin fond d'un pénitencier où éclatera une émeute effroyable quand ils s'amuseront à «confesser» leur tueur né.

Ce film racoleur mais brillant exploite paradoxalement le travers voyeuriste dénoncé par ses auteurs. Ce n'est pas nouveau. Un autre film se sort le museau ces temps-ci, le récit vécu d'une homosexuelle prostituée qui a tué un tas de clients en Floride et qui est prise en charge et «en vedette», par qui? Eh oui, par les gens des médias! Une mode? Un besoin de stopper la vogue des *reality shows*? On ne sait pas. Stone y a mis de tout. Des effets électroniques, des extraits des actualités, des bouts de bandes dessinées, des documentaires, de l'érotisme frelaté, et il passe au noir et blanc, sans raison claire. C'est punché. C'est nerveux. C'est brillant. C'est nazi. C'est contre la pensée, la réflexion. Cela illustre habilement que les détraqués naissent d'un *modus vivendi* éclaté, en miettes, sans aucun sens.

Ce *Natural born killer* ne donne aucune place à la parole. L'image, comme pour les clips de la musique rock, change sans cesse. C'est un kaléidoscope de névrosé, même de psychosé, à l'adresse des jeunes dominés par le tam-tam contemporain de bruitage pris pour musique, de l'action prise pour mouvement.

Depuis que règne partout ce rythme binaire sauvage, le rock courant, je me suis réfugié, comme certains réfractaires au tintamarre infantile, dans la musique d'Amadeus Mozart par exemple ou dans les plus beaux airs de Verdi. L'image est primordiale et elle va le devenir de plus en plus. Je ne suis pas nostalgique du cinéma genre «théâtre filmé», cependant, je crois que c'est l'alliage compétent de la parole avec l'image qui sera un progrès durable bientôt. Optimiste toujours, je me dis qu'il va venir une personne surdouée qui va illustrer cette fusion fondamentale de la pensée et des émotions. Alors, ces entreprises complaisantes, baroques, décadentes illustrées par des Stone et cie, paraîtront des fumisteries de tâcherons.

*

* *

Quel beau samedi! Quel beau temps enfin! Du bleu partout. J'en ai profité, avant le cinéma du soir, pour en finir avec le petit marécage du rivage. Après le lunch, Raymonde m'a forcé à une sieste par crainte – car je lui en ai parlé – de me revoir sujet à étourdissement comme l'autre jour. Eh bien, j'ai pu m'activer sans aucun malaise cette fois. J'ai non seulement retiré du talus, à mi-terrain, plusieurs charretées de terre et des grosses tartines de pelouse, mais j'ai réinstallé les deux poutres de bois géantes en guise de marches du bord de l'eau. Je suis satisfait. Une grasse marmotte a fait une insolite apparition au coucher du soleil. Ce «siffleux» est myope? Énervée par nos cris, la bête s'est cogné la caboche comiquement contre une des poutres. On a ri. Bêtement. Ayant sué un bon coup, j'ai gonflé le flotteur pneumatique et je suis allé nager au large pour me rafraîchir un peu. Solitude. Mais où sont les baigneurs? L'été déjà fini? Nous sommes très souvent surpris, je le redis sans doute, par l'absence des gens. Il y a tant de condos, de chalets à touristes et pourtant, tout autour du lac, personne. Mystère!

*

* *

Un Arméno-Québécois, dont le père ou l'oncle était fruitier sur la 117, est le proprio des salles de cinéma Pine du bas de la côte Morin. Or le plus souvent, les cinq écrans n'affichent qu'en anglais. Il y a là-dedans une sorte de mépris. Ou bien quoi?

Samedi soir, sur le trottoir, à la sortie du Pine, ça cause surtout en anglais. «On a l'impression, me dit

Raymonde, d'être à la porte d'un cinéma de Cape Cod, ou du Maine.» Pas normal. Situation loufoque. Pourquoi ce jeune Arménien, qui s'exprime bien en français, voudrait-il favoriser quelques ghettos anglos dans les Laurentides, ceux de Morin-Heights, de Sainte-Agathe, de Prévost? On ne sait trop. Bien entendu, il y a le tourisme américain, mais ça ne peut pas être l'explication qu'aucune des cinq salles, la plupart du temps, n'affiche un film en français, surtout que les succès des Américains sont traduits très rapidement désormais. Il faudra donc encore protester publiquement. Condamner. Accuser. Dénoncer l'éternel mépris. Ce racisme larvé, cette francophobie qui s'avoue sans cesse insidieusement.

Mais nous sommes las de toujours protester; je suis fatigué. Les jeunes ne bougent pas, ne voient pas, ne disent rien. Pourquoi cette complaisance chez les jeunes? Le combat serait perdu et la jeunesse le sentirait? Le devinerait? Très bien, alors, pas de traînerie. Pas de longue agonie comme dans les Maritimes ou dans l'Ouest de la fédération. Ou en Louisiane. Vite, la chirurgie, qu'on ferme le français partout, j'en ai parlé déjà. Dans les écoles. Partout. Que nos petits-enfants n'aient pas à vivre cette affreuse agonie d'une langue. Qu'ils ne deviennent pas les victimes de nos incuries, ils ne méritent pas ce dépérissement «cajun», pas les enfants.

Ah oui, vraiment, cette lutte me fatigue; depuis 1961 que je bataille pour ceux qui viennent. Ils sont venus, ils sont là et nos batailles des années soixante ne servent pas. Les jeunes déjà vieillis croisent les bras, se taisent, endurent, c'est la génération des braves bougres qui tolèrent.

Quelle horreur!

Après les mauvaises nouvelles à TVA, après l'orage de sang d'Oliver Stone, on monte faire dodo en silence. La barbarie n'aura qu'un temps, non?

Un autre *Bloody Sunday,* titre d'un film britannique de jadis et exacte description de ce dimanche sinistre. Hier, samedi, quelques beaux moments de soleil emprisonné dans des masses mouvantes d'opaques nuages. Maintenant il pleut. L'eau, de nouveau, s'accumule au rivage, là même où, hier, j'avais jeté tant de terre arrachée au talus. Travail inutile. Je devrai m'atteler de nouveau... Quand? Fera-t-il chaud un jour prochain? Dans trois jours, fin du mois d'août. Pourrai-je conserver ce titre pour ce récit de vacances: *Encore un été trop court?* Car pourquoi regretter un été si mauvais? Si laid? Dans quatorze jours, je plaque un dernier accord sur ce journal.

*

* *

Il est très prévisible, ces jours-ci, que le parti des souverainistes remportera presque une centaine de sièges à l'Assemblée nationale, le lundi 12. Cependant, ces mêmes sondages – ils se multiplient maintenant – affirment que cette majorité, favorable au Parti québécois de Jacques Parizeau, ne souhaite pas pour bientôt la souveraineté de la province de Québec. Est-ce comique? Ou tragique? Des journaux étrangers, avec raison, se gaussent de cette situation. *Le Monde* et *Le Figaro*, en France, en restent comme interloqués. En effet, comment comprendre, vu de loin, une population qui vote «oui» aux indépendantistes et «non» à l'indépendance. Pour paraphraser André Laurendeau, je dirais: «J'ai éprouvé jusqu'à la suffocation l'amer paradoxe des miens.»

Il n'y a pas, pas encore, malgré tant de rebuffades, cette essentielle solidarité des nôtres. Sans cette cohésion, pas de patrie possible puisqu'il y a toujours au moins vingt électeurs sur cent qui refusent le pays français en Amérique: les anglos, les immigrants à quatre-vingt-dix pour cent et quelques déracinés et assimilés. En partant, il faut donc compter, à chaque élection, environ une personne sur quatre qui est plus ou moins francophobe. Ainsi, il suffit que nous soyons de simples militants démocrates des deux grandes formations pour que le vote, si grave, de la libération nationale, soit fichu. C'est plutôt décourageant. Que faire? Comment faire comprendre aux électeurs du Parti libéral qui sont des patriotes (il y en a beaucoup), qu'ils doivent rompre avec leur vieux militantisme fidèle aux «rouges». Ils se joignent, qu'ils l'admettent ou non, aux forces racistes qui détestent tout ce qui est français, tout ce qui se fait en français. En juin 1995, à moins d'imprévus, ce sera encore la défaite, au deuxième référendum.

*

* *

Quand le soir monte, désormais dans la plupart des demeures, c'est l'inéluctable installation devant l'appareil électrique qui a changé la vie, la télévision. Personne ne peut nier cette réalité. La majorité des foyers, donc la majorité des gens, le soir venu, feuillette un horaire des émissions des quatre chaînes de la télé en français. Sans compter les chaînes américaines, et TV5.

Plusieurs font leur choix en naviguant sur tous ces canaux avec leur télécommande, la zapette, quoi! Ils baguenaudent comme des flâneurs dans une rue de magasins.

Que faisions-nous avant? Mon Dieu, oui, comment passions-nous nos soirées?

Nos soirées d'hiver surtout, quand il n'était plus question de s'installer aux balcons de nos maisons ou d'aller fureter aux vitrines des commerces du centre-ville, de la rue Saint-Hubert, dans mon Villeray natal? Nous n'allions pas au cinéma bien souvent. Il est vrai que la télé partout a tué un autre rituel. Celui de faire des visites. Maman criait souvent: «Venez au salon, les enfants, venez voir la belle visite!»

De plus en plus, Raymonde et moi décidons, comme en ce lundi soir, que le téléviseur se tait et que nous lisons. Elle tient un roman de madame Gérard Philipe qu'elle apprécie très moyennement et moi je lis le récit de la vie du parolier poète Louis Amade. Il s'agit d'un comique involontaire: il se louange sans vergogne à chaque page. Bien accroché à sa locomotive «Gilbert Bécaud» pour qui il a fait plusieurs chansons à grand succès, ce bonhomme n'arrête pas, avec une humilité calculée, une fausse modestie crasse, de nous expliquer qu'il a eu du flair, presque trop de talent et que, sans lui, Bécaud serait resté un petit pianiste-accompagnateur obscur. C'est incroyable de fatuité candide. N'empêche, au travers de ses *satisfecit*, on peut apprendre des «tas de petits secrets» qui m'instruisent sur ce monde du music-hall qui n'a jamais cessé de m'intriguer. Que de gens dans l'ombre des vedettes, dont Amade (dont l'Anne Philipe du grand Gérard?), qui se haussent des talons pour un peu de lumière. Sympathique.

Après les mauvaises nouvelles lues par la jolie fille de Pierre Nadeau, dodo!

On me traite toujours, à CJMS, en visiteur. Je reste le coanimateur qui ne contrôle pas le panneau des manettes et des boutons. Je ne me bats pas, il est vrai, pour l'obtenir, ce contrôle. Mon cher petit camarade, l'aimable mondain Pierre Marcotte, en profite le plus souvent et me coupe le son à son gré. Ce *power trip* me fait sourire. Je veux bien recevoir des piques et des craques, on sait que cela ne me fait pas peur, mais Maître-boutonneur-Marcotte, en petit despote du coupe-réplique, presse une manette aussitôt envoyée sa vacherie! Ce n'est pas loyal. Ce n'est pas jouer franc-jeu. S'il savait, ce tyran à-la-petite-semaine, que je pourrais soudain me lasser de son manège égocentrique et l'abandonner illico! Non, il ne le sait pas. Il ne devine pas qu'il y a des matins où je me dis que je suis bien idiot de venir ainsi m'installer des écouteurs durant une heure et demie pour guetter les facéties de nos chers auditeurs. Pas grave. Ici même, je me promets de bientôt lui faire comprendre que je n'apprécie pas les dictateurs d'opérette.

*
* *

Mon fils vient de me remettre un autre billet pour notre série d'articles polémiques de *La Presse*. Le thème? Suis-je un gaspilleur ou un avaricieux? Il dit qu'il ne sait plus, tant mes comportements sont contradictoires. Que j'aime cela quand on n'arrive pas à me classer. Nous sommes tellement envahis par les catalogueurs. J'ai hâte d'y rétorquer. Mon fils m'étonne de plus en plus. Je découvre, une fois de plus, qu'il sait rédiger avec allant. C'est rare. Je me souviens de ma première découverte à ce sujet. Il débutait au collège Saint-Laurent, juste devant le cimetière des Jasmin, boulevard Sainte-Croix. Il avait rédigé une dizaine de brèves nouvelles d'un ordre bizarre, une sorte de science-fiction de bon aloi. J'avais voulu faire publier, à mon compte, ces textes, je songeais aussi à des illustrations. Puis j'ai craint un peu que cette aide, paternaliste forcément, lui nuise, l'embête, ou le rende paresseux... Je ne sais pas trop pourquoi j'avais mis de côté ce projet de le publier. Bref, je redécouvre qu'il y a à mes côtés un rédacteur doué. Dirais-je: «Bon sang ne saurait mentir!» Non, le sang est une illusion raciste. N'empêche, il y a au Québec, c'est nouveau, transmission des talents. En Europe, me dit-on, c'était fréquent, pas ici. Eh, mon grand-père paternel, analphabète, signait d'un X. Alors, notre chaîne de rédacteurs n'est pas bien longue dans nos familles, paysannes pour la plupart.

*
*   *

Je suis descendu seul en ville ce lundi. Demain, Raymonde viendra luncher à Montréal avec son amie Josée. Elle a dix ans plus jeune qu'elle mais, j'en ai parlé déjà, elle est dynamique, peu compliquée et tant capable de transmettre cent petites nouvelles en un seul dîner. J'en profiterai de mon côté pour mettre de l'ordre dans mes petits papiers et répondre au courrier urgent.

Je découvre une note d'une buraliste de ma station qui dit qu'on m'aurait versé quelques centaines de dollars en trop et de ne pas me surprendre si mon prochain cachet semble rongé d'autant. Par téléphone, l'auteure de la note me raconte la source de son erreur et j'en profite pour lui demander combien de semaines de vacances la station allait me payer cette année. «Aucune.»

Réponse claire, nette, sèche. Comme le directeur Brière n'est pas à son bureau, je lui laisse une note où je lui rappelle qu'il m'avait parlé de quatre ou cinq semaines de vacances payées par année si, un jour, on finalisait un contrat ensemble. Premier contrat puisque, jusqu'ici, je n'ai jamais couru après cette sorte de «papier» contraignant pour les deux parties. Demain matin, je peux claquer la porte. Demain matin, le station peut me «vider». Il y a ainsi, des deux côtés, des avantages. Mais je refuse véhémentement d'être pénalisé par rapport aux camarades contractuels. Ça va barder bientôt. Je le sens.

*

* *

Je remonte dans nos collines. Lunch fait de sandwiches à la dinde avec beaucoup de mayonnaise! Peu de soleil. J'en profite tout de même pour tenter de rebâtir le quai de bois du rivage plutôt démantibulé par la crue des eaux de cet été 1994.

Le soir venu, après mes pâtes «alla Jasmino», lecture, un peu de télé en zappant un peu partout, ce qui est toujours insatisfaisant en fin de compte, mais, depuis le début de l'été c'est si plat, si ennuyeux, la télé. Nous regardons les nouvelles télévisées à la SRC, puis au réseau TVA. Une fois de plus, je constate que le réseau privé a des avantages sur le réseau de l'État fédéral. D'abord on ne s'efforce pas de nous illustrer de force les provinces du beau grand Canada, ce qui est sans intérêt la plupart du temps. Il y a aussi plus de vivacité, de vitalité – je cherche le mot – de bonhomie (?). À la SRC, on se croit obligé à des formes compassées, augustes. Solennelles. Comment dire? Trop pontifiantes. Heureusement cela change et il y a des exceptions. Exemple? Simon Durivage. Avenant.

302

Raymonde et moi lisons tranquillement sur la mini-terrasse dans la cour rue Querbes. J'ai préparé deux apéros. Un verre de Pineau de Charente avec plein de cubes de glace pour moi, et le «moitié-moitié» Cinzano pour ma brune. Il ne fait pas trop froid aujourd'hui. Ce dernier mardi du mois d'août a vu le soleil durant plusieurs heures. L'énorme cloche de la cuisine, installée pour le demi-sourd que je suis, retentit de son affreux bruit de taureau enragé. On sursaute. Je vais à la porte pour y apercevoir ma belle bru Lynn qui pleure. Elle porte son costume un peu austère de nouvelle maîtresse d'école depuis deux jours. Vite, je m'imagine un drame rue Garnier mais, non, elle me «sanglote» aussitôt que je l'enlace: «Je ne peux pas tenir! Je n'ai aucun contrôle sur ma classe! C'est une catastrophe, papi!»

À travers ses larmes, je saisis vite qu'elle n'a ni le goût ni le talent de faire la police de la classe. Même refus de Daniel, l'hiver dernier, quand, lui aussi, j'en ai parlé, découvrait la délinquance ordinaire. Il avait donc quitté son poste d'enseignant dans une école secondaire de Blainville. Raymonde, alertée par ses pleurs, vient vite m'aider à rassurer une Lynn affolée. Elle nous fait comprendre qu'elle prend conscience que ce métier d'institutrice n'est pas pour elle. Elle pleure surtout, dit-elle, sur son erreur, sur la bêtise (qu'elle se reproche) de n'avoir pas plus vite compris qu'elle n'avait nullement le tempérament d'une contrôleuse de jeunes en cinquième année. Elle nous peint le tableau. Des jeunes sans aucune capacité de concentration. Toute une classe de fillettes juives déjà épuisées l'après-midi puisqu'elles suivent des cours dès huit heures le matin.

Mais, à la fin du sombre portrait, elle répète: «Ce qui est plus grave, c'est qu'avec tous les stages faits depuis un an, peu à peu j'ai constaté que l'enseignement, avec son volet obligé, faire aussi la discipline, me devenait de plus en plus odieux.»

Elle finit par se calmer. On la rassure tant qu'on peut mais on n'en est pas moins accablés. Je songe, Lynn partie, à mon dernier livre, *La Vie suspendue*, où je romançais sept chocs vécus; y mettre un huitième chapitre? Est-ce qu'un conseiller d'orientation professionnel aurait pu les prévenir tous les deux sur cet aspect du métier quand ils décidaient de se recycler en enseignants? Le domaine des communications et du cinéma affichait continûment: chômage. Ils regardèrent ailleurs. Et dès leur cégep, pourquoi aussi ai-je rêvé qu'il y aurait de l'avenir pour eux tous? En 1980, et un peu avant, tout allait bien, l'économie ronronnait, je voyais l'avenir des jeunes avec des lunettes roses, personne ne prévoyait l'arrêt subit du progrès dans toutes les industries, dont celle de la communication. J'étais l'auteur heureux d'un feuilleton qui resta le numéro un durant trois ans au réseau populaire de Télé-Métropole, *Dominique*, bref, mes enfants avaient bien le droit d'adopter ce domaine: la culture, les arts, la communication.

Le réveil a été brutal après 1988!

Tant pis. Je reste optimiste. Des jours meilleurs viendront. Oui, riez. C'est ma courte philosophie, celle des têtes heureuses et puis, si tout va plus mal, eh bien ils iront travailler en usine, dans une manufacture, comme serveurs. J'ai lavé la vaisselle de l'hôtel Chantecler en 1951 quand mon diplôme de céramiste conduisait à l'impasse totale!

*
* *

Ce midi, j'ai mangé de mon cher smoked meat chez Lester's, sur la terrasse dans la rue Bernard. Mes chers *dill pickles*. Beaucoup de moutarde. Du vinaigre sur mes frites. Raymonde a bouffé avec Josée sur la terrasse Frédéric-Back à la SRC. Elle m'a annoncé une renversante nouvelle: un ami intime s'avérerait être un homosexuel refusant de sortir «du placard» et cette révélation nous a stupéfiés car jamais, au grand jamais, nous n'avons perçu le moindre signal de son inversion sexuelle. Au contraire, je l'ai toujours un peu soupçonné d'être un mâle un peu trop masculin pour ne pas dire au bord du machisme! On me dira: justement!

*
* *

Après le souper, ô le bon riz chinois «alla Raymonda», on décide d'aller au Festival des films du monde voir le célèbre film-document, du non moins célèbre Bernard-Henri Lévy, *Bosnia*. Un collage des images sanglantes de toutes les infos du monde, CNN compris. Un texte, hélas, grandiloquent en voix off de, et récité par, Lévy. C'est un appel aux armes. Carrément. On imagine pourtant que les «résistants» bosniaques bourrés de nouvelles armes, et des plus modernes, feraient se déclencher de plus horribles ripostes des odieux Serbes installés autour de Sarajevo. Oui, ce serait une fatale escalade de violence et, aux côtés des enfants mutilés bosniaques, s'aligneraient les enfants mutilés serbes. Lévy, un idéologue, un philosophe, devrait s'éloigner des champs de bataille. Seule la mollesse des pays de l'ONU est à blâmer gravement. Cette lâcheté, elle seule, fait couler le sang partout dans Sarajevo, et le spectacle est intolérable.

Dernier jour d'août. Enfants, écoliers, ce jour-là était pour nous la fin de l'été. On ne riait plus. L'école, lieu des dompteurs selon Rimbaud, ouvrait dans notre imagination ses grandes ailes noires. Fini la liberté. Les temps ont changé. Certes, la plupart des enfants détestent toujours l'école, mais ce n'est plus l'enfer d'avant 1960 quand la jeunesse devait se taire, obéir docilement à tous les diktats des adultes, bref du temps où les Daniel et les Lynn, profs divers, n'avaient encore aucun problème de discipline.

Il ne fait pas bien beau.

Plus personne ne rouspète, habitués que nous sommes maintenant après presque cent jours de temps maussade. Nous ne cessons pas, Raymonde et moi, d'être tellement surpris par cet ami qui serait passé dans le camp des homos. Notre étonnement ne vient pas du fait lui-même, tous les deux avons vécu, travaillé durant plusieurs décennies, au milieu de camarades homosexuels. Non, ce qui nous laisse ébahis, c'est de n'avoir rien vu, rien deviné de notre ami depuis 1975 que nous le connaissons. Nous allions chez lui, et il est venu chez nous, nous avons passé plusieurs vacances à la mer avec lui, cet ami si drôle, si amusant, si moqueur des «fifis» à l'occasion. Une vraie surprise, vraiment! Faut-il croire cette folle rumeur? Les «rumeurologues» disent que la rumeur naît toujours du secret exagéré.

*
* *

Ce matin, je fais un bref arrêt rue Garnier. Le jeune couple dort. C'est Simon qui m'ouvre. J'y dépose des magazines de France pour Daniel qui les apprécie. Je devine que les deux garçons savent au sujet de «maman démisionnaire» et je leur raconte que papi, lui aussi, fut bien obligé de changer de métier malgré des études spécialisées. Je sens que je perds mon temps. Les gamins ne sont nullement secoués par cette maman abandonnant un job neuf. Ça m'apprendra à vouloir toujours surprotéger l'enfance.

Après mon émission, je file chercher le trio gambadeur d'Éliane. J'ai promis (elle a un tas de courses préscolaires à faire), de les conduire chez leur dentiste, une Vietnamienne de la rue Van Horne dans Côte-des-Neiges. Nous avons presque deux heures de liberté. Alors, retour rue Garnier, et rassemblement. Avec Daniel pour m'aider, nous allons luncher chez La Belle Québécoise, une gargote de la rue Mont-Royal près de Papineau. *Fast food* sympa, décor 1950. En sortant de nos «poutines», nous marchons et nous permettons aux enfants un petit tour d'observation dans des «arcades» à jeux électroniques avec l'idée de ne pas mythifier un tel lieu en renforçant une clandestinité exagérée. On y reste à peine vingt minutes. L'ennui plutôt puisqu'il ont tous, à la maison, de ces cassettes pour leurs jeux Super Nintendo.

Un peu plus à l'est, je les fais entrer un seul instant, pour rigoler, dans une taverne. Une vraie. Il en reste si peu. Je leur raconte brièvement «l'âge des tavernes». Ils rient. L'âge des hommes sauvages cherchant un abri anti-épouses! Daniel rigole lui aussi car il n'a pas connu davantage que ses fils cet âge des tavernes. Au coin de Fabre et de Mont-Royal, je ne trouve pas, dans les fenêtres de briques de verre, la petite fenêtre que le tavernier devait laisser libre pour la surveillance policière, et au travers de laquelle des épouses du coin venaient espionner le mari-biberon.

*

  * *

Chez la docteure en dents, Madame Lethy, là aussi les temps changent, ce sont les sourires et nulle appréhension alors que pour nous, dans les années quarante, l'office de l'arracheur de dents était l'antre du démon. Fini ce temps misérable! Gabriel est tout heureux d'y passer le premier. Répit de trente minutes, me dit la dame en blanc. David est content d'être seul avec papi. Il me parle du nouveau collège qu'il aime d'emblée, où il y aura beaucoup de devoirs, a-t-il su, ou il est interdit de porter des jeans, où il y a une cafétéria... Bref, je le sens comme changé, je sens qu'il constate qu'il a quitté le monde de la petite enfance enfin, qu'il se perçoit comme un ado, un vrai. Soudain, il me dit: «J'aimerais aller à la guerre papi! Me comprends-tu, j'ai besoin d'action.» Comme pour l'écœurer de cette envie candide, je lui raconte *Bosnia*, l'affreux album en rouge et noir vu hier! Rien à faire, il m'explique comment les Bosniaques devraient attaquer les Serbes «dégueu». Comment, lui, il saurait élaborer une stratégie, des tactiques pour faire reculer des collines tous ces «salauds» de Serbie! Il dit: «J'aimerais donc ça aller batailler. Mais pas dans l'infanterie. Je suis pas fou, c'est trop risqué. Non. J'aimerais avoir mon avion. Et mon parachute. En cas de malchance.» Cher enfant naïf!

*

  * *

Le soir, Raymonde pleure. Je m'affole. Elle me dit: «C'est ma pauvre mère! Si tu la voyais.... C'est horrible. Elle en perd de plus en plus.» Au lit, plus tard, elle pleure encore: «On m'a dit, votre mère pleure tous les jours, tous les soirs sauf les mercredis, vos jours de visite. Et certains samedis ou dimanches quand vient un de ses deux fils.» Je suis malheureux. Impuissant. Raymonde pleure et je n'y peux rien.

Raymonde reste en ville. «À quoi bon remonter au chalet puisqu'on annonce du mauvais temps!» Je n'ajouterai rien ici. Juste ceci: «Un été assez sinistre!» Tantôt un coup de fil. C'est Lynn: «Enfin une bonne nouvelle. J'ai pensé vous la communiquer étant donné mes larmes d'avant-hier. J'ai réussi à me trouver un nouveau boulot.» Elle sera attachée de presse, si j'ai bien compris. Comme mon fils, elle a déjà travaillé aux magazines de Quebecor, et y a gardé des contacts, je suppose. Elle en est ragaillardie, et je suis heureux de l'entendre si contente, si soulagée. Daniel vient au téléphone pour me signaler son bonheur de savoir sa Lynn toute heureuse et me souligner le fait que j'aurais oublié de «rétorquer à un de ses articles polémiques».

Lynn travaillera donc à quelques rues de chez nous, proche du viaduc qui surplombe la cour de triage séparant Outremont de Ville Mont-Royal.

En après-midi, à l'heure de l'apéro, Raymonde, soudainement: «Claude, je me moque des horoscopes mais cette fois, c'est troublant.» En effet, une certaine Jacqueline Aubry, dans *Le Lundi*, un magazine pop, me dit à la colonne Scorpion, «que je vais toujours trop vite, que je finirai à ce rythme trépidant par avoir un accident, etc.». Or ce qui est encore plus troublant c'est que, trois ou quatre heures plus tard, je cours, je vole pour aller à l'étage, je redescends en vitesse pour ne pas rater le début d'un film et je rate la dernière marche et m'abîme le genou droit! Alors, lisez bien la suite que Raymonde me lit en fin d'après-midi: «Vous vous déplacez trop vite dans la rue, dans les escaliers, partout où vous allez, vous pourriez vous blesser au genou.» Incroyable, non?

310

Madame Aubry ajoute: «Au travail, on vous veut performant, mais gardez votre calme.» Et en effet, je veux toujours le succès au boulot et, en effet, tout autour on me supplie de ne pas trop crier ni de trop m'agiter! Je raconte cela à Paul Arcand, mais le roi des sceptiques ne veut rien savoir. Il est pire que saint Thomas, le toucheur de plaie. Je lui offrirai de toucher ma plaie au genou droit à ce vérificateur des mystères qu'il récuse sans cesse. Il est un amateur du réel unidimensionnel. À plaindre, ces gens! La majorité, pour qui tout doit être net, «frette» et sec!

*
* *

En soirée, on visionne, à TQS, *La Chèvre*, une comédie mince. Un Depardieu remplissant un contrat d'acteur populaire, un Pierre Richard sans inspiration dans un film qui ne l'inspire pas. La télé, ainsi, remplit ses horaires avec tous ces films plats. Les programmeurs, sans gros budget, se disent sans doute: «Ces navets sont juste assez bons pour un public peu exigeant.» Un peuple abusé et qui ne saisit pas qu'il débourse aussi pour ces nullités filmées quand il va acheter dans les magasins. Les manufacturiers, à cause de leurs annonces à la télé durant ces inepties cinématographiques, paient pour s'annoncer et alors haussent le prix de leurs produits.

Et, en fin de compte, c'est le moment de dire que nous, les cochons-de-payeurs de la télé publique subventionnée, déboursons même deux fois en somme quand les émissions sont farcies de publicités.

*
* *

On a bouffé de la viande fumée ce jeudi midi et à la terrasse, un vétéran de la télé d'État, Jean Saint-Jacques, retraité, nous a aperçus et «a piqué une jasette». Il ne s'ennuie pas de son métier de réalisation, il a la nette impression que le métier se gâte et il plaint les nouveaux venus à la SRC; il fait du bénévolat pour occuper ses loisirs. Enfin, il nous a parlé des responsabilités qui ne finissent jamais pour un père, des soucis qui ne s'achèvent jamais. Je lui donne raison.

*

* *

J'ai acheté de l'essence pour la mini-tondeuse à Outremont. Ça me prend cinq minutes, même pas, et les pelouses sont taillées en avant et en arrière tellement c'est petit. Raymonde regarde «l'homme au travail» et lit. Elle trouve qu'Irving, l'auteur américain populaire, a un bon talent avec son *Hôtel New Hampshire*. Je ne l'ai encore jamais lu. Je lis, mais un peu en diagonale, *Solitude* de l'analyste Françoise Dolto. Ici et là, je redécouvre des faits étonnants. Décidément, la psychanalyse m'aura toujours fasciné depuis mes premières lectures de Freud lors de mes études en céramique à l'École du meuble.

*

* *

Mon Dieu que j'aimerais le retour du soleil fort, durable, le retour de la chaleur, au moins pour deux ou trois jours. Mais non, c'est toujours ce temps de fin d'octobre et ce ciel embarrassé de nuages. «Encore un été trop court?» Oui et surtout, un été trop ennuagé!

Il fait de plus en plus froid il me semble. Voici un vendredi classique de l'été 1994. Du blanc sur du bleu. Beaucoup de gris de temps à autre. Malgré les éclaircies, un vent du nord et du nord-est fait que le soleil n'arrive pas à vraiment nous réchauffer la peau et l'âme!

Avant le souper, visite au chalet du jeune Guy Fradette. Il est venu me remettre une copie d'une entrevue sur vidéo faite au parc Outremont, il y a quelques mois. Fradette est le fils aîné d'un voisin de Bordeaux du temps que j'y élevais mes deux enfants. Son jeune frère Luc fut un du «trio de mousquetaires» de mon fils Daniel. Ils étaient quatre bien entendu!

Cette entrevue est une sorte de monologue. Les questions d'un animateur caché servent, plus ou moins, à poser des jalons sur une conversation *ad lib* à propos de l'initiation aux arts dans les écoles. J'y parle de la fameuse Irène Sénécal, pionnière de l'art enfantin libre, de Gérard Sindon, un valeureux animateur à ma petite école paroissiale, du célèbre frère Jérôme au Collège Notre-Dame. J'y parle aussi de papa, «barbouilleur exemplaire» de mon enfance. Le jeune Fradette, avant de partir, me déclare: «Il me semble qu'on pourrait produire avec vous comme raconteur, toute une série de télé, par exemple, sur l'histoire du Québec.» Je l'encourage évidemment: «J'ai toujours rêvé d'être une sorte d'Henri Guillemin québécois!»

C'est vrai que j'y pense souvent: enregistrer des émissions captivantes qui ne coûteraient presque rien où je pourrais parler librement, spontanément, des choses de la vie avec juste un synopsis généreux, sans plan précis et contraignant. L'histoire de l'art moderne, par exemple, dont je connais à fond les sources étonnantes. Je dis à Raymonde qui semble aussi admirer le ruban apporté par Fradette: «Toi qui es libre désormais, pourquoi tu ne serais pas la réalisatrice de ton cher... animateur.» Elle rit et ne me répond pas. Je gagerais que «madame l'experte» aux deux «Gémeaux» exige décors, costumes, actrices et acteurs de premier ordre... sinon... Pensez-vous que son expertise, son talent fort (je l'affirme) se réduirait à filmer, seul, un bonhomme, si admirable qu'il soit, assis dans un fauteuil et qui parlotterait *ad infinitum* sur un sujet quelconque? Que non!

*

* *

Ce matin à *La Moutarde*..., comme chaque vendredi, nous invitons le public à élire le «bouc» de la semaine. Surprise, Claude Ryan, qui ne se représente plus, est l'élu de notre auditoire! Décidément, quelle métamorphose chez cet homme jadis si mesuré, si enclin à la rigueur intellectuelle et qui, devenu politicien, a pris tous les plis d'un homme public retors, calculateur, menteur, dupeur. Cette constatation ne me fait pas plaisir. Au contraire, elle me fait peur. J'ai si souvent aspiré à embarquer dans la galère politicienne. Serais-je devenu comme tous les Ryan, un fraudeur, un hypocrite, un tricheur? Gilles Proulx, pour une fois, ne me cherche pas ce matin. Il est ultra-nerveux. Il doit faire face au premier ministre actuel, Daniel Johnson, dans peu de minutes. Son studio se remplira d'observateurs de divers médias. On installe partout un système de caméras vidéo pour, justement, tous ces reporters de partout qui commencent à envahir les couloirs et les bureaux de CJMS. Depuis quelques jours, même s'il est un adversaire de ce que je considère une cause sacrée, je trouve ce Daniel Johnson intéressant, sympathique, habile débatteur; il se dégage du personnage une sorte d'humanisme de bon aloi, davantage que chez le chef des souverainistes, à mon avis.

*
* *

Nous bouffons d'excellents hamburgers ce midi en écoutant le débat Proulx-Johnson. Pas très bon. Mon Gilles est lui-même un rien effronté, un peu voyou, avec gouaille populiste, mais les arguments sont faibles. Daniel Johnson joue le jeu; étonnant comment on peut avoir été chic vice-président d'une énorme compagnie financière (la Power Corp.) et rester capable de jouer le ti-cul, le ti-coune mal embouché. Ainsi, un Jean Chrétien, un temps avocat de compagnie dans Bay Street à Toronto, devenu premier ministre de la maudite fédération *canadian*, pourra argumenter avec des adversaires politiques comme un «bum», comme un tribun démagogue, un demi-délinquant. Le Québec, comme les États-Unis, est peuplé d'enfants de rudes pionniers, pas trop civilisés, pas trop cultivés. Grattez le vernis d'un personnage politique en Amérique du Nord et souvent, vous apercevrez un gaillard plutôt grossier, un rustre.

Je me lève tôt pour un samedi. C'est qu'un stock de «plantes vertes» m'attend sur la plage publique à Sainte-Adèle. Un comité d'écolos ad hoc a réussi à obtenir, une fois de plus, des milliers de «pousses» pour reverdir les rives du lac. Tous les riverains peuvent se servir. J'ouvre grand le coffre arrière de la Jetta de Raymonde.

Revenu à la maison, je prends conscience que je dois maintenant ficher en terre une centaine de mini-sapins et pins moins hauts que trois pommes, aussi, cent cinquante «pousses» de myric-gala et de saules nains. Dire que je me suis retenu d'en prendre davantage. Que j'ai bien fait! Cela me prend quatre heures, assis sous les vieux sapins, à creuser mes quatre-vingts trous pour y enterrer ces carottes de terre au bout desquelles se dressent ces bébés-conifères! Ouf et re-ouf!

En fin d'après-midi, pataugeant dans la terre boueuse du bord de l'eau près du vieux saule, c'est au tour d'une trentaine de ces «myric-gala». Raymonde m'aide cette fois, installée dans une chaise rustique. Elle fait sortir des moules, les sortes de carottes. Elle s'amuse de me voir creuser mes orifices coniques avec une barre de fer que je fais tournoyer dans le sol. Quelle corvée! Heureusement que de temps en temps le soleil luit.

*
* *

Ce matin, avant d'aller ramasser les plantes offertes, je suis allé chercher du café à la pâtisserie

Lemoine du chemin Sainte-Marguerite. Chaque fois, et depuis toujours il me semble, la vue des vitrines remplies de coquettes pâtisseries me fait saliver. Je résiste et ce n'est pas facile. Enfant, déjà, rue de Castelnau, j'aimais m'attarder aux vitrines de la pâtisserie Canada. Quel enfant, à la vue de ces jolies sucreries, ne rêve pas de s'en empiffrer? Écolier, c'était au-dessus de nos moyens, et maintenant c'est par un devoir de santé que je me prive. La vie! Je me souviendrai toujours quand la voiture à cheval du boulanger d'antan s'amenait devant notre porte. Il y avait, étalés sur son bras gauche, des brioches sucrées, des tartes succulentes et des gâteaux aux crémages multicolores. On suppliait maman d'en acheter, mais elle faisait la sourde oreille à nos clameurs intempestives. Elle disait, le boulanger parti: «Je vous en ferai moi-même des gâteaux, ceux-là coûtent les yeux de la tête!» Il m'arrive parfois, avec les petits-fils, de me contenter comme à retardement de tant de ces frustrations de jadis. J'entre, rue Fleury ou rue Mont-Royal, et alors c'est la commande libre: «Les enfants, choisissez-vous une pâtisserie à votre goût!» Et je fais aussi mon choix. J'ai un peu honte après avoir avalé une belle religieuse, un éclair au chocolat ou un mille-feuilles à la crème. J'ai triché et je me sens un vieux gamin déraisonnable, délinquant.

*
* *

Je constate, je le redis, que souvent les cahiers arts-lettres-spectacles m'excitent bien moins que jadis. Est-ce un signe de vieillesse? Est-ce plutôt la lucidité? Ce lot de nouvelles du domaine de la création ressemble de plus en plus à de la promotion. Un marketing trivial. Quand j'ai fait partie du cahier culturel de *La Presse*, au début des années soixante, chaque chroniqueur publiait une interview de prestige toutes les cinq ou six semaines, et cela sans que cet article soit nécessairement lié à un produit récent de l'interviewé. Silence là-dessus. Refuser de jouer le braillard nostalgique. Les «dans mon temps, c'était mieux...» quoique...

*
* *

Je me rends compte aussi que le soir venu, la télé nous attire de moins en moins. La vieillesse, cela aussi? Comme pour les cahiers arts et spectacles, il me semble aussi que la télé des années soixante était plus captivante, qu'il y avait moins d'émissions promotionnelles. Vive la lecture, ces temps-ci, le soir venu. Tout de même dire que ce samedi soir, sur Radio-Québec, le vieux film de Clouzot, en noir et blanc, *Les Diaboliques*, est bienvenu. Revoir un Paul Meurisse, une Simone Signoret si jeune, le vieux Pierre Larquey et Charles Vanel, toutes ces anciennes vedettes qui faisaient notre joie dans les années quarante et cinquante au cinéma Château, au coin de ma rue. Mon Dieu que j'aimais, adolescent, les films tournés en France! Je rêvais d'y aller un jour. J'aimais la musique de ma langue, parlée par les Français. Chaque plan, chaque séquence de tous ces films se gravait dans mes pensées. Je ne sais pas d'où pouvait me venir cette fascination, j'y reviens, cet amour de la France et des Français. Autour de moi, les gens de mon âge préféraient les films d'Hollywood présentés au cinéma voisin du Château, le Rivoli. La plupart de mes amis se moquaient du cinéma français, qu'ils trouvaient ennuyeux, ancien, étranger à leurs goûts. Déjà, en 1945, mes jeunes camarades du quartier s'américanisaient au grand galop.

Beau dimanche que ce premier dimanche de septembre. Un vent du nord-est, mais le soleil, libéré de ses maudites cohortes de nuages, réussit à nous chauffer la couenne pas mal. J'ai de l'aide aujourd'hui pour en finir avec ma vaste plantation de saules nains: deux gamins, Thomas et Simon. Raymonde prépare une immense lasagne et inaugure une nouvelle recette glanée dans un magazine, elle a prévenu Lynn et Daniel qu'ils serviraient de cobayes! Lynn est d'excellente humeur. Elle a hâte de tâter de son nouveau métier d'«attachée de presse» chez un éditeur de livres populaires, rue Bates. Elle travaillera trois jours par semaine au début. Daniel m'a apporté un autre article: *Somme-nous, les jeunes, des chialeurs professionnels et avez-vous été, les aînés, des soumis trop peu rouspéteurs?* J'ai hâte d'y répondre car, en effet, malgré tout, il me semble que les jeunes citoyens ne sont jamais contents.

Nous allons en excursion du côté du chemin Notre-Dame au nord-est du village. Derrière les maisons neuves d'une banlieue coquette de Sainte-Adèle, il y a un réseau de pistes pour piétons, skieurs de fond, chevaux et quoi encore? À un carrefour, on voit un pin gigantesque surnommé *L'arbre aux fées*. C'est un phénomène. Cet arbre doit être plusieurs fois centenaire. Est-ce une farce? On m'a dit qu'il était homologué spécimen rare du patrimoine naturaliste de la région. Une de ses branches, grosse comme un tronc, est appuyée sur un rocher immense. Bizarre lassitude du vieillard végétal. Les enfants galopent, vont et viennent, sont heureux de cette promenade dans un environnement fait d'ombres. Ici et là les rayons du soleil percent et alors on voit la classique vision, en forêt, quand la lumière est filtrée par les branches innombrables. Une beauté connue, reproduite souvent en photos, mais dont on ne se lasse jamais.

*
* *

La lasagne de Raymonde obtient un certain succès. Faite d'une pâte à base de maïs, il en résulte l'impression de manger du tofu! Après le repas, autre régal classique pour des gamins: Daniel et moi faisons un feu. Vieille fascination. Pas un garçon affirmerait qu'un feu de camp le laisse de glace. Au bord de l'eau à Pointe-Calumet, durant des années, de 1955 à 1975, presque chaque soir d'été, nous allumions un bûcher. Tout et n'importe quoi nous servait à alimenter ces feux qui, parfois, se poursuivaient très tard dans la nuit. Que de blagues, que d'histoires réelles ou inventées par les membres de notre tribu installés tout autour des flammes sur le sable blanc de la plage populaire. Nous repassions souvent nos souvenirs de jeunesse et nos enfants écoutaient, commentaient les «mémoires parlées» des oncles, des tantes. Les beaux-frères, René, Jacques et Louis, n'avaient guère le loisir de s'exprimer car mes sœurs étaient de fameuses verbo-moteurs. Lucille, Marcelle et Nicole tarissaient rarement. Autour du bûcher, le lieu par excellence, nous passions en revue les actualités jasminiennes. Il y a la cuisson des morceaux de guimauve, mais un autre rituel a pris sa place, Thomas et Simon se coupent des quenouilles qu'ils trempent dans le pétrole. Il faut les voir déambuler dans le noir avec leurs chers flambeaux, juvéniles sentinelles d'une forteresse imaginaire.

*
* *

320

Montagne de vaisselle à rincer, à ranger au lave-vaisselle, restes des victuailles à remettre au frigo dans du papier d'aluminium, dans des bocaux divers. Nous n'étions que quatre adultes et deux enfants et je sortirai un plein sac vert de rebuts. Sans être obsédé comme le Popa, du feuilleton burlesque de Claude Meunier, je n'en suis pas moins renversé par la masse de déchets qui s'accumule sans cesse dans nos poubelles. Il me semble que cela va en augmentant à mesure que je vieillis! Il est vrai que désormais les contenants se multiplient sans cesse; il est vrai que mille produits se succèdent, les choix offerts sont infinis par rapport à l'éventail si chétif de mes jeunes années. Est-ce vraiment un progrès? Qui peut en être sûr?

*

* *

Mon grand garçon et ses deux fils repartis, je me surprends à réfléchir sur une impression: il me semble que Daniel ne vieillit plus! Depuis qu'il a vingt ans, depuis 1977, quoi, il ne bouge plus. Il a même allure, mêmes gestes, mêmes manières d'être, même langage, il me semble qu'il a toujours vingt ans. Je pourrais dire la même chose de sa belle Lynn, ma bru. Est-ce normal? La loi de la vie, la loi de devoir vieillir ne joue plus chez les nouvelles générations. Est-ce correct? J'ai des doutes. Partout autour de moi, au travail, dans la rue, chez les miens, je suis bien obligé de constater comme un arrêt, une vaste photo figée. Peut-être un refus de vieillir? N'est-ce pas renier la maturité? Faire fi d'un incontournable lot commun?

Un matin magnifique! Nous sortons du lit assez tard. C'est congé de *Moutarde*, c'est la soi-disant fête du Travail. Ce beau lundi ne dure pas: après le lunch, rapidement le ciel se charge d'un immense drap blanc. Le froid se réinstalle aussitôt. Je peins deux masques à partir de deux enjoliveurs de roue trouvés sur le terrain. Je fixe ces faces métalliques peintes à l'acrylique sur deux poteaux et ils regardent le lac. Raymonde a beaucoup de mal à digérer... sa lasagne expérimentale et, après une nuit blanche, elle tente de récupérer ses forces, étendue dans une chaise longue avec son Irving à terminer. Sans grand succès, j'essaie de constituer un mini-barrage fait de pierres plates pour reformer une partie du rivage que les pluies incessantes ont envasé: peine perdue, la terre que j'y déverse se dilue entre les roches, ce qui va augmenter la pollution, l'acidité. Je suis découragé. Je n'ai jamais été très habile pour ces travaux de terrassier. Je devrais sans doute payer et confier ces tâches à des ouvriers spécialisés. Mais – est-ce l'exemple de papa qui se débrouillait sans aide? – je veux toujours me charger de travaux d'Hercule avec, le plus souvent, de piètres résultats. «Main à plume vaut bien main à charrue», écrivait l'homme de peine engagé de force par Vitalie Cuif-Rimbaud. Pauvre Arthur sur «la terre des loups». Pauvre de moi, les mains pleines de pouces!

*
* *

Avec si peu de soleil, le gazon n'a pas trop grandi cet été. Tout de même, je me décide à passer la tondeuse, une vieille machine héritée de Daniel quand il a vendu La Fresnière. Premier rasage depuis des semaines. On peut rire de moi, mais j'aime tondre les pelouses. J'y trouve une satisfaction réelle. Là aussi, Raymonde, les miens, me répètent de louer les services d'un étudiant, mais je m'y refuse obstinément. Je suis d'une génération, d'une classe aussi, d'un milieu social enfin, où on prend plaisir à exécuter les basses corvées. C'est une faiblesse peut-être; j'ai toujours eu du mal à déléguer. Je me souviens que dans mes premières années de scénographe à la SRC, j'avais du mal, beaucoup de mal, à donner des ordres, à répartir le travail aux assistants que l'on m'assignait. Encore une fois, il doit y avoir là l'héritage du père sauvage un peu anarchiste qui ne voulait jamais rien devoir à personne. Je ne suis vraiment pas certain que cette mentalité soit un atout. Je me ferai une hernie un de ces jours avec mes pauvres travaux de petit Hercule des pays d'en haut.

*
* *

J'ai terminé l'étrange livre d'autocongratulation du chansonnier Louis Amade. À part cet aspect désagréable du livre, j'ai pu tout de même y glaner un lot d'informations sur la planète-Bécaud. Et puis, il faut que je l'écrive, ce poète a composé de fort belles chansons. Quelques refrains de Louis Amade furent fredonnés dans tout l'Occident. Par exemple, la célèbre chanson chantée autant en Amérique qu'en Europe et qui s'intitule: *Et maintenant, que vais-je faire?* Oui, dans sept jours, le journal de l'été refermé, que vais-je faire en tant qu'auteur?

Il m'arrive de rêver. Je quitte tout. Le journal. La radio. Le journalisme. Je fais casser le mur qui sépare les deux chambres d'en avant, à l'étage, rue Querbes.

Cette grande pièce, j'en ai parlé, devient un vaste bureau de travail pour deux personnes. Devinez avec qui je veux travailler? Oui, j'y reviens, nous collons deux grands pupitres ou deux planches sur quatre tréteaux et tous les jours, en face à face, Raymonde et moi, nous nous installons et, ensemble, lentement, nous mettons au propre... quoi donc? N'importe quoi! Je ne sais trop quoi. Un scénario de film ou de téléfilm: un texte pour la télé ou une minisérie? Non, je ne sais pas. En fait, je le découvre ici, il y a que j'aimerais travailler avec elle, mon amour. Il y a là une part de romantisme mais, je l'avoue, il y a aussi que j'ai la certitude qu'avec une femme comme elle, en joignant ses qualités qui sont nombreuses avec mes petits talents, nous arriverions à accoucher de quelque chose de solide, de valable. Ce rêve, après tout, est tout à fait réalisable. Il faut que je trouve le moyen de parvenir à la concrétisation de ce projet réaliste.

*
* *

Je pourrais contacter tous ceux qui m'ont fait signe récemment: un Richard Martin, un André Barro, un Pierre Robert, le jeune Fradette ou cet André Morin qui aimerait bien qu'on aille jongler «productions» un de ces midis. D'autres jours, je me dis: «Tu devrais essayer de composer un album de bandes dessinées fait d'aquarelles tachistes symboliques bien baveuses, ou bien combler ce rêve d'un découpage pour un film surréaliste à la Jean Cocteau, ou rédiger cette pièce de théâtre avec des marionnettes et un manipulateur despotique.» Bref, tous ces songes que tous les créateurs entretiennent de façon vague et qui leur tiennent lieu d'aliment indispensable.

J'ai reçu une carte postale de la Gaspésie où un certain Michel Bouchard m'annonce qu'il y est en train de scénariser mon roman *Pleure pas, Germaine*. Ah? Commande du producteur Eric Van Beuren, je suppose. Il pleut de nouveau, sale lundi du diable.

Septembre s'annonce aussi mouillant que ce mois d'août si vite dépensé.

Des vers à chou! Ah oui! Je les regardais, mes trois jeunes mousquetaires, essayant de rester tranquilles sur le long canapé du salon chez Éliane, c'en était comique. Des vers à chou. Ma fille a réuni les quatre grands-parents, comme à chaque début de septembre, pour fêter l'anniversaire de son benjamin, celui qui aime tant lui chiper ses robes, se maquiller, danser, lui dérober ses bijoux, le Gabriel sensible aux dessins colorés si réussis, qui aime cabotiner et qui adore grimacer. Gabriel est certainement le plus extraverti de tous. Le moins sauvageon. C'est un enfant de huit ans qui fait sa troisième année, qui vieillit moins vite que les autres. Je me souviens que ma mère – j'avais quatorze ans – me répétait: «Claude, que tu es resté bébé, lâche donc les jeunes amis de ton petit frère et fais-toi des amis de ton âge. Lâche tes "costumages" pour tes séances de théâtre. De quoi as-tu l'air avec ces boîtes d'autos miniatures? D'un grand dadais!» Avais-je du mal à vieillir? Est-ce que je refusais de vieillir? Durant l'année scolaire, j'avais quelques amis au collège, mais l'été je me sentais seul, et puis j'aimais inventer ces villages sur la plage avec des ordures. J'en ai parlé et j'en reparle parce qu'il m'arrive souvent d'y penser: l'été, de treize à seize ans, je n'ai pas cherché à me lier d'amitié avec d'autres garçons de mon âge. À dix-sept ans? L'amour! Avec la belle noiraude Micheline. Un amour exclusif. Le début de liaisons sentimentales. Les filles seulement. À dix-neuf ans, toute une série de jolies adolescentes, Michèle, Lise, Gisèle, Huguette. Et Suzanne. Un voltigeur d'un romantisme débridé et instable.

Et puis à vingt et un ans, stop! Au coin de la rue de LaRoche et Beaubien, début novembre 1952, une fille de vingt-cinq ans, Louise, me dit en pleurant: «T'as pas le droit, t'as plus le droit de revoir cette Suzanne, je suis enceinte de toi, le test de la pharmacie l'affirme.» Elle deviendra la maman d'Éliane en juillet 1953. Je revenais de l'un de nos spectacles sur La Roulotte des parcs de Montréal (nous n'étions mariés que depuis six mois), alors, un peu en cachette, survenait un bébé!; cela eut lieu dans un petit hôpital privé de la rue Saint-Hubert, coin Marie-Anne. Le docteur Lebrun m'avait prévenu au téléphone: «C'est une fille et c'est vraiment un très, très beau bébé.» Le clown de La Roulotte en père de famille!

*
* *

Évidemment, ce mardi soir de fête n'a pas beaucoup amusé les trois vers à chou! Ils auraient sans doute préféré aller jouer dehors ou aller en excursion dans la belle nature du vaste parc de la Visitation, à quelques rues de là. Les parents de mon gendre, comme de coutume, repartiront bientôt pour leur maison-roulotte dans un camping de St. Petersburg en Floride. Forcément, ces absences de six mois chaque année ont empêché des liens plus profonds. Omer, le grand-père de mon gendre, un «unioniste» de souche et gros commerçant en souliers, fut longtemps député fidèle à Maurice Duplessis. Je taquine le rejeton là-dessus en ce moment d'élections. Jacqueline, la belle-maman de ma fille, a conservé des airs de jeunesse mais sa mère, Madeleine Depocas, est vraiment phénoménale. Pleine de lucidité, cette «Mado» est devenue pour nous tous un symbole de longévité admirable. Comme moi, elle est d'un optimisme à tout crin et, comme moi, elle se pose beaucoup de question sur le nouveau monde des enfants.

À vingt et une heures, Éliane ordonne la mise au lit des trois vers à chou et ils y vont en vitesse! Surprise des Floridiens! Moi, je sais bien que pour les enfants, une telle fête, malgré le gâteau et les boissons gazeuses, c'est plutôt une corvée ennuyeuse. Surtout de devoir écouter, sans trop interrompre, les conversations assommantes des adultes assommants.

*

*   *

Ce matin, mon compère Marcotte au «surmoi» bien dressé, se cherche en coulisse des complices pour nuire à mes débordements coutumiers. Je trouve ses agissements plutôt lâches et le lui dis. Je découvre alors un Pierre Marcotte, pourtant homme d'affaires averti, se changeant en gamin que j'ai surpris en flagrant délit. Il prend un air penaud, le regard d'un qui me dit: «Ne me fais pas mettre à genoux dans le coin de la classe!» J'aime bien, à l'occasion, un adulte fait, capable de gaminerie. Marcotte en espiègle, cela m'émeut. Je lui pardonne alors sa lâcheté d'avoir eu besoin de la complicité des techniciens de la coulisse. «Va et ne pèche plus!»

*

*   *

Raymonde est revenue du chalet à midi à cause de la fête à Gabriel. J'arrivais moi aussi du boulot-radio. Nous sommes allés croquer un... croque-monsieur. On les fait bien bons à la Moulerie. Avec nos ballons de rouge, nous étions peu nombreux dehors, à la terrasse. Mon Dieu, l'été s'achève vraiment! Déjà? Y aura-t-il cette année l'été des Indiens? L'été de la Saint-Martin. On a le droit d'en douter. En après-midi, délaissant son

Hôtel New Hampshire, elle se met en frais de lire les toutes premières pages de ce journal. J'ai peur! Elle m'appelle fréquemment à sa table pour des corrections. J'ai un peu honte, chaque fois, non seulement il y a mes fautes, il y a aussi cette écriture manuelle illisible. «Raymonde, dis-je, est-ce que c'est du bon journal?» «Oui, oui, il y a de bons bouts, des passages amusants. Mais quelle indiscrétion!» Je dis: «C'est un journal».

J'ai la chance de ne pas avoir un fils collant. Dépendant. Téteux. Je lui dis ce matin par téléphone: «À midi, Raymonde va manger avec sa mère, je suis libre. Je te paye le lunch où tu voudras?» Sa réponse: «Non, c'est gentil. Non, j'ai des choses à m'acheter au Club Price.» Je mange seul mon gros sandwich à la dinde avec, comme j'aime, beaucoup de laitue frisée et beaucoup, beaucoup de mayonnaise! Ce matin, comme tous les matins, à la radio, notre «office» de moutardiers émérites terminé, je dois me creuser les méninges pour trouver quelque anecdote drôlatique, et si possible nostalgique, pour le topo de six heures et cinquante avec Paul Arcand. Parfois ça vient tout seul. Parfois c'est pénible. Je dis: «Je n'en ai plus d'anecdotes. Je t'ai tout livré de mon passé. Tu veux pas que j'en invente, non?» Et Paul, goguenard, de me dire: «Pourquoi pas?» Ce qui m'a rappelé le Marcel Pagnol, mon idole, qui se dresse un jour, lors d'un banquet où il se fit accuser de mensonge: «Eh quoi? Est-ce que c'est intéressant ce que je raconte, oui ou non?» Alors son accusateur et les autres convives de s'exclamer positivement «Ah si! Mais oui! Oui!» Pagnol se rasseoit alors: «Eh bien c'est ce qui compte!»

*
* *

À quatorze heures, fin de l'école pas encore vraiment sérieuse. Il y a eu défilé dans le grand parc de la rue Sauriol, il y a eu «épluchette de maïs». Et quoi encore. Comme promis, je vais ramasser les deux gamins d'Éliane à l'école Louis-Collin. Avec eux et Éric, un ami de Gabriel, on roule vers un parc du voisinage et puis on va chercher l'aîné, David, par la rue Prieur, à son

330

nouveau collège. Il devrait sortir à quinze heures. Au Collège Grasset c'était dix-huit heures, pas un minute plus tôt. Mais quoi, on vit en plein laxisme et dire que cela coûte, en partant, mille dollars et plus par année! Bonjour la décadence occidentale! Je fais voir aux enfants le vieux sentier des Iroquois du Sault-au-Récollet. Qu'on a pavé. Ils écoutent médusés mon bref récit de cette époque quand les «protégés» des Sulpiciens, les Peaux-Rouges, étaient installés au bord de la rue Papineau qui n'existait pas et du boulevard Gouin qui n'existait pas davantage. Évidemment, l'ex-noviciat des jésuites, qui héberge le Mont-Saint-Louis déménagé de Sherbrooke et Sanguinet, a connu des changements et des agrandissements. David me dit qu'il y a six ou sept classes d'élèves comme lui en secondaire I. C'est dire!

*

*   *

Éric, le petit copain de Gabriel, au retour: «Ayez pas peur, je l'ai dit à ma gardienne que j'allais chez Gaby!» Des gardiennes partout désormais. Le monde de l'enfance transformé sans cesse en garderie. «Ta mère travaille à l'extérieur?» «Oui, dit Éric, au Vieux-Port!» Gabriel s'écrie: «Au Vieux-Port? Elle est chanceuse!» Il n'y voit que le parc récréatif. Éric réplique: «Est dans un bureau!» Refroidissement. Achat de liqueur et de chocolat. Installation sur la table de la cuisine d'un vaste jeu de société qu'ils affectionnent où je vois des engins de guerre, des cartes de géographie. Pas encore les conflits, le militarisme? Je dis avant de partir: «C'est quoi au juste, ce jeu-là?» Laurent fait: «Voyons, papi, tu t'en souviens pas? C'est toi qui nous l'as acheté l'année passée!»

*

*   *

Raymonde revient du «foyer» moins accablée. Cette semaine, Yvonne est bien. «Je la fais rire aux éclats. C'est drôle, elle adore les jeux avec les mots. Les vieux trucs des cours de diction, par exemple. Le coup du "petit pot de beurre". Ça l'a amusée follement. Elle répète tout. Ou bien, c'est les blagues sur le "joual", genre: "Qu'a rise don' d'elle avant qu'a rise des autres!"» Je lui rappelle le plaisir des enfants quand je leur fais trouver des rimettes un peu effrontées ou quand on déforme les mots des vieilles chansons-comptines. «Tu vois, c'est précisément cela, ma mère, désormais, une enfant! De quatre-vingt-huit ans!»

Je prépare le souper. Mon tour. Un riz avec sauce chili, avec beaucoup de consommé au poulet comme j'aime et je fais frire un peu de crevettes de Matane et des pétoncles de je ne sais pas où! C'est cher, mais c'est mieux que du bonbon! C'est toujours moins cher que le restaurant.

*

* *

À la télé, retour de l'un des feuilletons de l'an dernier. Je regarde cela d'un œil. C'est toujours les mêmes situations qui se poursuivent avec les mêmes personnages qui répètent, il me semble, les mêmes répliques qu'au printemps dernier. Les Hélène Loiselle, Guy Provost, Robert Toupin, Pascale Montpetit, Patricia Nolin et qui encore, reprennent les mêmes poses, refont les mêmes figures. Pas leur faute. Le genre exige cette lenteur? Je m'éloigne de l'écran en vitesse, je ne peux plus tolérer. Je me rapprocherai pour *Enjeux* avec Maisonneuve. Toute une heure sur le parc négligé de la montagne Tremblante. Vive les documentaires, Seigneur!

Après les mauvaises nouvelles avec un Derome toujours tragédien, forcément, dodo!

Raymonde, c'est un miracle, m'a réconcilié avec le poisson. Son filet de sole, au souper, un délice! J'aime aussi sa manière de cuire la raie. Je ne parle plus trop du temps. C'est trop effrayant. Toujours si peu de soleil depuis avant-hier, mercredi. Aujourd'hui, un jeudi incertain. Des «sorties» de nuages brèves, donc de courtes périodes ensoleillées. Soudain hier, une ondée. Aujourd'hui, même menu climatique. Vraiment un été plutôt décevant.

Au dessert, j'éclate, ce soir. Raymonde tente de me calmer. Impossible! J'en ai trop sur le cœur. D'une part, comme détonateur, un simple cadenas. Un cadenas que David doit apposer, croyez-le ou non, sur son pupitre! Je suis dégoûté! Nous en sommes donc là? Nous acceptons de vivre dans une société d'enfants-voleurs. C'est à vomir. Je préférerais, puisqu'il le faut, que chaque classe d'écoliers, au Mont-Saint-Louis ou ailleurs, soit munie d'une mini-caméra vidéo comme désormais dans toutes les pharmacies et petits commerces de coin de rue. Exiger que l'élève s'amène avec des cadenas, lors de la rentrée, me semble une aberration! C'est admettre, chez les dirigeants scolaires, que plus ça va aller, plus il faudra accepter que la jeunesse étudiante soit constituée, en bonne part, de jeunes délinquants. C'est inadmissible. Écœuré, je questionne Éliane. Réponses d'impuissance. Vagues notions sociologiques? «Que veux-tu papa, tu dois te réveiller, il n'y a plus de principes, plus de valeurs, plus de morale de nos jours, plus de religion comme quand tu allais au Collège Grasset dans les années quarante.»

Je n'en reviens pas! D'autre part, je constate que règne encore cette niaise manie des «initiations». Les

334

plus âgés qui s'amusent à humilier les nouveaux, les plus jeunes. Dans mon temps, cette puante tradition, cette manie infantile, ne m'attirait pas du tout! Je trouvais ces cérémonies d'épreuves imbéciles, un symbole décadent. Je ramasse des témoignages accablants. Ce matin, dans les journaux, encore des plaintes justifiées. Dans une faculté de futurs pharmaciens, des concours de «pauses érotiques en ascenseur» relèvent carrément de jeunes esprits tordus. Nulle part, on n'entend la protestation des dirigeants, des adultes responsables de ces collèges privés soi-disant chrétiens, ou des collèges publics, ou plus grave, des universités. Il y a la liberté, n'est-ce pas? Personne pour avoir le courage de faire éclater la différence entre folle licence et liberté.

*

* *

J'ai fini par me calmer un peu. *La Moutarde* me noyait les narines. Il m'arrive de traverser, de cette façon, des orages. Tout allait de travers au monde de l'enfance. Je fustigeais les parents mous, aveugles et complaisants, les enseignants sans échine, paresseux et ignares. Oh que ça allait mal! Nous marchions à la mort certaine de toute civilisation, nous roulions à l'aveugle vers la déchéance totale de nos sociétés, oui, j'ai traversé une de mes horribles crises de pessimisme. Ça arrive à des gens habituellement positifs et optimistes. Une crise subite! Dur pour Raymonde de traverser ces tempêtes qui éclatent soudainement dans ma caboche d'observateur déçu des us et coutumes actuels chez les jeunes. La série d'articles avec Daniel va m'aider aussi à déverser mon fiel. Masson, l'éditeur, a organisé une rencontre pour une série de photos. La série va débuter non pas le 11 septembre mais le 18. Cause? Les élections.

Raymonde est allée dîner rue Saint-Laurent avec son amie et ex-camarade de la SRC, Hélène R. Chaque fois, elle revient reposée et stimulée aussi par ces rencontres. Je voudrais bien être un petit oiseau pour entendre les palabres de ces deux réalisatrices retraitées.

Amusant fait divers: les stimulantes téléphoneuses des lignes «roses 796», de la digne et noble compagnie Bell, se sentant exploitées, songent à se syndiquer. Ces «parleuses» professionnelles pour indigents érotiques en manque de stimulants salaces exigeront un jour la même pleine sécurité sociale que l'institutrice et l'infirmière. Et pourquoi pas? Elles sont un peu institutrices-du-dimanche et infirmières thérapeutes autodidactes. À Laval, une firme torontoise (est-ce une chaîne?) est leur employeur déloyal et abuseur. À notre tribune téléphonique radio, il y en a pour affirmer que ces jaseuses à propos salés sont un bienfait, une nécessité indispensable et «qu'elles empêchent des crimes sexuels odieux». Un peu plus et certains les feraient saintes et martyres de l'église des Grands Frustrés!

À la télé publique, après le débile feuilleton *Santa Maria*, l'insipide *4 et demi...*, voici, pour ce jeudi soir, *L'Arche de Zoé*, copie ratée d'une série des USA, encore, *Cheers*. Avec une totale artificialité, un manque de naturel assommant, on se gueule des farces éculées. À TV5, soudain, la fraîcheur: un reportage candide sur une radio communautaire naïve en France très profonde. La tété charrie de tout, du pire et du meilleur!

Un vendredi avec de tout. Du soleil? Un peu. De la pluie? Pas mal. Du temps sombre et froid? Plutôt. Nous revenons du Théâtre Jean-Duceppe. Le bonheur. Pour une fois, le grand bonheur. Un très bon texte d'un nouvel auteur québécois, Lemieux. Un habile et compétent Neil Simon nous est né! Son texte, une comédie dramatique fort bien troussée, s'intitule: *Claude ou les désarrois amoureux.* Il y aura deux autres segments à ce premier tome à intrigue sociale. Ce soir, la délicate question du suicide assisté, l'euthanasie. Autre joie, la naissance aussi d'un tout jeune acteur, Benoît Langlais. Ce garçon d'une dizaine d'années a fait montre d'un jeune talent renversant dans son rôle de Simon, le frère cadet de cette audacieuse Claude, enseignante en lettres. Je ne crains pas d'écrire ici que ce gamin, Langlais, s'il sait conserver son don prodigieux pour le naturel en scène, s'il sait, avec ce talent, allier le travail au don, fera un jour un acteur fameux. Quand c'est bon au théâtre, je le répète, c'est bien plus intéressant qu'à la télé ou même au cinéma mais quand c'est mauvais au théâtre, c'est pire que tout. Je ne compte plus les fois où Raymonde et moi avons quitté un théâtre, consternés, assommés d'ennui, dégoûtés. Mais ce soir, c'est le grand bonheur, celui, unique, singulier, du verbe incarné.

*
* *

Ce matin, au micro de CJMS, à notre tribune publique, j'étais déchaîné. Je ne sais jamais pourquoi, certains matins, je dois me battre les flancs pour paraître enjoué et d'autres matins, d'entrée de jeu, je suis dans une forme dangereuse. Ce matin, j'attaquais un Yves Montand refusant de reconnaître une fille qu'il a conçue avec une ex-flamme, jeune actrice aujourd'hui vieillie et qui fut reniée par le célèbre gauchiste projustice sociale, procommunisme un temps, cheminant dans le clan du maquereau philosophe Sartre et de sa compagne cocue, de Beauvoir. Ainsi, le fameux chanteur et acteur de cinéma ne valait donc pas mieux que tous ces jeunes lâches qui pullulent désormais, ces pères ratés qui ont «levé les feutres» en irresponsables devant les filles qu'ils ont engrossées. J'ai frappé aussi sur ce soi-disant maître de gymnastique pédophile, qu'une jeune fille accuse publiquement. Aussi, attaque au directeur de l'école Louis-Riel qui déclare: «J'ai exigé d'une élève qu'elle retire son voile de musulmane car cela peut exciter l'intolérance et la violence chez les autres écoliers.» Au lieu d'en profiter pour raconter, expliquer Mahomet et sa religion à ses élèves selon lui «intolérants», il est allé au facile. Les appels se multiplièrent, la plupart de nos auditeurs approuvant ce directeur et me vouant à tous les diables. Ce matin, en ondes, c'est fatal en pleine agora, c'était le joyeux cirque, de nouveau. Il y a eu confusion, diffamations, médisances, ça brassait sur les ondes et j'aime cela!

Mon camarade Marcotte peu enclin aux débordements d'humeur en public, grand amateur, jusqu'ici, de toute les bienséances, s'amusait fort, néanmoins, de mes sorties intempestives. Je crois qu'au fond de moi, s'agite un diablotin vigoureux qui a tellement peur d'ennuyer – et aussi, et surtout peut-être, de s'ennuyer – qu'il n'hésite jamais à m'inspirer des tirades flamboyantes dont je ris à mesure que je me les fais entendre à chaud! Dire que je suis payé pour tant me divertir. Excusez-moi, les jaloux, tous ceux pour qui obtenir un auditoire important est invariablement un signe d'affreuse démagogie. Ces chevaliers à la triste figure sont des robots bien contrôlés, et leur inaptitude à attirer la moindre foule les rend jaloux, moroses, constipés, envieux du moindre succès populaire qu'eux, ils le savent, n'obtiendront jamais. Au grand jamais. Alors ils baissent leur culotte de velours bordée de satin et ils pissent, ces impuissants à communiquer efficacement, sur les débordements d'humeur et d'humour des anciens voyous des ruelles. Les pires? Ceux qui sortent aussi des ruelles, mais qui ont pu s'instruire, et qui n'en sont pas revenus de s'en être sortis. Ils deviennent plus mondains, plus snobs que les vrais enfants des parvenus.

Ce matin, bien défoulé, je suis sorti léger et heureux.

*

* *

Dany Laferrière, à midi, déclare publiquement son désintérêt pour le cher Milan Kundera, nihiliste, coqueluche des décadents détraqués de la république des profs en lettres. Il fustige aussi Réjean Ducharme, le timide vaniteux, le grand amateur du jeu avec les mots. Laferrière a du culot. Un courage rare. Un autre auteur, l'acteur Lalonde, tient des propos ambigus et indéchiffrables sur la question homosexuelle. Son héros, Aubert, dans son récent ouvrage navigue en des eaux troubles. Ainsi, mode des allusions pratiquée par des prudents, Lemieux, chez Duceppe, avec son *Claude*, fait des insinuations sur la tante poilue aux sempiternels costumes d'hommes. Lesbianisme? «Elle est aux sœurs! s'écrie un personnage. Pas aux hommes, ni aux femmes, mais aux sœurs!» Éclats de rire dans la salle. À la sortie, avisant ma camarade Antonine Maillet, j'ai eu envie de la taquiner un brin là-dessus, me souvenant que l'auteure de *La Sagouine* fut d'abord une «sœur» enseignante. Elle aurait pu mal prendre mes gamineries. Des défroqués sont si sensibles.

*
* *

Jean-Luc Mongrain, comme la plupart des chroniqueurs, craint tellement de prendre parti que, lui aussi, il répand l'idée facile et paresseuse que tous les politiciens sont des salauds! Les mêmes, ensuite, fustigeront les citoyens qui négligent de voter. Oh les pleutres! Aussi, on a pu voir un Simon Durivage s'auto censurer (la pire et la plus subtile des censures dans les organismes fédéraux) face à trois jeunes invités à son studio de *Ce soir*. Le plus dégourdi, pour parler politique et élections, était souverainiste! Je n'y peux rien, mais la plupart du temps, on ne cherche pas des gens intelligents pour ces émissions de débats, on cherche seulement à donner le même temps, à la seconde près, à toutes les tendances, même les ultra-minoritaires. Cela donne une télé publique fade. Quelle pitié que cet asservissement des planqués!

*
* *

En après-midi, au soleil, promenade du couple, avenue du Parc. Un lieu fou, si hétéroclite, si cosmopolite.

On monte à l'étage du chalet accablés, Raymonde et moi. Je suis anéanti. Nous avions enfin loué les deux cassettes de *La Liste de Schindler* de Steven Spielberg. Un film d'horreur. Un vrai. Une vraie histoire. Pas question, ce soir, de frissonner agréablement en compagnie d'un Stephen King ou autre pondeur compulsif de son écurie. Non, *La Liste de Schindler* est l'illustration réaliste d'un monstre qui a existé vraiment, le nazisme en Pologne et en Allemagne. Raymonde en est complètement bouleversée. On a tous pu percevoir, à l'intérieur de tant de récits, livres, films, télés, des bribes de ce gigantesque «massacre des innocents» contemporain. Avec *La Liste de Schindler*, c'est la pièce de résistance. Le plat principal. Le seul sujet de ce très accablant «long» métrage, la chasse aux Juifs de 1940 à 1945. J'aurai du mal à m'endormir et cette fois ce ne sera pas le lapin à la moutarde que Raymonde sait si bien cuisiner, non, ce sera ce pathétique conte noir, illustré avec un talent à l'occasion foudroyant, ce sera ce tableau d'épouvante, une fresque insoutenable, celle d'une population martyrisée.

*
* *

On quittait Montréal bien tard ce matin. Que de grasses matinées ces temps-ci! Besoin de sommeil? On a reparlé de la bonne soirée avec la «Claude» du jeune Lemieux chez Duceppe. Le public de cette compagnie est un public bon enfant en grande part. À côté de Raymonde, hier soir, deux femmes commentaient à voix haute l'action de la pièce. Comme dans leur salon quand elles regardent la télé? À ces «premières», on voit tous les artistes qui jouent souvent chez Duceppe, mais aussi des employés de bureau de CJMS et de *La Presse*, institutions qui soutiennent depuis longtemps cette compagnie fondée par Jean Duceppe. En coulisse, le directeur Michel Dumont, satisfait et heureux avec raison, m'attire dans un coin et me fait: «Pour l'amour du ciel, qu'est-ce qui se passe chez vous? C'est quoi toutes ces chamailleries, ces accusations entre Gilles Proulx et toi?» Je tente de lui dire en deux mots la manie qu'a adoptée Proulx depuis son retour de vacances: il me cherche des poux! Manie niaise que j'ai tenté d'ignorer, mais devant la stupide insistance de Proulx à m'accabler de tous les travers du monde, il a bien fallu que j'embarque, hélas, dans cette galère! Il y a quatre ans, en juillet 1990, à mes débuts à la radio, Proulx semblait heureux de mon arrivée. À l'évidence, il a cru que l'écrivain Jasmin, j'en ai parlé, lui servirait de caution disons intellectuelle. Ça n'a pas fonctionné comme il l'avait espéré, le pauvre!

D'une part, Proulx continuait en ondes à jouer le petit «mon oncle» un rien xénophobe, un autre jour, il se répétait en affichant de plus belle son mauvais esprit réactionnaire, son conservatisme pourri d'archaïsmes, de refuge des bien-pensants, alors, mépris continu chez les intellos pour ses spectacles radio des midis. D'autre part, Proulx aurait dû savoir qu'en ce milieu de la go-gauche je suis, le plus souvent, *persona non grata* puisque je refuse souvent d'endosser le prêt-à-penser de certains cénacles élitistes. Enfin, il se peut que la rage de Proulx à mon égard ne soit que l'une des filières idiotes de son lourd faisceau de récriminations redondantes et trop souvent assommantes. Je le plains mais, rien à faire, depuis qu'il m'a confié des détails de son passé (qu'il n'a plus voulu voir publier), je l'aime, je suis attaché à lui et si, moi, je l'attaque, je le défendrai toujours si les attaques viennent de méchants qui ignorent tout du petit voyou de la rue Rielle à Verdun.

*

* *

Raymonde, revenant du marché, a fait un arrêt à la bibliothèque: pour moi, du Poliquin d'Ottawa, *L'Écureuil noir*, pour elle, *Les Prophètes*, du jeune Sylvain Trudel qui, en 1986, m'avait impressionné fortement avec son *Vent de l'Harmattan* qu'il était venu commenter à *Claude, Albert et les autres* au réseau TQS. À ce sujet, je constate qu'aucune émission dite culturelle n'a obtenu meilleur indice d'écoute que la mienne, à TQS, mais elles durent plus longtemps parce qu'elles sont diffusées par des télés d'État, obligées d'en produire. Le mandat culturel, ma chère!

*

* *

Des biographies attaquent le président de la France pour ses «fréquentations» de jeunesse. Est-ce qu'on sait assez, qu'entre vingt et trente ans, il arrive souvent que des jeunes gens fragiles, hésitants, peu sûrs d'eux, idéalistes, rêvant d'ordre, de force, de changement raide, peuvent entretenir des flirts de réactionnaires? Je pense, par exemple, à l'écrivain André Major, auteur de *La Chair de poule* et de *Le Cabochon*, qui défroquait de la gauche subitement. J'ai eu la chance, mais c'est souvent une question d'occasions, d'avoir été cohérent, jeune.

*

* *

À la télé, ce samedi, une enlaidie mais très habile Denise Bombardier a coincé Daniel Johnson qui sera probablement «demandeur d'emploi» mardi prochain. Elle n'a pas cessé d'essayer de lui faire admettre que plus il publicise la menace «séparatiste» d'un PQ probablement élu lundi, plus il devra alors reconnaître que les Québécois, majoritairement, souhaitent «l'enclenchement indépendantiste». Johnson a bafouillé, a ri jaune, a tiqué, bref, «se peinturait dans le coin!» Bravo la petite Bombardier venue de Villeray!

*
* *

Demain dimanche, avant-dernier jour de ce récit-journal. Il me semble qu'à partir de mardi, délivré, je vais «enclencher» un nouveau mode de vie. J'ai un gros projet en tête. Un roman spécial. Le roman, ma maladie chronique. Ma manie malgré moi.

Ce matin, ciel bleu dans les fenêtres de notre chambre à l'étage du chalet. Je me lève donc avec enthousiasme. Hélas, en examinant le ciel au-dessus des collines de l'ouest et du nord, amoncellement de gros nuages bien opaques. Sale été 1994! En allant aux journaux chez les sœurs taquines, pas loin, le conducteur d'une voiture stoppe à ma hauteur. Je finis par reconnaître Bernard Derome. Vitre qui baisse et lui, sur un ton méchant: «J'ai su que tu me traitais de chien rouge libéral en ondes!» Je lui dis que le propos était de l'un de mes auditeurs. J'ai donc encore un triste exemple de ce qui se nomme «la distorsion» des communications. Je lui répète donc que Marcotte et moi, lundi et mercredi de cette semaine, n'avons pas tari d'éloges pour son excellent travail dimanche dernier avec les deux chefs en campagne. Il baisse le ton: «On m'avait répété pourtant... chien rouge, je le prenais pas.» Je lui explique que sur l'agora publique, il y a des gens qui se méfient de tous les employés de la télé d'État. Un Gilles Proulx, tous les jours, entretient volontiers cette méfiance totale de ce qu'il appelle en ricanant: «Rrédiâ Cahnhadhâ» quand ce n'est pas «le très chic Le Deuvôar». Derome doit savoir, fine mouche, que les simples journalistes, disons de *The Gazette,* sont honnêtes et la plupart compétents, mais que les patrons de ce journal, eux, sont de fieffés «baveux» qui prendraient tous les moyens pour faire échouer le normal projet d'avoir un pays, une patrie, comme la plupart des nations normales du monde. Ainsi, les chefs, les sbires stipendiés, par exemple à la SRC, luttent tant qu'ils peuvent pour faire avorter le patriotisme des nôtres. Derome, pas fou, doit bien, non seulement le savoir, mais les voir faire, impuissant.

Raymonde est bien décidée. Elle a mis des gants de travailleur, du vieux linge, elle a débouché son pot de peinture ocre et la voilà, acharnée et habile peintre, qui attaque la première persienne d'une vingtaine qui l'attendent sous l'escalier de la longue galerie. Moi j'ai rentré à la cave deux «cordes» de bois de chauffage pour l'hiver. Puis j'ai installé des supports pour nos deux planches à voile. Le soleil joue à cache-cache comme il fait depuis des semaines et des semaines. Il fait très frais pour la mi-septembre. Le ciel devrait en avoir honte et aller se cacher. Mais où? En mettant un vieux blouson oublié pour travailler, je trouve des roches «chanceuses» offertes par les petits-fils et cela m'émeut. Chaque fois que je fouille les poches d'un coupe-vent ou d'une salopette, ces roches d'amour sont présentes, me rappellent l'amour qu'ils ont pour leur papi. J'en ai le cœur réjoui. Précieux frustre trésor que celui-là!

Au souper, on regarde des élèves de l'École de l'humour. C'est toujours, plus ou moins, des sauces archi-connues. Les modes ambiantes. Il y a du sous-produit. Des suiveurs, des admirateurs de x ou de z qui sont bien incapables de faire vraiment différent de leurs idoles. C'est lassant et on zappe, comme on le fait souvent, vers TV5. Il y a là Anne Sinclair, à *7 sur 7*, avec le premier ministre Balladur. Raymonde est épatée par la totale maîtrise de ce dernier. Avec un art époustouflant, Balladur répond rapidement ou repousse une question très sèchement mais avec une élégance parfaite pourtant. Le langage, là-bas, n'a plus rien à voir avec le pénible jargon que trop d'aspirants humoristes croient nécessaire et utile de prendre pour faire rire à tout prix. Partout une fainéantise langagière. Une paresse rampante. Et ne parlons pas du langage de nos politiciens.

Diane Dufresne chante à la télé et j'observe cette amazone de la chanson populaire s'agiter dans ses costumes de saltimbanque d'aujourd'hui, je vois son visage torturé, comme il se doit, au pays rude du rock'n'roll. En sueur, les cheveux défaits, la Dufresne, très applaudie, pousse ses refrains divers dans un Forum rempli, qui trépigne et en redemande. Je me souviens d'une débutante. J'étais le décorateur. Elle avait un répertoire, en 1965, un peu terne, d'un romantisme tiède. Elle revenait d'un voyage en Belgique. Elle n'annonçait pas du tout la tigresse qu'elle est devenue. Une leçon? On croise tel ou tel artiste, il est dans la vingtaine et on ne peut pas prédire ce que feront, de cette étoile pâle, le temps, les circonstances. Qui a dit: «Il y a le talent et même le génie, le travail aussi, mais sans les occasions heureuses, qu'est-ce que c'est?» Je ne me souviens plus de l'auteur de cette accablante vérité. J'en ai croisé des talents jeunes et prometteurs, en peinture ou en littérature, sur nos scènes et dans des studios. Hélas, ils ont sombré dans l'abîme de l'anonymat le plus complet. Pas d'occasions, aucune circonstance providentielle, hélas!

Demain, dernier jour de ce minutieux récit d'un été. Demain, jour premier aussi pour débarrasser le Québec des tricheurs, des calculateurs mesquins, des petits gérants capables surtout de nous rapetisser collectivement. J'ai hâte.

Pourtant, le plus difficile surviendra après ce jour d'élections. Il faudra que toutes les énergies et les talents des patriotes du Québec s'emploient, jusqu'au référendum de 1995, à conquérir les tièdes, les endormis politiques. Les peureux aussi qu'il faudra rassurer. Les démobilisés qu'il faudra entraîner pour que cette patrie se fasse. Ce sera une fête inoubliable quand elle adviendra, le sait-on assez?

12 septembre 1994

Dernier jour. Dernier lundi.

Pour moi, aujourd'hui, l'été est vraiment fini. Il fait un temps sinistre. Bon. Tant pris. Je sors d'une saison qu'on dit «belle» comme j'y suis entré en juin: sous un ciel nuageux, triste. On aura sans doute un bel automne très ensoleillé. J'aime le croire. Après tout, il y a une loi des moyennes. À midi, quittant la station, j'ai répondu à l'appel de Laurent et je suis allé rue Chambord pour les garder, la maman partie chez un chiro. David, l'aîné, est à son collège. Les deux autres sont en congé d'élections. Votation dans les écoles par ici, on le sait. Rue Fleury, avec un peu de soleil, on a marché avec des cornets de crème glacée molle à la main. Gabriel compte les affiches sur tous les poteaux. Nous croisons souvent des grappes de gens âgés et je les questionne à voix haute pour les taquiner et surtout pour amuser les enfants. «Pour qui vous en allez-vous voter mesdames?» On me répond en riant: «Pas de vos affaires!» Ou: «C'est secret, ça ne vous regarde pas.» Une «très garnie de bijoux» s'approche, méfiante et défiante: «Alors, madame, on va voter bleu ou rouge?» Ça fuse: «Rouge, monsieur, rouge! Et je ne crains pas de l'affirmer, monsieur!» Les enfants figent devant cette amusante mémère. Je dis: «Expliquez-moi donc, ces jeunes sont favorables aux Bleus et les vieux le sont aux Rouges?» Elle examine les enfants comme la sorcière face aux Hansel et Gretel, hausse les épaules et s'en va: «C'est comme ça.»

«Papi, monsieur Jean Campeau, le candidat par ici, eh bien il aime beaucoup les enfants!» Je dis aux gamins: «Comment le savez-vous?» Laurent: «On l'a vu

349

hier à la télé, il a souvent donné la main à des enfants!»
Et voilà. La télé. C'est la révélation! Jamais, je le jure,
je n'ai essayé de politiser de façon partisane les enfants
de mes enfants. Pourtant, ils se passionnent chaque fois
qu'il y a une course politique. Je suppose que c'est le
désir des enfants de pouvoir se mêler un peu aux luttes,
aux intérêts des grands.

*

* *

Revenu au chalet au milieu de l'après-midi, je
prends conscience que j'ai oublié de rappeler une
voisine, poète, Michèle Lalonde. Elle m'avait demandé,
la semaine dernière, une aide quelconque dans sa
chicane avec l'auteur dramaturge, Marco Micone.
Lalonde est révoltée par la publication d'un texte de
l'Italo-Québécois où il aurait plagié carrément son
célèbre poème politique: *Speak White*. «Micone n'a pas
voulu me rendre hommage comme tu le crois, Claude.
Il a, au contraire, changé le sens profond de mon poème
et cela en utilisant de façon vicieuse la forme de mon
Speak White.»

Je veux lire le texte de Micone avant de m'engager.
Je crains toujours les personnalités paranoïdes chez les
artistes. C'est si fréquent.

À la télé, j'ai vu un curé du «Village homo» (le mot
«gay» est une fadaise américaine et une imposture
niaise) qui joue le faux tolérant face à son voisinage
peuplé de jeunes prostitués mâles. Hier, de nouveau à
la télé, ce curé s'exprimait ainsi: «Ce n'est pas les
homosexuels qui me font problème, ce sont tous ces
jeunes prostitués!» Comme si, dans ce cas précis, l'un
n'allait pas sans l'autre. Quelles cloches, ces abbés

prudents et mous! Ce prêtre du Faubourg à mélasse protestait devant la caméra de la SRC: «Ce qui devient fatigant, c'est de voir tous ces jeunes prostitués qui guettent et attendent les clients, automobilistes, dans les escaliers de mon église!» Il y a des coups de pied au cul des ministres de Jésus-Christ qui se perdent.

La télé, si bonne quand elle dénonce, par exemple, le délabrement du parc du Mont-Tremblant ou bien, hier soir, cet autre excellent reportage sur la médecine actuelle des cerveaux, est aussi capable d'une vacuité totale avec des séries débiles à sauce humoristique dopée, forcée. La SRC, télé publique, se vautre dans ces productions d'une immaturité pathétique. Avant les reportages sur les élections en cours aujourd'hui, on regarde, à TV5, le président de la France qui répond à un reporter, choisi par lui, qui le questionne sur sa jeunesse d'opportuniste. Le questionné, Mitterand, a vraiment l'air malade. Il est vieilli, lent, fragile. Il lui reste quoi, six mois? Il ne veut pas rater sa sortie «historique». Il est nerveux et fait voir une angoisse pitoyable. Cette question cruciale de la collaboration avec les nazis semble ne jamais vouloir être vidée en France. Il y a là comme un pesant secret collectif. Quoi, qui va crever une bonne fois cette sorte de secret épais et gluant?

Je songe au jour – il viendra, soyons-en convaincus – où il y aura des livres, des émissions sur ceux qui, de nos jours, osent combattre la naissance d'une patrie, d'un pays pour la nation française si isolée, si fragile en Amérique. Le Québec sera parmi les autres petits pays de l'ONU et ils auront honte devant leurs petits-enfants, tous ces vieillards «collabos».

*
* *

Ça y est. Soirée passée avec la zapette pour fouiner aux deux chaînes publiques, et à TVA-TM, toutes trois consacrées à offrir le meilleur reportage possible de cette course au pouvoir québécois. Ce fut le classique suspense et tout va très vite comme à chaque occasion. Les ordinateurs font des projections trompeuses et c'est un peu lamentable de voir et d'entendre les Bernard Derome *et al* annoncer des élus, et puis en faire des battus, et puis en faire des réélus. Il y a, dirait-on, une sorte d'urgence de proclamer des résultats (un jeu plutôt sordide), d'être le premier des quatre réseaux.

On croit bon d'inviter des «gérants d'estrade» dès le début de ces cérémonies de la démocratie en marche. L'ennui, chaque fois. Une nuisance, le plus souvent. Des baratins creux, des hypothèses à plein. Des loufoques et des plausibles. Or ces commentateurs nuisent au rythme de ces «compilations» de votes qui font et défont les représentants du peuple.

Le résultat des élections, au moment d'écrire ceci, semble être encore une fois le même qu'au temps du référendum de mai 1980. On dirait qu'il est interdit de le dire publiquement, une sorte de tabou: tous les immigrants du Québec refusent, en grande majorité, de s'intégrer à nous, Français d'Amérique. Oui, c'est un tabou. On n'affirme jamais ce fait accablant à cause de la sotte frayeur de passer pour xénophobes.

Que faire? On ne peut leur interdire de voter. Ni les déporter. Il faudrait que nous, francophones, enfin conscients de notre «louisianisation» à plus court terme qu'on croit, soyons solidaires et votions en masse contre la francophobie des *Canadians* et de la majorité des immigrants pris de racisme inversé comme les Québécois assimilés, américanisés jusqu'à l'os.

352

Raymonde est comme assommée. En réalité, le vrai score, votes examinés, c'est un à un, un patriote contre un assimilé, les amateurs de «rectitude politique» se taisent. Le vrai, je le répète, c'est qu'il y a une majorité (peut-être pas très forte) d'indépendantistes désormais, mais elle n'arrivera jamais à gagner normalement à cause des immigrants anglicisés principalement. La stupide peur de passer pour des racistes rend muets les commentateurs de tous les horizons, dans tous nos médias j'insiste, cette réalité est explosive.

Il reste quoi? S'arracher les cheveux? S'exiler? Je ne sais pas. Optimiste farouche, je me dis qu'au moment du référendum qui vient, il va y avoir enfin cette indispensable solidarité parmi nous pour que nos descendants puissent dire en 1995: «Nous avons une patrie comme toutes les autres nations de la terre.»

Si cette solidarité essentielle ne s'accomplit pas, il faudra fonder un nouveau parti. Un parti pour l'annexion aux États-Unis. Pour ceux qui viendront, devenir des Américains est un destin autrement plus sérieux, solide et profitable que de les inviter à rester une province parmi neuf autres provinces francophobes. Il faut éviter le pire, l'aculturation lente, le long déracinement à n'en plus finir qui est commencé. Nos enfants ne seront pas des bâtards créolisés mais des Américains, vaudrait mieux l'abandon rapide.

L'assimilation se fera bien plus vite? Oui, mais c'est mieux que la lente agonie, la décrépitude que nous garantit le sort ridicule de n'être qu'une simple et ordinaire province sur dix, «toutes égales» dit Ottawa, que ce soit avec l'Île-du-Prince-Édouard, la Nouvelle-Écosse, ou Terre-Neuve. À ce compte-là, autant devenir un État semblable au Massachusetts ou au New Hampshire.

Mon voisin Maurice m'a offert deux autres bacs à «pousses». J'ai donc cinquante saules nains à planter au bord de l'eau et cinquante «myriques» à disséminer le long de la berge. J'ai un plaisir fécond, réel, à ouvrir le mini-marécage du rivage à coups de barre de métal et à installer mes petites carottes vertes. «Vous ne les verrai peut-être pas grandir» me moquait l'autre jour ma vendeuse de «mauvaise nouvelles»... Pis? J'aurai eu le bonheur du planteur, le bonheur de semer. La joie plus ou moins consciente de savoir que ceux qui grandissent, mes descendants, que j'aime d'avance pour longtemps, verront cette verdure en plein épanouissement.

Je viendrai rôder, en esprit, autour du lac Rond, je verrai les enfants vieillis, les petits-fils grandis qui parlent à leurs enfants, qui leur disent: «T'as pas connu papi, il aimait beaucoup planter des arbres. Comme son père à lui, Édouard, aimait ça aussi dans les années quarante et cinquante.»

Nous serons en l'an... en l'an quoi donc? En l'an 2030? Au fait, les Québécois, deux pour cent de Français en Amérique, auront-ils enfin leur petite patrie?

Il fait soudain un peu trop froid. C'est l'automne pour de bon? J'ouvre le placard de réserve et je mets un vieux coupe-vent doublé. Oh! Encore! Trois cailloux brillants, trois rochers d'amour oubliés là dans un gousset. La chance est avec moi? Un peu plus, oui.

Fin

Post-scriptum:

Malgré tant de jours mouillés,
tant de semaines trempées, pour les Québécois,
après l'hiver si long, l'été reste toujours trop court.

C.J.

354